農村，你好嗎？

李慧宜｜著

寫在農村的
24則鄉野求生筆記

秋，蠢蠢欲動——178

冬天怎麼這麼忙——260

農的十六行詩——332

推薦文

農耕歲時紀事的體悟

文／柯金源　公共電視新聞部製作人・紀錄片工作者

人與土地的關係該如何書寫？又到底能夠走得多遠？族群文化落土生根的情感，該怎樣表白？我們的食物的原鄉，發生了哪些變化？又面臨了哪些挑戰？在《農村，你好嗎？》顯露出細膩的觀察。

客家村落裡，女農撐起了半邊天，她們各自深藏幽微的惦念與心事，被鋪陳在歲時農耕的忙碌中，再透過慧宜的筆觸宣洩而出，讓人窺探似的見到堅毅、操勞、但又稍帶埋怨宿命的女人，如何順應傳統束縛，活出光采。

從公共電視新聞部政治線、《客家新聞雜誌》，再到《我們的島》的環境新聞記者，更為了拍攝採訪水資源與水圳的專題，長期蹲點美濃，慧宜總是勇於接受不同議題與工作類型的挑戰。

有一天，接到她的結婚喜訊，帖子上寫著：「結婚，是我們對農村的承諾」。當時很驚喜也很震撼。高興慧宜在南台灣找到了理想的伴侶，但驚訝的是，怎會把自己一生的幸福許配給農村？

台灣農業自一九六〇年代，被當作產業轉型與扶植工業的基礎之後，農村就逐漸凋零。許多人投注許多心血，想要振興日趨敗象的農業，協助農民走出困境。但，如果，把女人的未來與幸福，甚至婚姻終身大事，投放到農業與農村，那，著實少見啊！

慧宜自己也坦言：「懷抱著對農村的諸多誤解與過度熱情，……「我」跟美濃人的朱博士結婚了。」而慧宜在婚前與先生也理解：「農村與農業，是婚姻的最大公約數。」這不免讓我擔心，在客家族群傳統又嚴謹的家規、男主外女主內的農業社會中，一個獨立自性主強、思想前進的現代女性能否適應？

對於理想與記者的使命，她沒有放棄，二〇〇九年，公視《我們的島》規劃了四部水環境系列紀錄片，慧宜在懷孕期間還承擔了「縱古流今高屏溪紀錄片」的企劃、採訪、撰稿、導演的重責，而這期間，南台灣還遭逢莫拉克風災肆掠，看到慧宜挺著身孕穿梭於災區、高屏溪中、下游，委實令人替她捏冷汗！但她心繫災民處境，以及家園、土地傷痕，仍不以為苦。

從農村成長，因為採訪工作，再度與土地、族群文化重新連結，當地的受訪者成為親人，農事專家也成為伴侶，美濃姻緣成為傳播界的佳話。一位獨立彪悍的記者，關注的焦點也從政治、族群、環境，延伸到歲時更替的白玉蘿蔔、橙蜜香小番茄、稻米、五穀雜糧裡作的農事生產工序，同時還要身兼長媳、農婦、賢妻良母，以及文化工作者的多重角色。

我想：「因為愛，所以我們互相分享與依賴。」慧宜是秉持這份信念撐過家庭關係、農事、工作的種種挑戰。《農村，你好嗎？》是慧宜近十年來，深入農村、貼近土地、親身力行的心情書寫。我看到了人與食物、土地與文化、家庭生活與社會變遷的深刻描繪，除了讚嘆，也衷心祝福她心所繫、心想事成。

創作前言

農村，你好嗎？

從小，我在新竹橫山一個小村莊長大，一直以來的願望，是離開農村。

十九歲那年，北上台北求學、就業、生活、追尋夢想。如同大多數人一樣，我遇到各式各樣故事，可歸納為三大類別：都市的文明與人情的疏離、競爭的成敗，還有無論成敗都相同的自我放棄、集體分工下的理性效率與人的被工具化。被長期訓練有素的我，外表看起來，似乎沒什麼事情沒見過。

很少的偶爾，會出現某種鬆動。走在永康街上，轉身踏進某個街角，恰恰遇到一陣微風，眼前飄落片片落葉。用手指搓了搓，記憶中爸爸燒樟樹葉燻蚊子的味道，突然湧滿鼻腔。一個冬日午後，大湖公園裡的斑鳩家族咕咕咕地邊走邊聊，偶爾用短喙對著被踩踏夯實的土面啄呀啄的。這讓我想起爸爸

在我小學時期養的那群兔子，還有我們為了餵飽兔子，不得不花一整個下午到油羅溪邊摘野莴苣的童年歲月。那時，溪邊的沙地上，常常有斑鳩走來走去。

不知道是風太美、落葉引人遐想？還是鳥兒可愛、低鳴如天籟？沒有任何一座大都市，逃得出大自然的手掌，再怎麼裝扮，還是有無數的小角落，靜靜地持續透露著農村的氣息。

爸爸陪我長大的種種回憶，是我在都市拚鬥最有力的支持。村子裡的婦人們說話像吵架似的，媽媽總是插不上嘴，這也讓人懷念。尤其嬸輩婆輩的下廚功夫一流，唏哩呼嚕一陣，就能變出好香好香的一桌好菜。印象中，在村子裡生活，好像沒有人會寂寞。

後來我才知道，這就是農村特有的家園感。每個在農村長大的孩子，都有一把鑰匙，可以打開時光隧道回家，重溫人與大自然、人與人的情感流動。二〇〇六年年底，在公視製作人于立平鼓勵下，我走進農村大量拍攝專題與紀錄片，這也邁出我重返農村生活的第一步。

高雄美濃，一個光聽名字就很浪漫的農村小鎮，是我進鄉首站。頭三年，我守著老農秀德伯就如他守著他那檳榔園旁的稻田一樣。透過他一期又一期的稻作生產與生活習慣，得以漸漸梳理出農村一季又一季看似固定，但又隨日應節不斷改變的運作邏輯與生態現象。

對我來說，美濃是台灣農村學的基礎，而走出教室對照各地農村，我又看到越來越多與兒時記憶大相逕庭的農業現場。

車行往東出了國五隧道，我在蘭陽平原上，看到一片片的綠野平疇，矗立起一棟棟的別墅建築；到了高屏溪、東港溪和沖積的所在，我聞到一陣陣隨風而至的檳榔花香，和農民身上混合著烈日與農藥味的汗水氣息；而在桃竹、雲嘉南、大高雄，我聽到田裡的工廠運轉從未停歇，眼見廢水毫不留情地排進灌溉水圳；還有苗栗，發生的毀稻、拆屋、蓋園區等不當徵地引發的事件。我永遠忘不了，大埔和灣寶農民眼裡那深邃的反抗和無盡的憤怒……本來，我想回鄉尋找答案，沒想到在農村，反而累積更多疑問。

二〇〇九年，我帶著不下於美濃二字的浪漫與腹中的新生命，決定更進一步在農村生活。「讓孩子在農村長大，懂得與長輩互動，學習農村的知識和生命經驗！」這個信念，也成為我對孩子與家庭生活的期待。二〇一〇年年初，第一個孩子，呱呱落地。可是考驗來得又急又快，在我還來不及學會如何扮演一個母親時，一場混雜著落腳生根的生活現實和角色轉變引發的緊張衝突，早就在婚禮送客的長長人龍那一頭，等待著我。

無聲的海嘯，席捲農村，從來沒有緩下腳步。包含全面水泥化的水圳田埂、灑遍農藥化肥除草劑的土地、怪手山貓濫墾肆虐的山坡地、過度觀光化或去脈絡化的文創和體驗活動、出不了家或返不了鄉的青壯年、獨居三合院的老人和困守祖田的老農、單打獨鬥的婦女農工體系、嬰幼托育和兒童教育資源的缺乏、大家庭秩序的崩解與毒品入侵、在地語言和傳統價值觀的流失……

而在我個人的小小天地裡，也是暗潮洶湧捲起千堆雪。先天上南腔北調的差異，暗示我的北客身分以及成為本地人的門檻；育嬰留職停薪的工作調整，代表我失去獨立自主的經濟能力；友善環境農法與自行銷售的嘗試，更一次一次讓婆家的生產模式面臨人力重組、主導權轉換的挑戰；當然無法避免的，還有傳統農村中人云亦云、耳語傳播的質疑與指責。更別說兩個孩子陸續出生，我被洗衣服、洗碗、居家打掃、換尿布、餵奶各種瑣事，夫妻間的家事分工，還有孩子們的爭吵、尖叫、哭聲，團團包圍緊緊困住。

外部與內部的挑戰，紛紛如浪湧向我的人生下半場。都市朋友們一臉疑惑地問：「妳還好嗎？」我通常笑笑輕鬆帶過。因為我心裡有更多問號，總結一句是「農村，你好嗎？」

農村的邏輯，跟都市差之甚遠，南島與北島的風土人情，更是大為不同。可是農村與都市緊緊相繫、南島和北島彼此連動的事實，卻像麻雀鳴叫那樣隨處可見而總是不易被聽見。都市裡各大超市的地瓜葉，最大產地是屏東里港；人人愛吃的鹽酥雞四季豆，有三分之一來自高雄美濃；曾為吳寶春奪下全世界麵包冠軍的玉荷包，成長的地方是高屏溪畔的大樹；把全台灣餵飽好吃又便宜的稻米，超過七成種在台中以南。農村環境不好、農民舉步維艱，依賴農田生產供應糧食的都市，真的絲毫不受影響嗎？南島上一條條大河沖積而成的狹長平原，餵養的，可是整座島嶼啊！

何其有幸？我在農村長大，又得以回到農村建立家庭、生養下一代。在陪伴孩子長大的過程中，我時時寫下每一刻的觀察與思考。寫給未來長大成人的孩子，寫給一起在農鄉掙扎的鄉親，更寫給我那些還在都市打拚的朋友。

因為，農村的現況，正是這片土地未來的縮影。

第一部・春

春，不只是開始

西太平洋上的一座小島，緊緊偎著東亞大陸的東南側，恰恰被北回歸線輕輕滑過。三萬六千平方公里的土地上，有七成是山地和丘陵，超過九成的人，住在西半邊，絕大多數的資源供應歸線以北，島的西北邊明顯過重。

很少有人注意到，歸線以南的世界，有什麼特別。少有的南北向大河？檳榔樹遍布的田野風情？南方特有的落山風？哈哈！還有，紅燈不一定要停和騎車免戴安全帽的全民共識。其實，光是季節演變的風景，就夠讓人大開眼界的了，像是冬日如春，而春天，既是結束也是開場白。

除了高雄市、台南市和屏東市，南島上放眼一望，盡是農村。位於荖濃溪、旗山溪出山口匯流處的美濃，是其中代表。

每年農曆年前，農人忙著春耕，等到第一期春耕結束，不得不服老的老農，通常會在第二期選擇休耕，讓田、讓人都喘口氣，也讓夏颱致災程度降到最低。中秋節前後，第三期的冬季裡作開始，也到了一年之中最忙碌的階段。紅豆、黃豆、玉米、長豇豆、四季豆，大瓜、南瓜、冬瓜、地瓜和白玉蘿蔔，茄子、辣椒、小番茄，和即將走入歷史的菸葉，各種作物在農民雙手指揮下，譜出熱鬧活潑的田園樂曲。

第三期裡作的一切歸功於南島的冬天：少雨、氣候溫和。冬天在這兒，一點兒都不冷，比春天還春天。

真正的春天，反而是一年的尾聲。紅豆、白玉蘿蔔、玉米、和部分瓜類都已收成，豆科作物和各種茄科，也即將劃下句號。春節前，各行各業大啖尾牙，美濃的農民，也不落人後。除了各產銷班的聚餐之外，民國一百年起，一到立春農民節，農會會在掌管農業的五穀廟前，大張旗鼓擺出一百五十桌的流水宴席，犒賞辛苦一年的農民。現場擠了兩千多人，光是台上的頒獎、抽獎，就可以從六點延續到九點。

這是一年裡，農民最重要的日子。這一天，象徵一年的勞動，終於結束，來年就要展開。無論之前賺錢、賠錢，還是只有領到政府的災害補助，舊的讓它過去，新的才會來。

在美濃，春天是一連串緩慢的長鏡頭組成的蒙太奇電影。風輕輕吹起水田的漣漪，水圳蜿蜒流轉踩著小碎步唱歌，原野上的奇花異草紛紛伸長脖子只為親嚐晨光下的第一滴露水。

晨意微寒、日頭溫暖。田裡水光粼粼，新秧種在朵朵浮雲上。

立春

第1章 無田不成富

大寒落在島嶼南方，遠不如在北方國家那樣天寒地凍，不過，春天的氣息，並沒有因此曖昧不明。

我們家老大，有個可愛的小名「樂樂」。二〇一六年的春天，他剛進入幼稚園大班的下學期。這段時間，他鎮日沉迷字海，每天拿著繪本看圖識字，樂此不疲。

晚上睡覺前，樂樂總愛巴著人，硬是要說故事。睡了一覺，到了隔天早上，天還沒有全亮，鳥鳴稀稀落落，他興致高昂又要說給未滿三歲的弟弟聽。只要每個文字，可以從眼睛進入身體又順利從嘴巴爬出來，他都心滿意足。

樂樂手上的繪本，主角也叫樂樂，是一隻可愛的小松鼠。

清了清喉嚨，咳了幾聲。樂樂說：「我要開始說故事囉！」

「小松鼠樂樂問蜜蜂：『請問，春天在哪裡？』」

「蜜蜂說：『春天就在桃花裡。』」

「樂樂又問樹上的小鳥：『請問春天在哪裡？』」

「小鳥說：『春天在剛冒出來的新葉子裡。』」
「樂樂跑到池塘邊問小鴨：『請問一下，春天在哪裡？』」
「小鴨回答：『春天在變溫暖的池水裡。』」
聽著聽著，屋外的陽光和煦了，吹過樹梢的風溫柔了。春天好像隨著樂樂稚嫩的聲音，躡手躡腳地晃悠到我們的窗前。

1 龍肚春耕

我們家在高雄美濃東隅的一個聚落——龍肚庄。以外地人的角度來看，大家通常會說：「喔！你們住在龍肚，就是美濃往六龜路上的那個村子啊！」不過以在地人的習慣，我們會說：「今晡日朝晨愛出美濃買菜，當晝樣歸來龍肚。」（今天早上要去美濃買菜，中午才回來龍肚。）

在地圖上，龍肚的確是被劃入美濃區的行政範圍內，不過生活在這兒的人，即便如我是嫁來的媳婦，還是自有獨立於美濃之外的地域感。這只有當地人才懂。

家門前的這條龍東街，是龍肚庄最大的一條馬路。雖然只是南北向的兩線道，但卻是台二十八線串連龍肚庄、廣林庄、廣興庄和雙溪的主要道路。

平日路上車輛少，老人、小孩和狗兒，零零星星地從路的東西邊你來我往；偶有幾台大型遊覽車在擋風玻璃上貼著╳╳學校或╳╳╳旅行社，往北開向黃蝶翠谷；比偶爾更少一些，會出現包覆時髦頭巾只露出雙眼的自行車友呼嘯而過。

近立春，這條路便開始熱鬧起來。每天搶頭香的，是隔壁夥房的增興叔公。早上五點左右，他會開著鐵牛車，如駿馬上的騎兵，在嘟嘟噠噠越響越快、越快越嘹亮的引擎聲中，往南方駛去，威風八面地展開他一天的搏鬥。

接著，一台、兩台、三台大型拖拉庫打，像戰車似的發出轟隆轟隆的低鳴吼聲，穿梭在大小不一的產業道路上，到各個田區翻土整地和水攪勻。幾乎跟拖拉庫打同時上場的是插秧機，這傢伙雙輪細圓、身形靈巧，在水田裡來去自如。插秧的時候，由兩人分工操作，一人駕駛、一人隨時補充秧苗，效率極高，不消半小時，一分大的如鏡水面即成青綠秧田。

成群的白鷺鷥和八哥，整天黏在拖拉庫打旁邊。這開春之際，正是牠們飽餐一頓的大好時機。

春天，該是溫柔的、繾綣的，甚至更多微醺紅上雙頰的，可是春耕，在農民的翻雲覆雨手下，鋪天蓋地而來。原本平原上，由紅豆、玉米、南瓜、白玉蘿蔔、小番茄、辣椒、茄子等冬季裡作構成的繽紛景象，就在瞬間一刻，像川劇變臉似的抽換成「手把青秧插滿天」的統一視野。

2 第一次到朱家

記得很清楚，二〇〇七年年初，我跟先生朱秀文還沒有交往，為了採訪水圳專題，事先拜訪他的父親和母親，那也是我第一次到朱家吃晚餐。

朱秀文身材魁梧，喜怒不形於色，朋友間都稱他為「朱老大」，我也跟著這樣叫。

坐在朱老大車上，我往外看，天色全暗，聚落的路燈不太亮，沿路沒什麼商店，家家戶戶大門敞開，屋裡的人不是在吃飯、看電視就是在泡茶聊天。車子穿過聚落，我們隨即進入田區，除了車燈之外，四周一片黑暗。

我問朱老大：「去你家要走這條這麼暗的路嗎？」

「不一定。」

我又問他：「那你為什麼走這一條？」

「因為妳要採訪的主題跟農村有關，所以我走這條產業道路，讓妳體會一下鄉下的農路。」朱老大認真的回答我。

沒多久，我們抵達朱家。我在車上，仰頭往上看，停頓幾秒，終於吐出幾個字，「你們家好怪喔，幹嘛要三棟樓房連在一起？」

「因為我們家很多人。」

我再問：「有多少人啊？」

朱老大想了想，對我說：「我們家有六個兄弟姊妹，加上小孩，大概十幾個人！」

「十幾個？你們家兄弟姊妹都還一起住？」我提高音量、睜大眼睛，嘴巴又更大了。

老夥房在稻田上延續家族命脈。

春耕，在立春前將秧苗種落土。

「是的，應該總共九個大人、四個小孩吧！」他冷靜的說。環顧四周，我又再問他：「那門口這麼大的地方，是曬穀場嗎？」

「不，不是，是停車場。」

「啊！停車場？這麼大的停車場，要停幾台車啊？」我被嚇到了。

朱老大再想了一會兒。他說：「如果全家都在，要停六台汽車，另外還有一台農用的貨車，我們會停倉庫。」

說到這兒，我已經有心理準備。這戶人家人口很多，工作不見得能有具體進度，但至少可以先認識彼此。

一走進朱家，我才發現，情況真的不是我所能預料。客廳裡，一個老人坐在沙發主位，目不轉睛看著電視，電視音量很大，三國的人物正在對戰廝殺。一個小女孩，光著屁股從浴室走出來，大聲叫著說要吹頭髮；一個中年婦人，正離開客廳要進房間，對我點頭笑了一下；書房還有兩個孩子在寫作業，其中一個跑出來盯著我看；廚房裡有兩、三個人在大聲對話，一個老婦人走出來對我說：「俚聽朱秀文講，汝就係李小姐咩，歡迎來俚等屋家聊，一下仔簡單食，便菜便飯、便菜便飯。」（我聽朱秀文說，妳就是李小姐嘛，歡迎來我們家作客，等一下簡單吃，便菜便飯、便菜便飯。）

我回答老婦人：「伯姆，歹勢啦！第一擺來就分汝等請。食飽飯，俚又還愛問汝問題喔！」（伯姆，不好意思啦！第一次來就讓你們請客。吃飽飯，我還有問題請教妳喔！）

「好好好，無問題，一下仔先食飯、先食飯。」（好好好，沒問題，等一下先吃飯、先吃飯。）

我偷瞄了一下廚房。哇！這是我這輩子看過最大的廚房，十坪跑不掉。

到了電視的廣告時間，我主動向朱老大的父親打招呼：「阿伯，偓姓李，係電視台个記者啦，這段時間來美濃採訪。今晡日愛麻煩汝等，有嶄然多農業个問題要請教汝甲伯姆！」（阿伯，我姓李，是電視台的記者，這段時間來美濃採訪。今天要麻煩你們，有很多農業問題要請教你跟伯姆喔！）

「呵呵，無問題仔啦！」（呵呵，沒問題的啦！）朱爸爸看起來不老，像是朱秀文的哥哥，笑起來更年輕。

電視上，三國又開始對陣了，朱爸爸很快地回到古裝世界裡。朱老大示意我坐下，他走向客廳旁的飯廳，倒了一杯水放在茶几，也跟著坐下，在另一張沙發上。

客廳是這個家庭的核心空間，周圍分別是兩個房間、一個衛浴、一間書房、一個廚房、一處開放式的飯廳，和一道通往二樓的寬闊樓梯。所有人的移動，一定會經過客廳，每個人彼此的對話，也在這裡發生或傳遞。

我一邊跟朱老大閒聊，一邊觀察空間配置，突然發現樓梯間內有三個鞋櫃，而且鞋子還多到滿出來，至少四、五雙大大小小的球鞋和拖鞋，已經擺到客廳邊緣了。

我忍不住問：「你們家好多鞋子，多到放不下。」

「是啊！人這麼多，鞋子一定是加倍的多。」

雖然到別人家裡作客，我還是好管閒事，壓低音量多嘴說了一句：「你們為什麼不各自放好？所有鞋子堆在這裡，當然放不下。」

這次換朱老大睜大眼睛了。他想了想，回我：「幹嘛要各自放，所有人鞋子一起放，這樣才嚇人啊！小偷一進來，結果看到這麼多鞋子，又看到那麼多雙大尺寸的球鞋、皮鞋，還敢留下來偷東西嗎？」

「啊？你是認真的嗎？」我訝異的問他。

朱老大滿臉肯定說：「是啊，幹嘛隨便說！」

3 最愛二〇五

「添飯咧喔、添飯咧喔！」朱家開飯，由廚房發動。

主廚先喊添飯，自然有人走進廚房，把冒著煙的白飯盛過碗面修成圓弧形，一碗一碗地平均擺放在桌上。這飯桌，跟餐廳的圓桌一樣大，中間還有個可以旋轉擺菜的桌盤。

我已經忘記共有幾道菜，總之，飯桌擺得滿滿的，人坐得滿滿的。小孩坐不下，全被趕到客廳一邊吃飯一邊看電視。

雖說飯後有採訪任務，但看到滿桌豐盛的家常菜，長期外食度日的我，以見獵心喜還不足以形容。當時，我一屁股坐下，猛吃猛挾傻笑聊天。不過漸漸地，吃飯氣氛似乎開始嚴肅起來。

朱老大的媽媽，人稱定仔伯姆，她率先發難。

她問長子朱老大：「阿文，麼个時節愛蒔禾仔？」（阿文，什麼時候要插秧？）

朱老大的爸爸定仔伯，馬上接著說：「上擺蒔一四五个，蓋會落穀，還係要種一四五咩？」

（上次種一四五這個品種，很容易脫粒，還是要種一四五嗎？）

定仔伯姆嘆了口氣，拉長尾音繼續說：「哀哉，還係二〇五較好，一直以來，偓等都係食二〇五。」（哎呀，還是二〇五比較好，一直以來，我們都是吃二〇五的。）

朱老大靜默一陣後回答：「好哇！看汝等想種麼个就種麼个，汝等決定啊！」（好啊！看你們想種什麼就種什麼，你們決定啊！）

飯桌旁又充滿歡樂的用餐氣氛了。兩老在逗小孩牙牙學語，兒子和媳婦們忙著吃飯也輪流餵孩子，一大家子有一搭沒一搭地說著，以前╳╳╳擔任農會總幹事時是如何索錢賣職務的農村八卦。

吃晚飯，是朱家唯一全家相聚的時刻，說笑是其次，談正事才是重點，而農家的正事，就是田裡的事，開春要討論的，當然就是春耕的主角——稻米。農民在「一四五」、「二〇五」之間選擇，就像股民徘徊在生技股和塑膠類股之間一樣，不容許有半點差池。

我到朱家作客的前一年，西元二〇〇六年的第一期春耕，朱家選擇高雄農改場剛推出的新品種「高雄一四五」。大多數老農不知道（或是知道也一時改不掉施重肥的習慣），高雄一四五的肥料吸收率高，耕種過程中需要的氮素肥比例，比一般品種的稻子來得低。高改場的吳志文博士總是這樣說：「高雄一四五是最呵護土地的稻米品種。農民必須恪守合理化施肥的原則，否則氮素肥一過量，收割時穀子脫粒落地的情況，就會非常嚴重。」

換句話說，高雄一四五是會「挑人」的稻米品種。對土地、對自己有信心，不靠施重肥來追逐稻穀產量的耕田人，才是高雄一四五最喜歡的主人。

正因為如此，朱家第一年也是唯一一年種高雄一四五的收成，差點兒把家中兩老嚇出高血壓。根據定仔伯姆形容，「割禾个時節，落下來个穀，比裝到太空包个穀還過多！」（割稻的時候，掉在田裡的穀，比裝進太空包的穀還要多！）

自此之後，高雄一四五再也沒有出現在朱家的農地上。田裡的王道，依然是俗稱二〇五的「台梗二號」。

4 再也沒有比農家媽媽更厲害的了

小時候，我住在新竹橫山的小農村，爸爸在警察局任職司機，媽媽是家庭主婦，我們家並不是農家。傳統農家對我來說，還停留在小學時期的畫圖作品。

攤開圖畫紙，我會先畫上兩、三座稜線和緩的矮山，接著勾勒出一戶斜頂瓦造平房，屋前有田字形的稻田、一池水塘和母鴨帶小鴨，在屋後會有一棵大樹，以及從矮山露出三分之一的太陽公公。心血來潮時，我最後幾筆會落在天空的一群白鷺鷥。

結婚之後，生活的現實面一一浮現，一開始是稱謂的改變。

婚姻像是磁性定位板，只要踩上板子，所有人依倫理輩分通通自動就定位。朱老大是長子，喚我阿姨的孩子們，異口同聲改稱我為伯姆或舅媽，而原本的定仔伯和定仔伯姆，自此之後成為我的阿爸和阿姆。

接著要面對的，是吃飯這件事情。

在我的娘家，爸爸、媽媽是廚師，我只負責善後和洗碗，到了上大學，開始要自己想辦法，當時最先學會的是煮火鍋和煮泡麵。我記得，把買來的青菜、肉類和餃類，分批整理或清洗乾淨，再全部丟進大鍋裡等熱水煮開，同時一邊攪拌香料和沙茶醬，就是煮火鍋。煮泡麵更簡單，一支電湯匙就能搞定。

我第一次以媳婦身分，走進朱家廚房，一個人站著愣了好久，周遭的空氣像被抽光，我的心裡空空的，完全不知道該從哪裡下手。只記得，那段時間只要休假在家，越接近傍晚我越焦慮，總是張大耳朵搜尋遠處朱老大的車聲，如果一超過五點，他還沒有回到家，我的奪命追魂扣一定立即啟動。

「你下班了嗎？」

「還沒有，今天比較多事情，妳先吃飯。」

「晚餐都還沒有煮耶！」我心裡充滿疑惑。

朱老大慢慢說明著：「我們家都比較晚吃，吃飯的人多，回家時間有早有晚，通常不會太早吃，不然有些人會吃不到。」

「喔，是喔！可是，我不知道要怎麼煮耶！冰箱裡的菜，有我認識的，可是我不知道怎麼組合它們。」想想不對，我又再問他。

朱老大回我：「大姊在家嗎？或妳等阿姆回家煮啊！」

我彷彿看到眼前出現救星，興奮地說：「真的？可以等她回來煮？」

「不用擔心啦！一定有人煮的，不然全家吃什麼？」

我再問朱老大：「那我做什麼？」

「妳做妳自己的事，如果妳覺得沒做事怪怪的，那妳就等吃完飯再去洗碗就好了！」朱老大很肯定地回答。

聽到朱老大的話，我如釋重負，還好我喜歡洗碗，也會洗碗。

阿爸、阿姆共有三男三女，除了二女兒婚後搬到屏東潮州之外，其餘所有孩子、孫子輩都還住在一起，五個兒女和嫁娶進門的媳婦、女婿，再加上六個孫子、孫女（這包含我們的兩個孩子），算一算全員到齊共食的人數高達十六人。這樣的家庭規模，在現代社會很難看到，光是張羅一家老小吃飽、吃到滿意，就是一個巨大工程。

「吃飽」和「吃好」是兩回事，不管有錢沒錢，人的第一要務就是吃飽，吃飽後摸摸口袋如果有剩，才有吃好的資格。在台灣，吃飽的前提別無他想，就是「稻米」！

稻米，是糧食作物的火車頭，也是朱家在龍肚庄定居近三百年來，最重要的農作物。朱家將近兩甲大的田地，都由阿姆發落。哪一塊田地種什麼品項、品種？何時種下？都在她的盤算下進行。她常說，立春前後最忙最累，除了摸黑起床、整裝下田之外，駛牛整地、彎腰插秧，也都是農民一手包辦。到了灌溉期間，夜裡等水、搶水，隔天一早下田，又還要忍受冷風拂面、寒水浸腿，跪在田裡挲草，都是家常便飯。

說起當年，阿姆眉心皺成一團。

「哎呦，汝毋知喔！𠊎對二十歲到三十歲，這十年降六个細人仔，平均三年就降兩个。擐大肚還相同要下田做事喔！」（哎呦，妳不知道啊！我從二十歲到三十歲，這十年生了六個孩子，平均三年生兩個。就算懷孕一樣要下田做事喔！）

三十歲的我，在做什麼呢？那年十月，我以公視記者的身分，赴上海採訪ＡＰＥＣ（亞洲太平洋經濟合作會議），在一堆媒體擠來擠去圍堵林信義的時候，被中國記者的攝影機打到頭跌坐在地上。

七年後，我在朱家後院，這個堆滿農機、小型農具還有回收瓶罐的廢棄豬舍裡，聽著我先生的母親，重現她的三十歲。那是無數個寒颼颼的早晨，一個懷孕的婦人，搶在太陽露臉前起床，先把熟睡中的乳子搖醒餵奶，等到兩邊乳房被喝得空空如也，再大口大口扒碗飯餵飽自己，趕忙到田裡上工。

阿姆的過去，總脫離不了田裡的稻子和家裡的孩子。每次聽她講古，重覆性高達九成，可是仍舊讓人不可思議。

她常提到朱老大出生那天的事。口氣中充滿驕傲，「𠊎喔，從後生到今，無停下來過哩！阿文出世个日，日時頭𠊎還去扛穀包，歸到屋家食飽夜睡目，到半夜就降阿文咧。𠊎喔，這生人，不單只田坵个出產，朱屋个子弟，𠊎也出產三个徠仔三个妹仔欸！」（我啊，從年輕到現在，沒有停下來過！阿文出生那天，白天我還去抬穀包，回到家吃完晚餐後睡覺，到了半夜就生下阿文了。我這一輩子啊，不只生產田裡的作物，朱家的子孫，我也生了三男三女了！）

我的這位阿姆，是典型的農村戰將，就算掙扎在傳統和現代的夾縫中，也要遵循前人的腳步，堅持在立春前，把一年的秧苗種落土。

現在的朱家在她安排下，每年用五分地種一期稻，大部分繳交農會換些收入，但一定會留下一千兩百斤稻穀自家食用。每個月，她會將一百斤稻穀碾成新米。如此一來，家中月月有新米可吃，孩子、孫子們，天天都吃得到阿姆、阿嬤的真心真意。

5 代代種稻的傳承

現代絕大多數的人，是進超市或開冰箱，料理一家的食物。我的阿姆不簡單，朱家在她的帶領下，依然在田裡種出糧食餵飽全家。

阿爸有一本厚厚的族譜，上頭寫著「祖籍：廣東省嘉應州梅縣洋門村老虎凹，第十四世敏生、溫氏，開基美濃」，這是我目前查到有關朱家在台灣開發的最早紀錄。我問了一下阿爸，他說他是二十二世，而先生朱老大是二十三世，若一代以三十年來粗估的話，朱家在美濃開枝散葉至少也有三百年。

直到現在，我們始終是吃自家種的米。

曾經聽一個老農說過：「禾仔，可以畜人，也會餓死人。」（稻子，可以餵養人，也能餓死人！）

我的阿姆常掛在嘴巴上的，是「無田毋成富」（無田不成富）。

我想起第一次拜訪朱家，經過的田區、產業道路和那吵雜的客廳、忙碌的廚房，現在已經是我日常生活的所在，我的兩個孩子也陸續出生，跟著他們的爸爸在這片土地上翻滾成長。

朱家一代代人，在農地上延續家族命脈，種稻也種出傳承和生活文化。我隨著農村的自轉進入台灣農業發展的軌道，只是我不知道，農村在全球化和現代化的公轉下，面臨的難關還有多少？未來的我們，還能擁有自己的食物自己種的簡單幸福嗎？

經歷大寒後，立春來臨。立是開始的意思，春是蠢動，立春帶來生命的氣息。南島農村的人們選在此時插秧種稻，儲備來年的糧食。

農村學 夥房的老味道

田地是稻子的家，農民的家在夥房。稻子成熟收割後，也是要回到農民的家。夥房有開闊的禾埕，可供農民打穀、曬穀，也有穀間可以儲存米糧。「民以食為天」有其道理，稻米從田地到夥房的旅程，正是農民的生存之路。

朱家的堂號是「沛國堂」，高高掛在夥房正廳的門楣上。派下子孫長期焚香把堂號薰得黑亮，沛國堂三個字，依然保有原來的金色字體。

夥房的正身左右，各有一間房間，客家人稱為正身間，加上兩旁的邊間各有客廳與廚房，左側歸長房，右側分給二房使用；兩側橫屋各有兩杠（杠，即「排」之意），共有二十四間房間，分配給三房以下的家庭。在全盛時期，沛國堂曾經容納十幾戶家庭。一戶人家少則四、五人，多到十幾個人，單單一座夥房，就有上百人住在一起。

公婆的三男三女，叔伯堂表各路親戚的子女們，大家都在夥房的禾埕上度過童年。不管是玩遊戲，還是被拿著竹子的大人追打，當年吹在孩子臉龐的微風，都充滿濃濃的人情味。

禾埕，是夥房的中心與重心。離開田地，農民回家後使用最頻繁的區域就在禾埕。

在充足的陽光下，禾埕是最天然最有效率的稻穀乾燥區；在農閒期間，禾埕是婦女手作各種醃漬蔬果的加工場。無論是正身還是兩側廂房，所有房門開向都對著禾埕，每戶家庭擁有各自生活空間的同時，禾埕也串連起家家戶戶的互動，大家一起生活、照顧彼此、共同呵護下一代。生產不只發生在田地，也透過夥房和禾埕，延伸到農家的每一處角落。

那是阿姆、阿爸年輕力壯的那個年代啊！到了我的中壯年，夥房不一樣了。現在的屋簷上方，不時有麻雀或白頭翁駐足停留，有時嬉戲鳴叫、有時安靜棲息。夥房後面，是層層疊疊的矮山，由竹林、龍眼樹、荔枝樹和少數雜木共同構成。過了早上八、九點，地面熱氣積累到一個程度，聚落正上方會出現高昂有力的鷹叫聲，四、五隻大冠鷲隨氣流盤旋而升。

婚後的我，時常一個人坐在正廳旁的簷下，看著孩子們在禾埕嘻笑奔跑。他們常常賴著我問：「媽媽，哥哥、姐姐去哪裡了？我想跟他們玩。」我以為禾埕上，會有老人閒聊嗑瓜子顧孫子的，有大孩子帶小孩子玩老鷹抓小雞的，也有農民曬穀，或曬花生、芝麻，或曬黑豆、紅豆的。沒想到，到了我帶孩子在這兒生活的日子，禾埕上，常常只剩我跟兩個孩子。

朱老大哈哈大笑對我說：「妳想像的場景，是二十多年前之前的事了！」

時光流轉，夥房的人漸漸消失。大家都以為是人走了，其實，是種稻的收入少了，種稻的田少了，於是，無立足之地者只好向外求發展。而我、我的孩子和先生，我們獨留在此，獨享夥房的老味道，只能以碰運氣的心態度日，看看逢年過節之際，會不會有更多的孩子回到夥房、投向祖先的懷抱？

農民在自家夥房的禾埕曬黑豆。

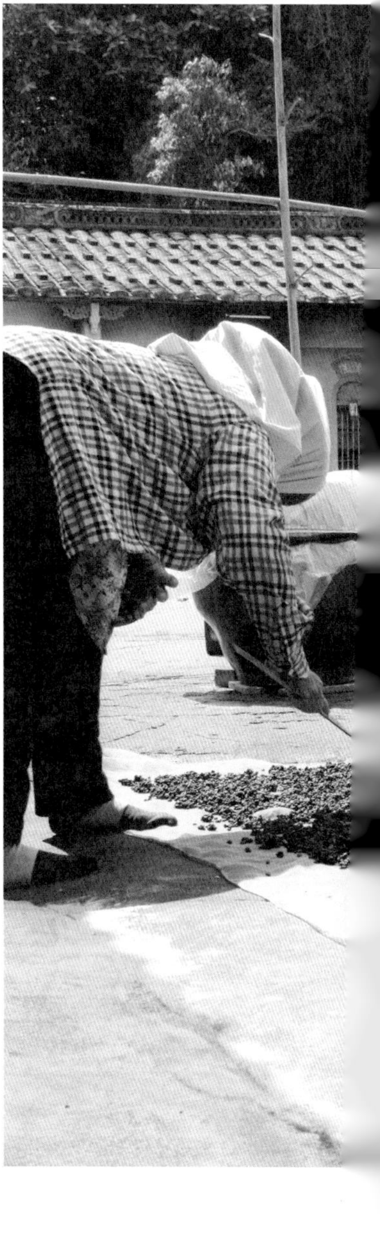

農村小詞典

【夥房】客家人稱三合院或四合院。《美濃鎮志》定義為「有嚴謹家族父系血緣關係與財產承傳關係的一群人，生活在一個居住單位裡面。」亦有以「共灶起火」解釋，稱「伙房」。

【拖拉庫打】大型曳引機，翻土整地的大型機具。

【冬季裡作】台灣南部一年有三穫，農作物在第二期作之後到隔年第一期作之前種植的作物，稱為「裡作」、「秋冬裡作」或「冬季裡作」。

【一四五】「高雄一四五」，由高雄育四〇七七號命名而來。具有良好的株型及米粒外觀，施用低氮肥量時，能達到較高的產量，有助於減少化學肥料之施用以保護環境。（資料來源：行政院農委會農糧署）

【二〇五】「台南育二〇五號」，為台南農改場育成的品種，民國七十八年之後，正式定名為台梗二號。米粒大，口感佳飯香濃郁，曾獲稻米品質競賽總冠軍，成為台灣最佳稻米栽培品種之一。（資料來源：行政院農委會農糧署）

【搼草】雙腿跪在地上，雙手在田地上游移的一種除草方式。拔草的方向不是往上，而是前後左右橫向拔。

【禾埕】夥房裡的曬穀場。有通路、採光、曬穀、曬衣、休憩、遊戲、家事操作、農產品加工等功能。

【穀間】儲存稻穀、番薯或其他雜糧的倉庫（房間）。

第2章　跈水圳歸

跈水圳歸

臨暗[1]息把還有光，
斷烏[2]暗摸叮咚；
路燈電火一著[3]，
水圳就開始唱歌。

唱過水橋，
橋下係汝洗衫个青春；
唱過十孔，
孔脣係𠊎後生个難耐。

臨暗息把還有光，
斷烏暗摸叮咚；
寒天冷風咻咻，
水圳輕輕佇个唱歌。

跟著水圳回家（華語版）

臨暗天際還有光，
斷烏天色全暗；
路邊夜燈才剛亮，
水圳就唱起歌來。

唱過水橋，
橋下是妳洗衣的青春；
唱過十坑，
坑邊是我年少的騷動。

臨暗天際還有光，
斷烏天色全暗；
寒天冷風颼颼，
水圳輕輕地在那兒唱歌。

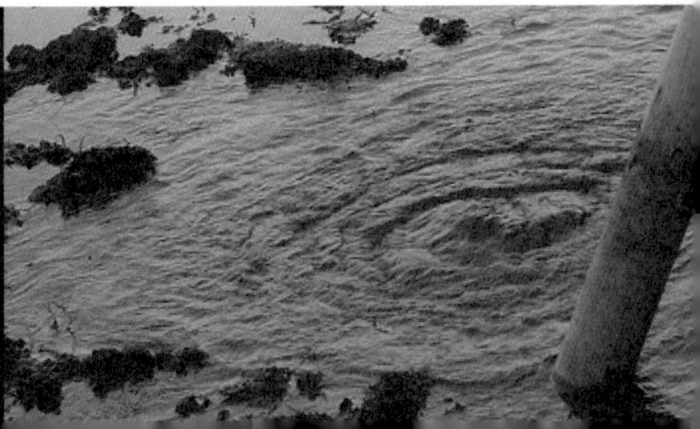

田坵無个農藥味，
圳脣也無人講話，
請汝恬靜甲佢共下，
聽伊唱歌，聽佢个心肝蹦蹦跳。

臨暗息把還有光，
斷烏暗摸叮咚；
佢想到汝識講日頭落山，
水圳就會唱出自己个歌。

——〈跈4水圳歸〉，
寫於二〇〇六年十二月廿九日

1 臨暗，客語，夕陽西下還有些光線之意。
2 斷烏，客語，天色全暗之意。
3 著，客語，點燃、燃燒之意，此指「開燈」。
4 跈，客語，跟隨之意。

田裡沒有農藥味，
圳邊也沒有人說話，
請妳恬靜地跟我一起，
聽她唱歌，聽我的心跳聲。

臨暗天際還有光，
斷烏天色全暗；
我想到妳曾說夕陽西下，
水圳就會唱出自己的歌。

1 美濃初緣分

提到跟美濃的緣分，覺得自己有點可笑，還好幼稚也勉強可以說是單純可愛。而那，是二十世紀末的事情了。

當時，我三十未滿不算熟女，體力充沛，滿腔熱血眼看就要溢出喉頭，人都還沒有到過美濃，就因為反美濃水庫運動的動員和訓練，變成一個隨時都能侃侃而談的美濃通。不放過任何機會，我總是一股腦兒地把美濃的歷史、現況、特色，還有一堆反水庫的理由，說得頭頭是道。

那段激情年少的日子，高潮落在一九九九年的五月二十八號，立法院正激烈上演水庫預算的表決大戰。

雖然只是個小小的國會助理，可是我傻傻地以為只要全心全意，世界就在我們手上。於是，憑恃不知哪兒來的自信和勇氣，奔走在議場和立委辦公室之間傳遞訊息，也持續跟兩百多位美濃鄉親，一起守候在立法院的濟南路側門。

濟南路側門的空間，不如中山南路正門寬敞，但容納抗議民眾剛剛好，直線距離非常接近議場，大家齊聲唱歌或高喊口號，議場內的立委都聽得一清二楚。

傍晚左右，立委諸公展開長達四小時的政治喊價，總共有四次協商、五度表決。表決前，濟南路上的抗議民眾，不分老老少少，在總指揮的一聲令下，整齊劃一雙膝下跪。這一刻，就在恍惚之間，我一度以為我就是美濃人了。

政治現實，殘酷而赤裸。遊戲結果最後以九十五票比八十三票，通過二億四千萬水庫先期工程的興建經費。反水庫大聯盟總幹事蕭正雄代表美濃人，宣讀反水庫宣言。太過年輕了的我，當時腦子裡白花花的，渾沌一片，後來才聽人說，宣言重點是反水庫運動的戰場，將從此回到美濃，徐享崑等水資局的官員別想走進美濃。

十八年過去了。現在寫這些，心裡還有些酸酸甜甜！

2 水圳的祕密

首度進美濃採訪，是二〇〇三年的盛夏。源於入行跑新聞的第四年，一個水圳的拍攝計畫。

小農村在白天，熱得潑辣。柏油路在冒煙，人的皮膚眼看就要著火。攝影師在拍攝，負責拿麥克風的我，顯得毫無用處，不是拚命喝水，就是拿濕毛巾敷臉擦背拍脖子，或是一再處於尋找樹蔭有如無頭蒼蠅的焦慮之中。好不容易，連拍了三天，終於，攝影機過熱當機。我跟攝影師兩人，懷抱著中獎的心情棄械投降。在當地朋友的慫恿下，我們雙雙跳下水圳，泡在南台灣烈日下特有的清涼裡。

水圳，是浸淫農村的入門。像是在田野調查的企劃階段，與農民閒聊相約受訪地點時，竹仔門橋、獅山大圳、上河壩、十穴涼亭、九穴伯公、下庄水橋這些水圳沿線的鄉野地名，總是我和農民一拍即合的最佳選擇。

水圳，是美濃農村的大動脈。

水圳引水入田，沃土滋養作物。

不只是水走的路，水圳也是與農田不可分割的生命共同體，只要沿著圳道移動，無須設定特定目的，依然能擁有一大片風景。關於農地使用的傳統智慧或現代邏輯、人與自然的妥協和緊張、污染或破壞的危機，俯拾皆是。也因為這樣，在長期刻意避開一般公路的心態下，我慢慢地以水圳為經緯，交織出一幅屬於我的農村生活地圖。

農業是水土必服的一種產業。土，是作物的家，水，是作物的營養來源，家和養分之間，有生生不息互為流動的關係。

根據學者研究，進入現代化之前的台灣，從鄭成功入台以來的漢人，就把水利開發當作墾拓土地的先決條件。到了清代，大量漢人移入台灣，農業開始進入高度發展階段，水利開發也呈現空前的高峰。這個時候，文獻記載的水利設施高達九百六十六處（資料來源：蔡志展，〈明清台灣水利開發研究〉，台灣省文獻委員會，1999，P.131）。對照美濃傳統的農業語彙，也可以找到互為呼應的線索。

二〇〇七年一月某一天，我在水圳第二幹線與台二十八線交會附近的住家旁，遇到一位姓陳的老先生。在他口中，我第一次聽到「看天田」。

彼時他說：「頭擺个人，耕種嶄然艱苦，大自家種个都係看天田。睹到天公心情好落雨，禾仔有水就會有收成，抑毋過就驚睹到久無落雨个時節，个就麻煩咧！」（以前的人，耕種很辛苦，大家種的都是看天田。遇到老天爺心情好下雨，稻子有水就會有收成，可是就怕遇到大旱，那就麻煩了！）

龍肚庄一位已經辭世的耆老鍾沐卿老師，曾多次提到，「其實佇清朝个時節，農民就已經開好龍肚圳、雙溪圳、中陂圳這小型个區域水路。抑毋過，歸仔美濃平原个灌溉水，係日本政府後來樣做好个。」（其實在清代，農民已經開鑿龍肚圳、雙溪圳、中坡圳這些小型的區域水路。不過，整個美濃平原上的灌溉水，是日本政府後來才完成的。）

老人家的記憶很清晰，尤其離現在越遠的越深刻。日治時期，台灣總督府確立「農業台灣」的產業方針，「水利支配」成為發展農業的基準（資料來源：木原圓次，〈水利と自治〉，《臺灣の水利》2：3〔1932.5〕，P.4-6）。美濃水圳，跟嘉南大圳一樣，有著相同的身世，都是日治時期，帝國主義針對殖民地進行現代化國家的區域規劃與基礎建設之一。

時間回到西元一九〇八年，日本政府利用荖濃溪和美濃竹仔門地區的五十公尺位差，引溪水到竹仔門電廠發電，溪水在進入電廠前，先經過五〇五公尺的隧道暗渠和三五〇公尺的明渠，再被導入六十六公尺長的壓力鋼管，然後帶動發電廠內的四座水輪機發電。

明治四十二年，西元一九〇九年，竹仔門電廠開始運轉，發電全數供應現今的高雄港，作為築港的基礎電力。之後的三年之內，日本政府興築完成六萬公尺的水圳，並透過水圳系統，引導電廠的發電後尾水，浩浩蕩蕩地奔向美濃平原，灌溉著每一寸田地。

恰恰就在一百年後，二〇〇九年的六月十七日，為了接受公共電視紀錄片「縱古流今高屏溪」的訪問，竹仔門電廠前廠長鍾文興，站在壓力鋼管旁的陡峭階梯上，面對著攝影機侃侃而談。他說：「竹仔門電廠發的電，早期在日據時代，是送到高雄市的高雄港，做為築港工程用電，也因此造成高雄港市現代化的起步，而多餘的電，往南送到屏東、往北送到台南，也促進高雄、屏東、台南這三個地區的工商業逐漸發達。」

在眾多美濃歸鄉青年之中，長期以推廣農業為志的溫仲良，是美濃農村田野學會的執行理事，他如此看待水圳與農業的關係。「水圳系統完成後，美濃的農業生產，由原來一年一期的稻作，變成兩期稻、一期菸的生產輪作模式。美濃搖身一變，成為高雄穀倉，稻米產量占全高雄縣的二分之一到四分之三強，也被當作台灣菸業發展的代表性農村。到現在為止，美濃平原依然是目前高雄地區，最大的農業生產特定區。」

在一個世紀後的現代來看，當年竹仔門電廠發電量經折算後，僅僅只能供給全美濃百分之三的用電需求，可是在百年前，一年一千三百萬度的發電量，卻是高雄港的發展根基。如果沒有竹仔門電廠，現在大高雄的港市發展，會不會還是我們眼前的這個樣子？

3 圳邊生活

十穴，是美濃最重要的水閘門。北邊四道門，屬於第二幹線水路，南邊六道門，屬於第一幹線水路。

第一幹線橫越美濃南方，總長兩萬多公尺，曾經灌溉日本人所經營的南隆農場。這片舊時的沙埔地，在殖民政府興築堤防後，陸續進行土質改良，並在第一幹線的滋潤下，發展成美濃地區最寬廣的生產基地——南隆平原。

二〇一二年，台灣加入世界貿易組織（簡稱ＷＴＯ）的第十年，美濃農民棄菸轉向更多元化的耕種，在南隆平原摸索出水稻—紅豆輪種的生產模式，也成功建立以敏豆生產為主的蔬菜產銷班。因此美濃區農會開始在這裡，劃設兩百公頃的寬廣農地，以作為推展雜糧紅豆與蔬菜敏豆的專區——美濃南隆農業經營專區。

在第一幹線水圳旁，有一片四分地的香蕉園，香蕉園的主人是一位身材嬌小但力大無比的婦人。某個冬日，我看到她正忙著引水灌溉。

早上十點，她將水圳水引入香蕉園，到了下午一點半，她又會回到園子，用五、六個大石頭堵住引水口。她看我老土似的猛拍照，對我笑著說：「好欸，偓放好水欸。芎蕉食飽了。」（好了，我放好水了。香蕉喝飽了。）

我問她：「阿姨，汝淨種芎蕉咩？還有種其他个種作無？」（阿姨，妳只有種香蕉嗎？還有種其他作物嗎？）

「偓頭家有種短豆，偓妹家阿爸種紅豆。」（我先生種敏豆，我娘家爸爸種紅豆。）

「个這水圳對汝等有好處無？」（那這水圳對你們有好處嗎？）

「哪有可能無好處啊？偓聽偓爸講，頭擺無水圳个時節，種麼个都辛苦，相同个道理，人無水做毋得，作物無水也做毋得。到偓等个時代，有水圳咧，種麼个都好！」（怎麼可能沒有好處啊？我聽我爸爸講，以前沒有水圳的時候，種什麼都辛苦，相同的道理，人沒有水活不成，作物沒有水也活不下去。到我們這個時代，有水圳了，種什麼都可以！）

美濃的水圳系統，是日治時期完成的現代化基礎建設。

不只給作物喝水，水圳還有許多隱藏版的功能。

二〇〇七年到二〇〇八年那兩年，我常常在竹仔門電廠尾水排放出口，遇到一位鍾姓伯姆。第一次遇到她時，她才六十歲，現在應該已經邁入七十歲了。

每到傍晚時分，她喜歡一個人靜靜地坐在圳邊釣魚。我問她：「伯姆，別人都係佇圳脣種菜，汝都係來釣魚仔。」（伯姆，別人都是在圳邊種菜，妳都是來釣魚。）

她笑聲宏亮，說話也大聲，「佇屋家戇戇坐到，淨分電視看，還係出來釣魚、看水、聽水聲過贏。」（在家裡呆坐睡著，只能被電視看，還是出來釣魚、看水、聽水聲比較好。）

這位伯姆很特別，釣魚大都是男性的嗜好，女性大都習慣到水圳洗滌家中物品。水圳不只水質乾淨，更重要的是水量豐沛，洗起來相當暢快。婦女們常說：「盪盪仔就嶄然淨哩。」（放進水裡洗一洗就很乾淨。）所以在圳邊，很容易遇到一群洗衣的婦人，把衣物、床單、被單，都放進水圳裡，有時候還會看到鍋碗瓢盆浮在圳面，一點兒也不意外。

小朋友更絕，一到夏天，圳上的小橋是跳水台，激流處是拼貼塑膠板的泛舟區。

九二一地震後，荖濃溪上游崩塌隨處可見，因此雨季的水圳含沙量也比平常高。每年夏天必帶孩子們下水圳玩水的國小老師二馬，對著孩子們說：「六龜那邊山上，有很多雲的地方，下雨就會把泥沖下來。我聽都市人講，『哎呦，你們的水好髒喔！』有時候會很想笑。這些，全都是乾淨的泥巴，可以去角質，可以幫農民改善土質。」

小朋友抬起頭，天真地問：「老師，那什麼才是污染？」

二馬摸摸頭說：「都市裡的河流像排水溝，水很臭，顏色很奇怪，又是紅的，又是黃的，又是藍的，看到我也不敢玩。」

停頓了一會兒，二馬又說：「這個，我們自己知道，這就是我們社區的環境，你花五百元去布╳樂谷玩，倒不如來這邊，不用錢，又都在我們大家的家旁邊。」

水圳，撐起農業、圍出洗衣場、洋溢著孩子的笑聲，這些重要性，也一一內化在民間信仰中，竹仔門電廠旁的代天水德宮、鎮守聚落水口的里社真官，都是其中代表。鍾沐卿老師最常講的一句開場白：「山管人丁水管財。」他的意思是，里社真官幫農民鎮守水源，美濃水圳掌管我們的生活。

越來越多的美濃人，也漸漸懂得向外地朋友解釋，水圳對美濃和農村的意義。如同溫仲良所說，「竹仔門電廠是美濃平原的心臟，電廠尾水所流經的水圳，是平原的大動脈，每一塊稻田，就好像是身體上的細胞。水圳這條大動脈，輸送養分、水源到每一塊田地，而在田地裡長出來的糧食，還有在糧食生產過程中，孕育的文化。這一切，就是美濃人賴以為生的生活。」

4 回家的路

無論是在水圳邊散步、拍照，還是騎著腳踏車，選在一些花草生長的水邊停留駐足，我總喜歡一個人，靜靜地看著水波蕩漾，偶爾還會刻意蹲下，聆聽水從大圳轉進小圳時的摩擦聲音。

有時候，水流像是放開喉嚨高聲吟唱，有時候，又如厚實肌肉，線條滑順而吼聲沉穩有力。讓人聽著聽著，一不小心就會被吸進黑白片的時光長廊。遠方的笠山山腰上，山嵐變化萬千，檳榔樹的長葉，在雨後特別清晰，洗澡的孩子，在圳中仰頭而又下潛如鱔魚般靈活，田埂的青蛙受到驚嚇，紛紛跳進田裡撲通作響。

突然間，鏡頭一轉，天空湛藍如畫布，圳面映浮雲，身著青色棉衣拿著長勺從水圳舀水澆菜的婦人，對著我大喊一聲：「麼个時節歸來耶啊？」（什麼時候回來的啊？）

倏地，我被她帶回到二十一世紀的第十六年，而水圳竟也高歌了一百零七年。

平常從外地回美濃，車子一下高速公路，我習慣會開往水圳邊的產業道路。我們一家沿著水圳回家，路途上，孩子們一邊望著窗外一邊大叫：「菸仔、紅豆、蘿蔔、甘仔蜜（美濃客語番茄之意）……」

此刻我再度想起，二〇〇三年第一次跳進美濃水圳的情景。我鬆開身體、放開四肢，緩緩漂浮在水圳裡，任由圳水捧著往下游流去，眼前的白雲被南風吹著跑，耳邊是咕嚕咕嚕的水流聲。我猜小時候躲在媽媽肚子裡，聽到的聲音應該就是這樣的。

水入田，有個歸屬。人下田，有個踏實。生活在農村，順著流走，把自己交出來，就不會感到害怕。

「跈水圳歸」，在客家話裡，是沿著水圳回家的意思。我想，就算各種道路大興土木，各坵田野農地重劃，出外的農村孩子，一定不會忘了歸途，因為，只要跟著水圳走，就可以走上回家的路。

農村學 水圳水泥化

十年後，我已經找不到李成利了。

二〇〇七年一月，我聽說美濃龍肚庄的磁橋坑，住著一位老人家，福佬人，是早期水圳工程的前輩。在龍肚國小老師黃鴻松的介紹下，我得以向這位老人蒐集到水圳工程的口述資料。

民國六十年代之前，獅子頭水圳、第一幹線和第二幹線的內面工是土築，很容易滲漏，並造成下游農民稻田水量不足。當時的高雄農田水利會工務組長李成利，負責以混凝土全面加強水圳內面工，並帶領十五位工程師，以龍肚老水圳為基礎，修築完成一萬兩千公尺的第三幹線——竹頭角圳。此後，混凝土內面工省下來的圳水，順利地被引導流入第三幹線。

跟第一幹線、第二幹線很不同，第三幹線沿著茶頂山系的山腳下往北挺進，施工困難度高，沿途涵洞共有一千四百公尺，隧道八百公尺。

這段將近十年的工程史，是美濃水圳水泥化的濫觴。每一滴水充分運用，養成每一株作物，餵飽許許多多人，也跟上七十年代中期以前台灣農業發展的巔峰。

可是，水泥化在水圳的生命裡，有如一條回不去的路。自此之後，美濃所有農地重劃過的灌溉圳，無論寬窄，也隨之全面水泥化。

農村小詞典

【十穴】正式地名為「十穴」，美濃農民習稱「十孔」。地名的由來，是因為美濃水圳行經至此，有十道水閘門，用以控制調節第一幹線與第二幹線的流向與水量。

驚蟄

第3章　笠孋花

早晨醒來，空氣中略有一絲寒意，一不小心就會竄進鼻子深處。不只要給孩子們套上薄外套，體壯如牛的我，最好也要穿起背心，把被窩裡的溫暖繼續留在身上。否則一整個早上，就是停不了的噴嚏。

中午還沒有到，春陽爬升到東面的屋頂。我們家是坐東向西的兩層樓房，原本高大的房子作勢撲往前院，變成極短的影子，住了十幾口人的家，被擠壓到只剩大門前的花盆一般高。太陽的溫存，緩緩滲透暖進屋裡。

沒有任何不適，但卻充滿變化。這個季節，既有暖冬的微寒，也有初夏的微熱。短短的十天半個月，微寒和微熱之間的漸層，一次次舒縮著皮膚上的毛細孔。柔爽的春風，拂來陣陣豐富多樣的花香。驚蟄前後之春，是最舒適的季節。

1　笠孋花田中開

話說春雷乍響，是大地甦醒的時刻，不過對南台灣的美濃來說，這個時候的農村，早就已經進入百花盛開萬蕊齊放的階段。

苦楝樹梢，紫花點點淡然而生，苦戀不苦反甘，落落大方灑滿一地浪漫。檬果枝頭細花如繁星，鵝黃色的嫩蕊上，蒼蠅蜜蜂振翅壯聲，醞釀著盛夏的香甜。美濃溪堤邊，黃花風鈴木迎面而來，裙襬搖搖飄曳生姿，遠眺山下風光，青山攬紅日，無限好時光。家門後，倚磚牆而生的白鶴靈芝，伸長脖子狀似高飛；田埂旁、山路邊，小巧可愛的兔兒菜，奮力向陽爭相哼唱。

這眼前光是花，就夠美濃熱鬧好一陣子了！

然而，農村的花可不只這些。騎著腳踏車隨意晃晃，到處都可以看到一朵朵的「笠嬤花」。那可能是我家的婆婆、鄰家的嬸嬸、他人家的媽媽，或是遠房表親姻親的老大姐。

這群農村婦女，工作時的標準裝備是頭頂斗笠（客語為笠嬤）、面蒙洋巾。她們不是忙著在田埂上除草，就是跳上摩托車背著噴霧器去灑農藥，抑或是蹲在夥房的禾埕曬花生、黃豆、高麗菜乾；再不然天乾物燥，山上薪柴正好用，任何一位伯姆阿嫂，絕對是頭也不回地上山落樵去。

在這色彩繽紛、芬芳撲鼻的時節，一朵朵笠嬤花，紛紛化整為零從田野間冒出頭來。不近看不知是誰，沒有借問也無法聽聲辨人，但一眼望去，田裡、圳邊、山上、樹下、池塘畔，處處有花蹤、時時芳香。

田間一朵朵「笠嬤花」是農村堅韌女力的寫照。

2 德國製的定仔嫂

第一次在田裡看到定仔嫂，是二〇〇七年初春的一個傍晚，她正在整理廢園後的番茄園。田裡，很亂。田頭、田尾擺放一堆堆的雜草和垃圾，還有前一期番茄留下來的廢棄抑草蓆。

透過攝影機視窗，我看到定仔嫂一身全副武裝，從頭到腳依序穿戴笠嬤、洋巾、手袖、襯衫、長褲和雨鞋。全身上下包得密不透風，只露出兩個眼睛與我對望。

田事如麻，不敢過於打攪。我小聲問她：「伯姆，汝今下愛做麼个？」（伯姆，妳現在要做什麼？）

她的回答聲響如雷，「啊？做麼个？𠊎愛共快甲燥草還有个蓆仔收淨啊！無，天光日，愛仰仔打田啊？」（啊？做什麼？我要盡快把乾草還有抑草蓆收起來啊！不然，明天，要怎麼整地啊？）

我厚著臉皮想表示體貼，「伯姆，𠊎有買運動飲料，等下添可以食喔！」（伯姆，我有買運動飲料，等一下可以喝喔！）

「哪有時間食啊？𠊎今下就差無七隻手八隻腳可以做事！」（哪有時間喝啊？我現在恨不得有七隻手八隻腳可以做事！）她連看都沒有看我一眼。

定仔嫂給我的第一印象，極為深刻。

後來的日子裡，陸續從鄰田農友那裡打聽到一些消息。最經典的就是：「喔！這定仔嫂，全美濃一流个，德國製个！」（喔！這定仔嫂，全美濃一流的，德國製的！）

一開始，我還沒聽懂，啊了一聲。阿伯補充：「哀哉！就係講德國製个機器，駛毋壞、毋使整啊！」（哎呀！就是說德國製的機器，用不壞、不用修理的啦！）

受人稱讚說成這樣，真不知道該為定仔嫂高興還是難過。只是世事難料，三年之後，我竟變成她的媳婦。原本每天看她越忙拍攝得越起勁的我，反倒換成是被人等著看好戲的對象。

婚後第一次加入定仔嫂的洗衣行程，我滿心期待，跟著熬成婆的她，到水圳洗全家衣服。其實小時候住在油羅溪邊，我常到河裡清洗衣物，手工洗衣對我來說，一點都不難。我記得即便手很酸，幸福感還是像透明扭曲的肥皂泡，咕溜咕溜左扭右擺地在水面上漂浮。

一晃眼，三十多年過去了，我現在人在美濃鄉間的一處圳邊。看著身邊的少婦、老婦們，嘴裡不是說各家長短就是怨嘆自家老公，手腳又能同步執行工作，左手緊拉褲頭或領口、右手使勁清洗一件件沾泥帶土的長袖長褲，再看看我的新手婆婆這頭，也早已泡好衣服正奮力刷洗。身為「新來嫂」（美濃人稱剛嫁人的女子），我當然要亦步亦趨跟上進度。

我蹲在阿姆身邊，自信地張大手掌，取出水桶裡的衣褲，抓一件、洗一件、刷一件、沖一件，再依序將衣褲放在石階上，等著全部洗好後，再重新用清水洗過一次。

此時，阿姆輕聲對我說：「要先洗汝爸个、姊夫个，樣洗阿文、阿忠還有阿禮三兄弟个。」（要先洗妳爸爸的，姐夫的，再洗阿文、阿忠和阿禮三兄弟的。）

我瞪大眼睛看著她，努力壓低音量說：「麼个啊～」（什麼啊～）

阿姆重新講一次，又補上一句：「最尾樣來洗侄等細妹仔个。」（最後再來洗我們女生的。）

這次，我確定沒有聽錯。

可是，內褲真的不好認，我只好回她：「侄認毋出各人个內褲，內褲分汝洗好嗎？」（我認不出每個人的內褲，內褲給妳洗好嗎？）

陪阿姆洗衣的次數，就只有兩次。之後，朱老大和我這一家的衣服，全都交給洗衣機負責。我暗自慶幸手邊還有個上得了檯面的工作，不然在水圳邊的閒談中，我一定是個不及格的差勁媳婦，害阿姆顏面盡失。

夜裡的水圳邊，熱鬧無比，有笑聲、有幹聲。男人勿近，沙文無所不在。

3 國寶級的光仔伯姆

阿姆在我們朱家夥房裡，有幾個特別聊得來的叔伯妯娌，其中一位是光仔伯姆。

伯姆跟阿姆有相似之處，好比說嗓門大、個性直。當然，兩人也有各自的獨特之處。阿姆以夫為天、以子女為主，服務家人是她的生命價值；而光仔伯姆是風格迥異，她母儀天下指揮調度，田事的分工、家事的運作，只有她說了才算。不過這兩種典型，倒也沒什麼好壞對錯之分。

光仔伯姆給人的感覺，一開始有些苦味。新婚後沒多久，我北返歸寧，回娘家住了一個星期，回到美濃後剛停好車，就遇到騎著摩托車正要外出的光仔伯姆。

她心直口快一見我就說：「汝係外籍耶喔？仰歸妹家恁久諾？」（妳是外籍新娘嗎？怎麼回娘家這麼久？）

我一聽，除了生氣之外也只能拱手佩服。一句話能罵上兩種人，就屬她有這樣的本事。

有機會深入認識光仔伯姆，是六年以後的事了。二〇一六年農曆年後，我開始彙整出版計畫，有時會在禾埕上散步曬太陽，大多數時間，是待在書房整理過去的採訪文件。住在夥房邊的光仔伯姆，是我閒聊的對象之一。我喜歡坐在她家門前的矮板凳上，跟她一起挑揀黑豆。

選豆需要好眼力。光仔伯姆一次倒出兩斤黑豆，黑得發亮的豆仔，在竹篩上滾動發出沙沙聲。伯姆跟我的兩雙手，把小沙子、泥塊、ＮＧ品、豆梗、乾葉、雜草，一一挑到腳邊的生鏽奶粉罐裡。

我問伯姆：「个毋好仔，係毋係愛倒到地圾車？」（那些不好的，是不是要倒進垃圾車裡？）

她一臉驚訝，回答我：「做毋得諾，這全全係好東西，𠊎愛倒到菜瓜頭下肥菜瓜！」（這可不行，這些全部是好東西，我要倒在絲瓜藤下做絲瓜肥料！）

這下換我大吃一驚，「這地圾，也做得肥菜瓜？」（這些垃圾，也能當肥料？）

伯姆大笑。她說：「戇細妹仔，𠊎等庄下，項項東西都嶄然好用。汝無看到，𠊎上擺拿分汝姆媽个菜瓜，粒粒恁大恁好食。」（傻女孩，我們鄉下，每樣東西都很好用。妳難道沒看到，我上次拿給妳婆婆的絲瓜，每一條都那麼大那麼好吃。）

光仔伯姆的黑豆，是拿來製作黑豆豉用的。她強調：「烏豆種係汝光仔伯个阿姑分侶个。頭擺還有種菸仔，侶佇田脣，尖頭銳角無法種菸个地方種烏豆。無幾多年，隔壁叔婆甲田坵分侶種菸仔，去田坵看个時節嚇到，伊講：『个新妹喔，實在做家喔，一哪仔粒頭粒角種到無半息地泥。』」（這黑豆種是妳光仔伯的姑姑給我的。以前還有種菸，我在菸田旁邊邊角角不能種菸的小塊地上種黑豆。過了幾年，隔壁叔婆把她的田給我種菸，去田裡看的時候嚇了一大跳，她說：『那個新妹（光仔伯姆本名曾新妹）喔，實在勤儉持家喔，所有畸零地這些小地方都被她種到沒有剩下一點點空間了。』）

從三十多歲開始種豆做豆豉到如今，光仔伯姆已經做了將近四十年。她手上的黑豆，絕對不賣也不交換，她自己留種自己種，親手熬煮、採菌、發酵，完全不假他人之手。現在在美濃問起黑豆豉，老一輩幾乎都會說：「龍肚上坑朱屋个烏豆豉，毋會差。」（龍肚上坑朱家的黑豆豉，很不錯。）

光仔伯姆的名氣不止於此，她和光仔伯夫妻倆，是台灣目前少數手工竹門簾的國寶級師傅。竹門簾，是傳統夥房內各個房間的重要門面，一來可以兼顧通風與隔絕蚊蟲，二來又能保有隱私並保持房內採光良好。這項手藝，是光仔伯姆的父親傳給他們夫妻的。

一付竹門簾，從曬竹、剖竹、纏竹、繪圖、上漆、裹邊，需要兩人花上三天時間才能完成。

提到小時候跟著爸爸學編竹的回憶，光仔伯姆立刻入房拿出一個花式菜籃。

光仔伯姆把菜籃舉得高高的，逆光仰視百看不厭。她說：「侶做細妹个時節，十五、六歲，就會做花菜籃，嶄然靚喔！偓頭擺看人**撮把戲**，連看三暗晡，一面看一面做就做好咧。汝看看，這恁幼个竹篾仔串个花恁鬧。實在有鬧喔！無恁簡單啊！」（我還是少女時，十五、六歲，就會編花菜籃，實在漂亮喔！我以前看人搓把戲，連續看了三個晚上，邊看邊做就做好了。妳看看，這麼細的竹篾串出來的花樣非常漂亮。實在漂亮！沒有那麼簡單的啊！）

種稻、種菜、種菸、種雜糧，養雞、養鴨、養豬、養全家，種種農活，對光仔伯姆來說，易如反掌，這就是她的生活，她的全部。

每次聊天的尾聲，她總會說一次自己的爸爸，語帶驕傲。

「偓爸八十零歲，還去田坵割草，割到一半，心肝前蓋苦哇！伊自家行去醫院，還同護士講：『偓俫仔就要過來欸喔。』話毋曾講核伊就走核欸！偓看偓自家，抑蓋像偓爸恁仔哩，無定著抑會相同一生人無寮到，一下仔就走核欸。偓聽庚華叔公講：『恁仔樣係有福氣哩。』」（我爸爸八十多歲，還去田裡割草，割到一半，心臟很不舒服！他自己走去醫院，還跟護士說：『我兒子就要過來了啊。』他話還沒有講完人就走了！我看我自己，也跟我爸爸很像，不一定也會一樣忙碌一輩子，突然間就走了。我聽庚華叔公說：『這樣才是很有福氣的哩。』）

4 野生阿連姊

笠嬤花，是花、是人，也是一種精神。再來說說一個小故事。

那是二〇一三年立冬的深夜，沒有冬風刺骨，倒是微風徐徐、秋涼如水。縱貫美濃平原的中正路上，眾家皆已閉門入睡，只有一戶人家大門敞開，屋內燈光穿透夜色爬上馬路。

偶爾經過的摩托車，會刻意放慢速度往內望，騎士如果有機會跟屋內的阿連姊四目相接，便會喲喝一聲：「哎呦！又愛開始無閒咧咩？」（哎呀！又要開始忙了嗎？）

就怕對方聽不到，阿連姊回答極快：「嘿呀，仰做得分錢走核諾？」（是啊！怎麼可以讓錢跑掉了呢？）

噗噗噗又拉出分岔尾音的排氣管聲，漸行漸遠，四周越來越安靜。屋外的椰子樹影在黑藍色夜空下，顯得更黑更有稜有角。

阿連姊在廚房洗菜、理菜、爆香、炒料，不到兩小時，她一個人就迅速備齊內餡。接著，她和先生共同揉粄皮、包餡，並進行一鍋接著一鍋的炊蒸工作。

過程中，夫妻倆默契極好，幾乎沒說話，除了外頭零星的蟲鳴鳥叫之外，就只剩鐵製調羹舀餡輕碰鐵盆，或一顆顆完成包餡的生粄黏上香蕉葉的些微聲響。這一天，阿連姊必須趕在天亮前，完成一百多份的五行粄、客家米粽、豆沙包，和四十斤的滿月油飯。

剛滿六十歲的阿連姊，看起來比實際年齡年輕，她手腳俐落、口齒清晰，還有一對明亮堅定的雙眼和隨時掛在臉上的微笑，讓人無從想像她年少時的逆境。

阿連姊生父姓鍾，來自新竹竹東，養父姓劉，是苗栗泰安人。她一出生，就被養父母帶到

被形容為「德國製」的定仔嫂在採收蘿蔔。

阿連姊採收對面烏。

美濃南方的沙埔地開墾日本人所經營的南隆農場。

那個年代南下討生活，日子不好過。小小年紀的阿連姊，六歲掌廚張羅一家三餐，十二歲幫忙爸爸賣枝仔冰、檳榔和碗仔粄（福佬人稱碗粿），十四歲起交工割稻、種香蕉。每年冬季裡作，她照樣得下田種黃豆、紅豆和番薯。十八歲結婚後，阿連姊更忙，田裡的活繼續幹，早上賣早餐，平常又包辦警察局宵夜、農會活動點心、社區晚餐宴席。

看著阿連姊，我忍不住問她為什麼忙不怕。她說：「𠊎細時節苦驚欸，屋家、田坵个事頭恁多，做事無時恬喔，又肚飢。暗晡頭就拼到間房搞家家酒，𠊎會學大人煮東西分自家食！」（我小時候窮怕了，家事、田事好多，忙到無法停下來，肚子又好餓。晚上就躲在房間辦家家酒，我會學大人煮東西給自己吃！）

說完這段話，阿連姊笑得停不下來，後來還拿出手帕，把眼淚擦乾淨。

家裡客廳的牆上，掛著兩張靜思語，一張是「小事不做，大事難成」，另一張是「知足，生活才會富樂安穩」。阿連姊說：「壁項兩句話，就係𠊎个心情哇！𠊎無擇事情个，有事頭做，𠊎就有精神，有錢賺，𠊎樣會安心。汝講係毋係啊？」（牆上這兩句話，就是我的心情啊！我不挑選工作，有事情做，我就有精神，有錢可以賺，我才會安心。妳說是不是啊？）

二〇一四年盛夏，正是對面烏（破布子的客語）盛產的季節，我的老二小樂剛滿周歲，處在育嬰留職停薪的我蠢蠢欲動。我拜託阿連姊，帶我去採收對面烏，並且指導我製作塊狀對面烏，這是美濃的傳統食物之一。

六月底某天一早，陽光燦爛，藍天白雲真正的好天氣。不到六點，我跟著阿連姊到水圳邊的**水利地**探訪她的祕密基地。

這塊長二十多公尺、寬約三公尺的畸零地上，長著四、五棵對面烏樹。阿連姊站在樹下，回過頭對我說：「將就今晡日，甲全部對面烏摘轉去。」（乾脆今天就把所有對面烏採收回去。）

這小小的長形區域，平日無人耕種缺乏管理，不過對面烏倒是結實累累，周遭更是長滿烏肚子（客語的龍葵）這種野菜。阿連姊看了看，迅速選定立足點，左手扯住繃緊的樹枝，右手握著彎形柴刀，瞬間，快刀一下，樹枝立刻斷裂，阿連姊順勢將樹枝鋪放在草面上，以降低果子的耗損。

我瞠目結舌對阿連姊說：「侶等這代个婦人家，仰做得甲汝等比啊？」（我們這一代的女人，怎麼比得上妳們啊？）

阿連姊對我大笑，「汝等有讀書，抑毋過係用化學肥料種出來个，侶等這代人，全全係野生个，只要有泥肉，侶等就有辦法開花結籽。」（妳們有讀書，不過是用化學肥料種出來的，我們這代女性，全部都是野生的，只要有土壤，我們就有辦法開花結果。）

5 農村女力史

像阿姆、光仔伯姆、阿連姊這樣的婦女，在農村算是幸運。她們有自信、有能力、進退有據。

即便在外受氣，回家進了房門，還是可以在大家族龐雜的關係之中，搏出一席之地。可是，還有更多笠嬤花姊妹們，在傳統文化和輕農政策的加乘作用下，一輩子打滾在沒有自主權的集體宿命裡。

她們的名字末，不外乎是「娣」、「妹」、「香」、「英」、「美」、「鳳」、「秀」；她們的少女夢，總是在拾薪餵豬煮三餐之間驚醒；她們的另一半，總是大嘆時不我予，臨老還在幻想著當年勇早該飛出去；她們的孩子們，有些飛黃騰達貢獻他鄉，一年只見幾次面，有些雖陪伴身旁，但少有承歡膝下，更多是順手領走年金的啃老一族。她們的人生，好似只剩踩在田裡的那些時刻，最為自在。

我的阿姆說：「倨去田坵毋使打卡，畀自由哩！」（我去田裡不用打卡，多麼自由啊！）光仔伯姆最常掛在嘴邊的是：「做慣習咧！毋做圓身會著病。」（做習慣了，沒有做事身體會生病。）

如果沒有跟阿連姊約訪，很難跟她說上話。她總是開著她的廂型車，在旗山和美濃地區送點心、送中餐、送宵夜。她一看到我，會搖下車窗大喊：「細人仔大耶咩？還毋共快去上班賺錢啊？」（小孩子長大了嗎？還不趕快去上班賺錢啊？）

日頭下，還有更多微酸的故事，譜寫著無數動人的短詩，記錄著更多當時代的女力史。

進入驚蟄的美濃，生命力正旺盛，各種花朵早已盛開，恰恰三八婦女節又在此時與我們相遇，謹以此文向所有的女性前輩以及我們的未來致敬！

農村學　女力與學歷

為了跑新聞、找題材，就算沒有上班，我都常往田裡跑，或是到農會、產銷班鬼混，有時候一聊就是一個半天。

一次，我正在推廣部的辦公室閒談。大家聊得正起興，一個農婦走進來，「歹勢喔！種良質米係毋係要佇這登記啊？」（不好意思喔！種良質米是不是要在這裡登記啊？）

有人趕緊回：「係啊！伯姆，汝先寫這張單仔，名仔、電話、住所、學歷，寫寫仔就做得咧！」（是啊！伯姆，妳先填寫這張表格，名字、電話、地址、學歷，寫一寫就可以了！）

這位伯姆坐定，跟農會借了支筆，吃力地看著報名表，趴在桌上一行一行慢慢寫。寫到學歷欄的時候，她叨念了一句：「𠊎毋曾十歲就開始下田做事，十四歲就做得一个人管理論甲田坵，到今六十零歲還做農，請問這愛仰仔寫？」（我不到十歲就開始下田做事。十四歲就可以一個人管理將近一甲的稻田，到現在六十多歲了還在務農，請問這要怎麼寫？）

一時之間，大家都不知道怎麼回答。

伯姆看氣氛有點僵，大聲地說：「哀哉！這還毋簡單，就寫農業大學就好咧啊！」（哎呀！這還不簡單，就寫農業大學就好了啊！）

斗笠、洋巾、手袖、襯衫、長褲、雨鞋，是農村婦女工作的標準裝束。

農村小詞典

【洋巾】農村婦女用來遮陽防風的布巾，棉質、輕薄，有單色也有傳統花布的顏色。

【落樵】四處蒐集薪柴之意。

【撮把戲】過去傳統農村，少有大型公共休閒活動，所以發展出一種不需要舞台、戲服簡單甚至不需戲服，只需要三個人就可以演出的一種娛樂形態。一些民間賣藥團，會以這種戲曲、雜技複合的表演方式來聚集觀眾。

【水利地】農田是農民的私有財產，不過水圳邊的畸零地，也會被農民拿來種菜、種雜糧。這些邊邊角角的小面積土地，為各地農田水利會所有，通稱「水利地」。

春分

第4章 成長痛

春夜涼爽宜人。每年有兩個節氣日夜等長，其中一個就是春分。

才剛入夜，一陣陣不知哪兒來的混著淡淡草香的花香，隨著微醺的晚風，吹送到門前、屋內和陽台。賴在地底的蚯蚓，吸吮土裡的濕潤，明明躲著卻又不甘寂寞，一聲既出立刻引起眾聲鳴放，接力傳唱屬於高音部的美妙聲線。

早起的白頭翁，一如往常，在晨曦乍現的時候，陸陸續續停在陽台上啾呦啾嘰地講個不停；直到天光全亮，窗戶玻璃反光照成一面鏡子，又吸引更多白頭翁前來探奇，牠們斜眼歪頭拉長脖子，左瞧右看瞄著鏡中鳥，以為是其他鳥兒，於是又用力地啄啊啄地，叩叩、叩叩叩、叩叩、叩叩叩……孩子們在這聲聲呼喚中醒來。

這天起床，老大樂樂早就準備好一大包的機器人，嚷嚷說著要去朋友家玩。難得有機會可以跟老二小樂獨處，我問小樂：「細倈仔，想愛去哪寮？」（小男生，想要去哪裡玩？）

二〇一六年三月底，小樂還未滿三歲。這孩子牽起我的手說：「媽媽，去阿婆屋家寮。」（媽媽，去外婆家玩。）

我笑他，「小樂戇戇，阿婆屋家佇新竹呢，恁遠，𠊎等來去伯公下寮好無？」（傻小樂，外婆家在新竹呢，那麼遠，我們來去土地公那裡玩好嗎？）

小樂興奮地回答：「𠊎等去喏喏、𠊎等去喏喏！」（我們來去拜土地公、去拜土地公！）

早年，伯公還只是一棵龍眼樹下的大石頭。聽小樂阿公說，大概三十多年前，大夥兒一起集資建廟，所以現在在我們母子倆眼前，是一座有廟、有金爐、有頭有臉的旱溪伯公。

小樂拿著香，看著我又看看伯公，口中有模有樣地說著：「小樂乖乖大，阿公阿嬤平安。」（小樂乖乖長大，阿公阿嬤平安。）

我蹲下來跟小樂說：「小樂，汝愛記得伯公喔！有閒愛來喏喏，下二擺伯公定著會保庇小樂一生人！」（小樂，你要記得土地公喔！有時間要來上香祭拜，以後土地公一定會保佑小樂一輩子的！）

1 結婚是對農村的承諾

二○○九年五月，我跟朱老大結婚。對朱家來說，這是家族大喜事，對我來說，是一場面對自己與過去的考驗。尤其舉辦婚宴要請客，我得一一親自打電話給久未謀面的老朋友。

在連絡過程中，沒有任何一個人在第一時間給我任何祝福，不是不敢相信，就是好言相勸。

有一通電話，是打給一條腸子通到底的好友兼同事。記者間問候第一句，通常先問工作。
我在電話中先問她：「阿惠，在採訪嗎？發稿嗎？」
「沒有啊，在吃飯。妳在哪裡啊？美濃還是台北？」
「喔！我在美濃啦，最近比較忙，沒有時間上台北。」
「忙什麼？拍什麼紀錄片啊？太陽那麼大？下田不用化妝，妳沒有保養。我跟妳講，妳真的變很醜了，妳知道嗎？」她拉高分貝提醒我。
「唉喲！不要講東講西啦！妳五月十六號下來美濃，我們有聚會。」
「什麼聚會？這麼早就先約？」
我保持平常心回答：「沒有啦，我是想說，五月中趕快把婚禮辦一辦！」
「他╳的，妳不要開玩笑！想清楚好不好？都已經撐到快四十了，幹嘛結婚啦？」
「我現在覺得，結婚好像沒那麼嚴重。我媽也說如果相處不來就離婚啊！」我試著勸她想開些。
「妳媽在拐妳啦，結婚容易離婚難啊！真的，要想清楚。那妳男朋友是幹嘛的？」
「喔！他是務農的。在農會上班，自己也有務農。」
「見鬼了！妳幹嘛日子好好不過，跑去害農夫！農夫更不可能離婚的啦！」
「唉呦，總之到時候妳要幫忙，幫我一起把小茹和她男朋友載下來。」
跟農夫結婚？到農村生活？跟婆家一起住？現在回想當年我跟朱老大的決定，覺得大家都好勇敢。不過，能撐到現在也是不容易，我想可能是因為我們的婚姻，浪漫成分少之又少，雙方對彼此的期待一點兒都不高。

朱老大單身了四十二年、我自由了三十七年，性格、習慣幾乎已經定型，婚姻可以提供我們的，應該是彼此欣賞、學習退讓的機會。如果硬要他成為一個溫柔體貼的好先生，或期望我扮演三從四德的好太太，那可不行，鐵定兩人都輸到脫褲子。

婚前我們已經理解，農村與農業，是婚姻的最大公約數。我們兩人有相同的價值觀，對於未來的想像，是透過組織家庭，在農村生活、在農地生產。我們願意彼此陪伴，共同尋找對自己、對下一代、對環境友善的存在方式。就這麼簡單。

所以，我們才會在婚禮謝卡上寫下一行字，「結婚，是我們對農村的承諾。」

2 怎麼會帶小孩子下田呢？

旁人對我的生活，評價兩極。婚前，親友大多不看好，雖然也是給予祝福，但更多的是「如果撐不下去要說」，或是「也好，總是試試看，搞不好你們會有自己的方式」這樣的支持。

婚後，評論的說法完全相反。尤其是後來認識的一些住在都市的朋友，在跟我們交換育兒心得時，總是會多說一句：「你們這樣在農村裡生活好好喔！生活壓力小、小孩又快樂。」也有人說：「小孩在大自然環境長大最好，不用補習、不用上才藝，你們的選擇是對的。」

聽到這些充滿田園野趣的說法，我並不會特別回應。因為如果真的這麼好，農村的年輕人不會越來越少，從小被老人家照顧的孫子孫女們，也不會總是被帶到都市求學生活。（高雄市民政局二〇一六年七月公布，美濃區十年來人口外移三八九二人，旗山區三〇八五人，分居高雄市人口外流第一名、第二名）

我們的老大樂樂，在二〇一〇年一月出生。這一年十月，我生平第一次下田務農，種的是很難種死就算收成不佳也不會血本無歸的蘿蔔。

十個月大的樂樂，好奇心強又很依賴媽媽，可以有媽媽陪伴又能探索新玩意兒，是他最快樂的事。每天，我們母子倆在田裡消磨時光。我在田裡拔草，他坐在畦上撥弄小石頭，有時候還會拿起來咬一咬，喀啦喀啦的聲音讓他笑得很滿足；我翻開莖葉檢查病蟲害，他在一旁會靈活地在葉面下爬上爬下的，有時候還會停下來抓把泥巴就往嘴裡塞；如果我漲奶漲得厲害，揮揮手一聲聲喚著「樂樂」、「樂樂」，他會從不遠處爬來，攀到我的身上窩進胸口使盡力氣大口大口喝奶。

我們母子的務農初體驗，是真的有那麼一點農家樂的味道。

蘿蔔園邊的產業道路，是附近小學學生上下學的必經之路，也是許多外籍看護大姐們帶老人散步曬太陽的小徑。初秋傍晚，一位坐在輪椅上的老婦人緩緩靠近，她的左手扶著輪椅手靠，右手的影子，在夕陽下拉得老長幾乎貼近我的眼睛。

她對我們母子的方向喊著：「這，這係麼人个薪臼啊？」（這，這是誰家的媳婦啊？）

我起身看著她回道：「姨婆，俚來田坵做事。俚定仔个新臼哇！」（姨婆，我來田裡工作。我是定仔的媳婦啊！）

老人家又提高音量說：「這麼人个新臼啊？仰會恁仔，還帶細人仔來田坵寮？」（這是誰家的媳婦啊？怎麼會這樣，還帶孩子來田裡玩？）

「姨婆，毋係啦！俚來田坵做事，毋帶細人仔來做毋得，屋家無人帶細人仔啊！」（姨婆，不是啦！我來田裡工作，不能不帶小孩子來，家裡沒有人可以帶小孩啊！）老人家口氣顯得不太高興，我趕快解釋。

老人家指著田又看著樂樂說：「俚甲汝講，毋好分細人仔來田坵裡肚哇！田坵恁多化學性質个東西，分細人仔佇屋家份家啦伙俬就好欸啊！」（我跟妳說，不要讓孩子來田裡啊！田裡這麼多化學殘留物，讓孩子在家裡玩玩具就好了啊！）

我尷尬地笑著，沒多說什麼，趕緊帶著一身髒兮兮的樂樂騎摩托車回家。

一到家，阿姆看到我和樂樂就猛搖頭：「汝仰會帶細人仔下田諾？田坵嶄然屙糟哇，又有蟲仔，著傷仰結煞？」（妳怎麼會帶小孩子下田呢？田裡很髒啊，又有蟲，受傷怎麼辦？）

一聽阿姆這麼說，我加速腳步往屋裡走，沒想到又遇到正從屋裡往外走的阿爸。他一臉難色說：「哀哉！盡量毋好帶細人仔去田坵哇，汝毋知田坵嶄然危險咩？」（盡量不要帶小孩子去田裡，妳不知道田裡很危險嗎？」

3 務農自輕代代傳

大部分農民，特別是老農，心裡藏著很深的自卑感。在農民之間的日常對話，顯而易見。

五十多歲的阿昌，凹下人。他站在水口邊說：「哎呀，偓甲汝等講，種這號水果，就一定要用菸仔肥。聽偓个毋會差，偓有經驗哇，偓試驗過恁多年欸啊！農業博士都無偓恁會。」（哎呀，我跟你們講，種這種水果，一定要用複合肥四十七號。聽我的不會錯，我有經驗啊，我試驗過很多年了！農業博士都沒有我厲害。）

幾個農民站在阿昌身邊，其中一個比他大個三、四歲，大家都稱他阿德伯。聽到阿昌的說法，阿德伯也不甘示弱，原本坐在摩托車坐墊上的他，為了說話，起身跨出一大步。

阿德伯清了一下喉嚨，大聲地說：「阿昌仔過後生，經驗係有，抑毋過還有蔪然多要學習个。偓甲大家講，毋單只菸仔肥，个偓姐仔畜个雞屎，樣好用哇！果樹豺到雞屎肥，每一粒又大又甜，送去市場个價勢，會嚇死人喔！」（阿昌比較年輕，經驗是有，不過還是有很多要學習。我跟大家說，不只是複合肥四十七號，我太太養雞的雞屎，那才好用哇！果樹吸收到雞屎肥，水果每個都又大又甜，送到果菜市場拍賣的價格，嚇死人喔！）

這場田野間的較勁，越敢說、說得越大聲的人，贏面也比較大。可是回到家裡，遇到留鄉務農的子女、遇到天真可愛的孫子孫女，管他什麼耕種經驗的，早就被拋到九霄雲外，因為對農民來說，「離農得樂」才是人生真理。

表面上說，「土很髒」或「田裡很危險」，真正讓農民害怕的，是孩子們一旦下田，可能就會跟他們一樣，把一輩子都種下田了。

老農們的心態，很容易理解。因為他們苦，苦得沒有價值，也苦不出什麼成就和財富。再者，他們大部分學歷不高，看到正在求學中的孫子孫女，便時常拿自己當作失敗人生案例耳提面命。最常聽到的，就是「汝等再毋好好讀書，就會甲阿公相同，一生人搵到田坵裡背啊！」（你們再不好好讀書，就會跟阿公一樣，一輩子都在田裡打滾啊！）

不只老農如此自輕，許多年輕父母也是焦慮擔心著。

阿鳳（化名），一位出身農家的女孩，聰明善良，更繼承上一代勤儉持家的性格。她也是美濃客家人，年紀大約近四十歲，擁有一對可愛聰明的女兒。

認識阿鳳的時候，她左手牽老大，右手抱老二，臉上堆滿了疲憊。她跟我說：「我高中想要升學，可是爸爸說家裡沒錢。以我以前的成績，我一定可以考上大學的，可是我卻必須到工廠上班，幫忙家裡賺錢。」

現在的阿鳳，已經不是當年的年輕女工，可是她持續拚命上班、加班，為的就是希望給孩子更多的機會。阿鳳說：「鄉下教育資源少，競爭力太差，雖然現在小孩成績好，可是如果真的有一天，有機會考到市區的學校，一定比不過其他原本就在大學校讀書的小孩。」

所以，阿鳳努力安排安親班、數學補習、雙語訓練，還有音樂課、畫圖課，來提升孩子們的水準。於是孩子們在放學後，先是被交通車直接載走，到安親班寫作業寫試題。過了兩個小時，孩子們回到家洗個澡，又會被送到數學、英語或才藝班，加強學科和術科訓練。到了晚上九點多，孩子好不容易回到家，又是繼續寫試題。

這個時候，如果孩子偷瞄一下電視或突然放空恍神，阿鳳就會苦口婆心說：「媽媽花這麼多錢給你讀書，你要知道媽媽的苦心，要好好讀書啊！」有時候孩子頑皮些，她口氣嚴厲語帶恐嚇：「不讀書，你以後要做什麼？做工友、當廚工，還是乾脆跟阿嬤一樣去田裡做事？」賤農的心態，從老農自輕開始發展，一代傳一代，根深蒂固。

我的公婆不是特例，他們是大多數農村祖父母的代表；而阿鳳，她不是個案，她是許多跟我差不多年紀的農村父母。我們這兩代，共同照顧農村的新生代，然而，孩子們變成什麼樣子？

孩子們背著很重的書包，在學校、補習班和家裡三處來回移動；他們鮮少靠近土地、觸摸作物，有空就盯著平板不放、開著電視節目配晚餐；他們暫時留在鄉下，小則上小學、大則升國中，就會被帶到都市加入更激烈的求學競爭；他們踩在田裡就踮腳、沾到泥土就猛拍、看到螞蟻就大叫，也總是認為自來水比圳水清澈乾淨。他們生在農村，卻不是在農村活著，他們隨著大人的安排，想盡辦法要離開農村。

我想起我的都市大人朋友們。他們以為鄉下很好、很健康，沒有壓力、孩子很快樂，可是真相卻相反，到處都是沒有時間陪小孩的父母，以及更多更多補習到天昏地暗的孩子。

這一刻，孩子們的成長痛，完全沒有城鄉落差。

4 農鄉缺失症

很久以前，我看過一本書在講「大自然缺失症」，說的是現代青少年與自然環境越來越疏離的一種趨勢。因為三C產品的誘惑、父母擔心野外危險的種種顧慮，更會擴大孩子與自然的距離，甚至導致一系列行為或心理上的問題。

或許台灣還沒有這方面的研究或討論，不過在農村的現實生活中，的確已經明顯出現「農鄉缺失症」。孩子在讀小學的時候，對自然缺乏基本的理解和尊重，面對家鄉或在地事物興趣缺缺，時常只認識書中的動植物卻分不清田裡的作物，而看到小昆蟲會害怕尖叫閃得老遠。

到了上國中之後，孩子步入青少年時期。他們每天在便利商店見面順便吃早餐，有些在下課後，會坐公車去買手搖飲料再一起去補習，如果假日有機會，他們會進高雄市區買知名潛艇堡大啖小黃瓜片，可是卻不認識阿公阿嬤田裡瓜架上的小黃花長大後就是小黃瓜。

夜裡，我常在田邊散步。現在的稻子，再不到兩個月就可以收成了，稻葉高挺俊拔，跟著晚風搖擺互相磨蹭飄散著微微香氣。

產業道路上沒有路燈，顯得屋內空間更加明亮，阿嬤在廚房裡大展身手，蘿蔔絲煎蛋香氣撲鼻，阿公叼著菸在客廳看新聞順便陪孫子寫作業。

經過屋外的我聽到孫子說：「阿公，我想要看一下海╳寶寶啦！」

阿公咳嗽了一聲，用混著客家腔的國語說：「你不好好讀書，以後會跟阿公一樣種田喔！」

春夜如此爛漫我心卻沉，為什麼我們明明是自然的一部分，卻可以把自然推向千里之外。

我那即將上小學的老大樂樂問我：「媽媽，我以後可以種木瓜嗎？」

我輕鬆地跟他說：「可以啊！爸爸以前就是種日昇木瓜的。」

孩子一臉天真又問：「那爸爸種的日昇木瓜好吃嗎？」

「很好吃喔！以前爸爸摘木瓜的時候，都會特別留一顆木瓜給媽媽吃。每次媽媽採訪回家，就會在門口看到爸爸放的木瓜。」

孩子聽到這個非常開心，馬上跟著說：「媽媽，那我也要種木瓜給妳吃。」

我要樂樂坐在我的大腿上。抱著樂樂，我輕輕地對他說：「樂樂以後想種什麼都可以。可是你要記得，要種給你愛的人吃，也要愛所有吃你種的水果的人喔！」

農村學　農村比很大

美濃有很多稱號。近一點的，像是「微笑之鄉」、「十大觀光小城」，遠一點的有「菸城」或「博士之鄉」。全台各地農村之中，像美濃這麼有名的，真的不多。早期的菸業、養豬業創造了美濃富裕的基礎，到了近期，穩定多產的稻業、品牌化的經濟作物，還有豐富多元的冬季裡作，至少也撐住了美濃農業發展的基本盤。

創造這些農村奇蹟的人，也是不簡單。這兒的農民很愛比較，會比誰比較早起勤勞、誰技術比較厲害、誰懂得投資管理，十個農民至少有八個總是說：「哀哉！沒有人比我知道、比我會種，我種的才頂真。」

有次我在田裡遇到一個農民，他看我正在採訪拍攝，好奇走過來說：「哎呀，採訪農民幹什麼？我們這裡是寶地，有出立委、省議員、鎮長、將官喔！還有在拉撒（正確應為NASA，美國太空總署簡稱）上班的人，要去採訪那種人啦！」

我回答他說：「不好意思，我們是做農業的新聞，有機會再多問問你說的那些人。」

「農業幹嘛要做新聞？不賺錢、不出名，上不了檯面啦！」這農民不死心。

我追問：「請問一下喔！你說的那些有名的人，出身美濃的人，有哪幾個有貢獻農村的啊？」

明明美濃因為農業而富庶、因為農村而驕傲，可是為什麼大家還是會被都市標準的價值而擊垮呢？在比上不足比下有餘的心態下，人人能做的就是比表面功夫，比學歷成績、比薪水地位、比誰家兒女讀博士，可是，有沒有人比「誰會早起幫忙剝檳榔再去上班」、「誰家兒女會和父母吃晚餐」、「誰家父母陪孩子時間比老師長」、「誰家作物種得最健康」……

後來我才慢慢了解，聰明人的比較，只是自卑感作祟罷了！

面對天真可愛的孫輩，老農民多半希望他們未來能「離農得樂」。

農村小詞典

【旱溪】夏天有水、冬天無水的山澗。

【菸仔肥】複合肥四十七號，為了有效掌握菸葉品質與數量，台肥公司針對美濃的環境、土壤、水質，特別設計的化學肥料，氮、磷、鉀的比例分別是一、二、三，價格比一般化肥高。

清明

第5章 豪宅瘋檥

告別三月，南風漸起。

大高雄地區空氣終於開始轉好，細懸浮微粒嚴重的區域，逐漸北移。不過，這對時常戴口罩的我來說，其實也沒有多大差別。

一九九九年九二一大地震後第二個月，我找到一種職業——記者，可以同時養活自己的生理和心理。跑了十六年的新聞，來到二〇一五年，我遇到了採訪生涯中最慘淡的一年。這一年，我一共發了四百二十九條的每日即時新聞，跟商業台的記者比較起來，新聞產量很少。不過因為媒體環境惡劣，抄寫拷貝新聞滿天亂飛，我只能投入全身力氣，只求每一條新聞，都是親自採訪後才完成的作品。

每天發完新聞，就像結束一場大戰。無論墜樓的幼童是死了還是仍然在加護病房？被虐的流浪狗是少了條腿還是缺了張臉？被霸凌的青少年最終是轉學還是輟學？被亂倒廢棄物的農田，到底還要花多少時間由誰來恢復原貌？每個受訪者，在攝影機面前與我交換，再也無法重頭再來的某個人生片段。而我，剛完成的新聞還沒有播出，又得開始尋找下一個受傷的人。

今日事，今日畢，是即時新聞的特性。說是朝生暮死，或許更貼切。往往早上跑的新聞，到了下午，就沒有活著的必要。諷刺的是，下班回家，才是我活著的開始。日復一日皆如此。早上七點起，我是打卡記者，保持冷靜近乎冷血的工作專業；晚上七點，我回到農村變回自己，重新啟動活著該有的體溫。

南風漸起，白天的日子更長了。下班步出辦公大樓，抬頭遠望，深藍接近墨黑的天色，掛著一輪清晰的明月。幾朵月色下輪廓明顯的白雲緩緩飄過，心裡倒也真的浮起了一種空氣好像變好了的輕鬆感。

二〇一五年一整年，我穿梭在南方的城鄉之間。

1 水泥怪獸壓境

我的車上，五味雜陳。每天下班，我總習慣先打開右前方車門，把裝滿資料的大書包，一把放在乘客座。接著坐上駕駛座發動汽車、關上車門再轉開音響，繼續聽著孩子們早上還沒有聽完的客家童謠。

不一會兒，冷氣涼透全車，一股熱帶果香撲鼻而來，我突然想起，那是朱老大放在乘客座下方的木瓜。車行過了一個路口，我開始聞到來自後座紙箱裡鳳梨豆醬的甜味。老蘿蔔乾的味

外地人買農地蓋豪宅，圍牆大剌剌對著鄰居廳堂的祖先牌位。

房子大、圍牆高，是假農舍真豪宅的特徵。

道最沉，但也因為最強烈而瀰漫鼻腔覆蓋所有味覺。這一刻，車子還沒有奔上國道十號，我似乎已經抵達地處高速公路末端的廣大農村。

二〇一五年，我的時空旅行，有如港都與山城之間的竊竊私語，兩地的氣味交換，在我體內不斷發酵。都市的氣味，是汽機車的廢氣，是熱褲少女的髮香，是一整排小吃攤長年累積的油耗味，最近幾年，還多了些騎樓下濃郁無比的陸客香水。而農村的味道，有檳榔花香、斗笠下的汗味、老房子舊木板的陳年灰塵，或在稻熱病好發的此時從白天殘存到入夜的農藥味。

對像我這樣每天同步在都市和農村生活的人來說，這些豐富的氣味，已經達到一種平衡狀態，沒有衝突，只有接納和理解。不過，也有一直無法和解的，那是越來越多在農村強出頭的水泥怪獸！

農村的傳統夥房，是以公廳為中心，後有化胎前為禾埕，左右各有一排廂房。再講究一點的，禾埕外還會有一道柵門或一塘池水。這種種空間配置，隱含著人與人的倫理關係和行為依據，同姓族人在夥房內共同生活、生產農作，也會一起祭拜祖先，甚至團結合作抵禦外侮。簡而言之，夥房有夥房的規範，不只同族之間彼此約束互相尊重，非同姓的鄰舍也會有生活上的基本默契。

舉例來說，鄰居農友之間，絕對不可能在他人家公廳往外延伸的空地上，耕種高莖作物或興建房子，因為這種作為，是一種「不把我放在眼裡的」傲慢，在地理風水的角度，這也會被解釋成「此舉易造成主家發生橫死、意外或破敗」的說法。以都市人的生活習慣來說明，那就是不會有人白目到把車子直接擋住他人的正門，或運來一堆廢石土堆放在鄰居的車庫前。

可是在美濃龍山街上，偏偏就有一棟豪宅，蓋得相當目中無人。屋主雖然沒有把房子興建在他人夥房公廳的正前方，可是卻在屋外，起了高度約一米三的圍牆，而圍牆的轉角，恰好大剌剌地對著某戶人家公廳的祖先牌位。

我問了幾位附近鄰居。一位伯姆反應很大，並用右手食指輕碰嘴唇，示意我小聲一點，「汝毋好去問个老人家喔！伊等嶄然痛苦，想到就痛腸！」（你不要去問那戶的老人家喔！他們很痛苦，想到就心痛！）

我小心再問：「好，偓知，抑毋過偓覺到奇怪，仰會有人恁仔起屋哇？」（好，我知道，不過我覺得奇怪，怎麼會有人這樣蓋房子呢？）

伯姆輕聲回答我：「个屋主，係花蓮台東个向人。就係外地人，樣會恁自私啊！」（那個屋主，是花蓮台東那邊的人。就是外地人，才會這麼自私啦！）

回家後，我把這樣的情況跟住在附近的嬸嬸說。她說的才直接：「个起圍牆个人，影響他人家个風水，會有報應喔！」（那個蓋圍牆的人，影響人家的風水，會有報應喔！）

我感嘆地說：「這恁多年，偓等美濃起恁多樓屋，全全係外地人起个。」（這麼多年以來，我們美濃興建了很多的樓房啊，幾乎都是外地人蓋的。）

指著朱家夥房附近幾處農舍豪宅的方向，嬸嬸又說：「唉呦！聽講都市項个人最好來美濃起屋，高雄市、台南市个向耶，公務人員退休个，也嶄然多，可能緬到偓等這跡仔水好空氣好咩！」（唉呦！聽說都市人最喜歡來美濃興建房舍，高雄市、台南市來的，公務人員退休的，也很多，可能認為我們這裡水好空氣好啊！）

「恁仔仰得結煞？」（這樣怎麼辦啊？）

嬸嬸雙手一攤，「就無結煞啊！就驚下二擺愛倒轉來種作个時節，田坵無辦法種了啊！」（毫無辦法啊！就怕以後要回頭耕種的時候，田地沒辦法繼續耕種了啊！）

我無言。看著自家夥房前的空地上，十幾隻雞咕咕叫著等主人餵食。一旁水溝裡，不斷冒出從水圳主幹道引入夥房的茏濃溪水。而朱老大在十幾年前種下的桑椹樹，正花枝招展地結出一顆顆青綠色的桑椹。

嬸嬸站在桑椹樹旁說：「這鹽酸仔樹打到恁結，差毋多又做得摘欸哩。講實在，人食無多，鳥仔好彩！」（這桑椹樹結實累累，差不多又快要可以採收了。說實在的，人吃的不多，都是讓鳥兒吃到甜頭。）

一聽她這麼說，突然之間，我心裡真的難過。

我對嬸嬸說：「叔姆，田坵種屋無種作物，下二擺侄等食麼个？侄等留到庄下也無效哇！無種作、無生產，就算有夥房也無辦法生活哇！」（嬸嬸，田裡種房子沒有種作物，以後我們吃什麼啊？我們留在鄉下也沒有用啊！沒有耕種、沒有生產，就算我們有夥房住也沒有辦法生活哇！）

嬸嬸只回我一句：「侄怕食毋到个時節咧，就看汝等這代人。」（我可能吃不了那麼老了，就看你們這一代人。）

2 田園夢吹奏地景哀歌

在國道十號通車前，美濃與高雄市勉強算是遠親，可是一九九九年國道十號通車後，自詡微笑之鄉又身為高雄大都會後花園的美濃，和高雄市瞬間變成近鄰。許多都市人，不只喜歡到美濃體驗農村生活，還千方百計想要住進美濃。

一年後，二〇〇〇年。當時的總統李登輝，在老農派立委的強大壓力下，推動「農業發展條例」修法，打破過去的嚴格管制，開放農地自由買賣，就算不是農民，只要擁有〇．二五公頃的農地，就可以興建免稅農舍。

交通與法令的加乘作用，讓潘朵拉的盒子，再也蓋不回去了！美濃成為台灣南部農地買賣的重心，第一波炒作的區域，就是離國道十號末端聯道最近，又有美濃鄉愁地景美濃山系為伴的福安地區。

第一次在田裡遇到外地人來看地，是二〇〇七年春天的事。當時一位資深仲介私下跟我說：「我手上福安的這塊地，已經轉三手了，第一手是一分地兩百多萬，現在一分地三百五十萬，一毛都不能少。」

仲介身邊站著一位姓楊的大老闆，來自高雄市，笑起來雙眼瞇瞇，跟人說話很親切。

美濃山下的傳統農舍，與祖傳農田相守相護。

我走向楊董問：「美濃吸引你的地方在哪裡？」

「我喜歡這裡山明水秀啊！」他客氣地回答。

我又問：「我聽人說，你之前不是買了一塊地蓋好房子了嗎？怎麼還想買？」

他笑著說：「這塊地我剛簽約，買了！等一下我朋友也要來看，他從高雄來看地，我自己也有做土地買賣啦，最近行情很好啦！」

二○一五年三月底，我忍不住回到那塊農地附近晃晃，看到了農地上美輪美奐約莫八成新的亮眼豪宅。車子還沒有停妥，恰巧遇到屋主開門出來。

我問：「阿姨，出來倒垃圾喔！」

「是啊，倒垃圾。有什麼事嗎？」穿著輕便的婦女，口音一聽就是福佬人，笑得有點尷尬。

「沒有啦！這裡以前的地主姓楊，大家都叫他楊董，妳認識他嗎？」

「我不認識楊董。」

「美濃環境很好喔！你們是外地人嗎？」

她面有難色地說：「我們是退休老師，覺得美濃不錯，來買這裡的房子。」

「美濃真的很好。不過，現在是稻熱病的時期，很多農民會噴農藥，你們要注意安全喔！」

我試著多聊一些，想聽聽她的看法。

她一聽我這樣提醒，口氣激動起來，「是啊！好嚴重喔！我們現在都不敢開窗戶了，好臭，很怕會中毒。」

我安慰她說：「不會啦，是不會急性中毒，只是怕說，長期累積對身體不好。」話匣子一開，婦人開始抱怨。「本來是想來鄉下過田園生活，我跟我先生才會拿出退休金來買這個房子，我們前幾個月才剛搬進來。可是，最近窗戶一打開來，就都是農藥味，也不知道該怎麼辦？」

「阿姨，當初賣妳房子的人，是仲介還是前屋主啊？」

「仲介啊！」

「那仲介沒有跟你們解釋住在鄉下要注意的事情？」

「沒有啊！仲介還不只一個人。他們來了一堆人，一直說鄉下多好多好，還說哪一天不想住了，要賣的話，土地和農舍都會上漲。所以就算要搬走，也絕對不會賠錢。」

我安慰她說：「沒關係啦！我們鄉下人很好，多跟鄰居來往，大家會有照應。」

聽到這個她更激動了。

「哎呀！我平常不是講國語就是講台語，根本聽不懂客家話啊！這邊的人，一開口講得好快，我們聽都聽不懂，鴨仔聽雷，甲害！」

我忍不住笑了出來，「不會啦，有什麼好吃的東西，拿出來一起分享，幾次以後，比手畫腳也可以溝通啦！」

婦人的眼神一沉，感嘆地說：「真的沒辦法，還以為鄉下空氣會比較好，沒想到會這樣。還有這邊，草長得好恐怖，只要一下雨，馬上長出來。有時候我回高雄找我女兒，一星期後回來，整個院子都是草，怎麼除都除不掉。有時候，我們真的很想全部鋪上水泥。」

「阿姨，鄉下跟都市不一樣，你們要慢慢適應啦。反正除草當運動，可以健身也可以美化環境啊，可是如果鋪上水泥，就好像又住回都市了。」

「那個鄉下的婦女喔，很厲害，都已經老到彎腰駝背了，還很會工作，不怕曬、不怕草，可是我才做一個早上，就沒力氣煮中飯。全身痠痛受不了！」

跟婦人道別後，我心裡浮出更多問號。

田園夢在慾望與土地上翻騰，在付錢入住後一夕乍醒。這些年以來，買賣農地的遊戲、搶蓋農舍的風氣，到底成就了誰？農民失去依靠、屋主美夢幻滅，每個仲介手上好幾套的農地農舍，一手、兩手、好幾手的賣來賣去，到最後沒有人是贏家，土地，是最大的輸家。

3 農發條例發了誰

農業如何被看待，農民、農地、農舍就怎麼被對待，外部有強龍環伺，農村內有一群準備趁勢大撈一筆的地頭蛇。

住家正門前硬生生被圍牆擋住去路只是一例，背後代表的，是「我買的地我要怎麼蓋房子不用你們同意」的心態。農地上大量冒出假農舍真豪宅不斷轉手，建地的社區住宅改寫農村天際線、影響作物日照，家庭污水每天大量順勢排入灌溉溝渠，這要農民怎麼好好務農？更別說同是在地老鄉，三不五時關心問候又力勸「別再務農乾脆賣地好好退休」的誘惑如影隨形！

二〇一五年年初，宜蘭農地問題吵得不可開交，縣政府魄力十足直剖病灶，為了保障真農民興建農舍的權益，提出「宜蘭縣興建農舍申請人資格及農舍建築審查辦法」草案，規定必須實際務農或農保達兩年以上才能申請蓋農舍。接著二〇一六年三月，縣政府宣布農地未作農用者，將依面積大小加徵一到三倍的房屋稅，希望可以改善違規狀況。宜蘭地方政府試圖踩出的剎車，讓人想起美濃的現況！

其實，宜蘭三星鄉，跟高雄美濃很像，面積大約都是一百二十平方公里，都有山脈作為屏障，也有水圳灌溉良田，還有在地濃厚的人情味。相同的，農地自由買賣的措施，在南有國道十號、北有國道五號的催化下，讓這兩個以農業為根本的地區，漸漸失去務農的立足之地。

清明時節，三星水田的秧苗，剛插下不久，美濃有些稻子已經開花，漫步在田裡的白鷺鷥正在覓食，宜蘭傳統的竹圍農舍還在不在呢？美濃夥房已經被大富翁遊戲改建，而還沒有被拆的老屋空間也已經崩解。

農地變建地，種的是豪宅，土地景觀長出病徵，水泥硬體如同作物瘋欉，農村越來越都市化。唉！「農業發展條例」發展到最後，到底發了誰？

農村學

農村的在地掮客

美濃人大多是傳統的農村居民，會顧忌鄰舍親友看法而不敢輕易賣農地，就算想賣也會害怕被訛詐不樂意賣給外地人，因此要買到美濃人的祖宗田，非得要熟門熟路有能力牽關係的在地人出馬不可。所以在地的企業家或仕紳，以及鄰里內人面廣熱心公益的退役老農，也會在炒作地皮買賣農地上，扮演重要的角色。

好比台二十八線旁的農地，有哪些是龍肚朱家擁有，有哪些是鍾屋老農地，這些掮客都一清二楚。如果買方出現提出具體需求，他們絕對可以在最短時間內找到關鍵人士，打聽到地主缺不缺錢？想賣不想賣？甚至該家族子弟中是否有好賭或長期失業者，他們也能掌握第一手資訊。

對在地掮客來說，掌握各家族與農地的連結、宗族嫁娶或近年遷徙的變化，是仲介農地的基本專業。手握充足的最新資訊，再透過各方關係牽親引戚展開利誘與遊說，越能達成買方與賣方的期待。唯有成交，才有獲利。

美濃第一波農地炒作發生在福安地區，中正湖周邊，是第二波炒作的熱區。地頭人在這一帶，四處奔走穿針引線的情形更是常見。像是一位鼎鼎大名的企業家，邀人投資的農地範圍，大部分集中在中正湖以南；另外還有一位出身教育界、文化圈，長期擔任地方社團領袖，並在近年積極推廣休閒旅遊的仕紳，則常跑中正湖北側的農地。

這樣角色的人，在美濃層出不窮。他們有些出身望族有名氣，有些見多識廣受農民尊重，更有人角色多元，早上可以高喊保護農村、農地農用、支持小農，下午又可以帶著一群都市好友、達官貴人，遊田看地挑選最佳投資標的。

跟一輩子在田裡打滾的農民比較，這些人是農村的人生勝利組，他們始終可以站在浪頭上推波助瀾，因為農業發展條例修法後十幾年以來，這部以發展農業為主的法律，已經成為買賣農地的遊戲規則，高度便利於投資而不利甚至有害於耕種。在這樣的制度設計下，農村的吳三桂只會越來越多，永遠不會消失。

農村小詞典

【公廳】客家夥房中間的正廳，也是族人放置祖先牌位之處。

【化胎】指傳統客家建築正廳後方以土填高的半月形土堆，在風水上有做為「靠山」的安穩象徵。

【瘋欉】受到病毒感染的農作物，會出現葉片捲曲縮小、黃化枯萎等現象，嚴重的還會生長遲緩、停頓或死亡，農友以擬人化的方式稱之為「瘋欉」。

穀雨

第6章 樹命

高雄旗山、美濃和屏東里港交界的台糖地上，是台灣目前最廣大的外銷毛豆種植區。過了清明後，毛豆開始收成。大白天的，收割機轟隆隆在平原上漫步，有的時候，成熟期比較集中，深夜也得趕工採收。

二〇一四年以來的這三年，我年年都曾在夜裡與割豆機相遇。看著遠方黑暗無邊的毛豆田，有兩、三個亮點直線前進，靠近一些，還能看到一莢一莢的毛豆，快速的被割豆機吞進肚子裡。空氣中，混雜著白天炙熱陽光和涼夜下毛豆梗傷口的新鮮味道。

一次，老大樂樂跟著我在國道十號上披星戴月，一下高速公路轉進台三線，在回美濃的路上，先是聞到遠處飄來的陣陣青草味，接著又馬上聽到割豆機的吼聲。在車上睡著的樂樂，被我興奮地叫醒，「樂樂、樂樂，趕快起來。你看那裡，有大車子耶！」

樂樂揉了揉眼睛，口齒不清噥噥道：「媽媽，那是在割豆仔啦！」

我提高音量：「你看那裡，有沒有？割豆機一直開過來耶！」

樂樂的睡意漸消，一邊伸懶腰一邊問：「媽媽，回到家了嗎？」

我心裡為之一振。沒錯！聞到收成的味道，就知道家不遠了。

1 雨來了

已是穀雨。

往年此時，雨量漸漸增多，不過二〇一六年這一年，穀雨節氣未到，全島已經下了好幾場大雨，說是滯留鋒面的關係。小時候曾聽媽媽說，「入夏前，只要每下一場雨，氣溫就會一次比一次高。」

美濃的四季中，就屬夏天是最難熬的季節。平時炙熱難耐，一旦颱風襲來，或颱風過後旺盛的西南氣流，市區難逃淹水的命運。我有一位將近七十歲的舅舅，從小雙眼失明，但是膽子很大、人很機靈，他年輕時環島流浪，以算命為業。一得知我婚後會定居美濃，他第一句就是：「个所在到熱天，一定會發大水。」（那個地方只要到夏天，一定會淹水。）

我想起二〇〇八年七月十七日。那天，是我第二次在美濃採訪淹水災情。

這一天的下午三點，卡玫基颱風開始在美濃降下大雨，連續五小時，雨勢不但沒有趨緩，到了晚上八點，還越來越強勁。馬路變成河道，垃圾在水裡載浮載沉，蟑螂、蜥蜴忙著踩水逃命，還有一張書桌也漂在水面，美濃溪溪水已經跟橋面一般高，消防隊員在路口拉起封鎖線。

瞬間，大水漫上街道，沖進民房。

美濃溪和中正湖排水流經聚落，在天后宮前又與竹仔門排水匯流，三條水路在此相遇，這處地名被稱為三洨水，只要淹水，就屬這一帶最為嚴重。聚落內是南北向的中正路為縱軸，北以泰安路為界，南到成功路，這一帶是美濃最熱鬧的區域，包含各公務機關、水電瓦斯郵政機構，還有農民最常進出的農會大樓、傳統市場，全都在淹水範圍內。

美濃人個個被淹水訓練成精。無論一般家庭還是商家，大家在這幾年，都已經陸續備妥擋水鐵板和抽水機。可是美濃人還是很難想像，為什麼美濃溪會變成如此可怕的惡水？

卡玫基颱風在半天時間，累積三百多毫米的雨量，使得鬧區成為水鄉澤國。住在永安路上的林英清，曾任美濃愛鄉協進會理事長，他們家世居聚落裡的最低窪處。民國六十六年到現在，林家夥房歷經三次整建，每次都把房子墊高，但還是逃不過水淹的命運。看著水在客廳、房間留下的淤泥黃沙，林英清指著東北方的遠處說：「淹水的關鍵原因之一，就在那片山林裡！」

美濃溪的上游雙溪，亦稱黃蝶翠谷，曾是引爆反水庫運動的美濃水庫預定地。每年四、五月起，有成千上萬的黃蝶在此棲息。這片森林，過去在坡地上有農業開墾，現在底部鋪滿水泥，是典型的三面光河川整治工法，近年山坡兩側流失的土泥，剛好順著水泥河床往下奔流。

好幾次颱風期間，我趁著地利之便搶先趕到民宅採訪，外出工作的年輕人大多還沒回到老家，我總是看到獨居在家的老先生或老太太，拄著拐杖站在門口發呆，口中喃喃：「仰結煞啊！仰結煞啊！」（怎麼辦啊？怎麼辦啊？）

一身狼狽的受災民眾，只要看到攝影機，第一個反應就是破口大罵，「短命鬼！仰會恁短命！一定係雙溪个樹仔分人斲淨，樣會淹水淹到恁嚴重。汝看看，這恁汶个水，分明就係㓾崗無樹嘞啊！」（短命鬼！怎麼這麼夭壽！一定是雙溪的樹被砍光了，才會淹水淹得這麼嚴重。妳看看，這麼混濁的水，分明就是山上沒有樹了！）

2 源頭、元兇、園地

黃蝶翠谷在地的農民，人人都知道雙溪集水區土質鬆軟，再加上八八風災造成高屏溪流域嚴重的山林崩塌現象，也包含支流美濃溪的上游雙溪。民眾需要的，是政府舒緩或降低崩塌帶來的衝擊，可是相關單位的做法，卻常常反其道而行。

二〇一一年年中，林務局表示為了整治雙溪山坡地，在「一百年度易淹水地區水患治理計畫」中編列一千二百萬預算，計畫發包「水底坪坑溝治理一期工程」以及「冷窟崩塌地處理工程」。消息一傳出來，美濃有將近二十個民間社團，集體要求林務局暫緩執行。

六月初，林務局到美濃舉辦工程計畫說明會。會議上，美濃環保聯盟的林俊清說：「水災和地震這些天然災害，對台灣山林造成很大的破壞，像是美濃的雙溪流域，根本不適合再進行任何工程。」

美濃愛鄉協進會邱靜慧也說：「雙溪集水區應以『滯洪』而非『排洪』治理，如果把大石頭移開河床，上游的水流，反而會像拉肚子一樣直洩而下，很有可能讓聚落淹水的情況更嚴重。」

林俊清進一步說明這些年觀察的經驗。他強調：「雙溪上游崩坍的主因，除了天災之外，果園種植、開筍路挖竹筍，使得山坡地林相不是過於單一就是遭受破壞，這些也都是水土流失崩坍的元凶。林務局如果還在這個緊要關頭，移除河道裡的大石頭，那只會讓大水加劇沖蝕基準面。現在政府最重要的工作，應該是研擬退租還林政策，讓黃蝶翠谷可以真正好好休息，恢復集水區的滯洪功能。」

每年七月，整個美濃幾乎都沉浸在黃蝶祭的氣氛裡。祭典上，主祭團參拜黃蝶伯公，請土地神護佑黃蝶翠谷，期待人類不要再過度開發破壞生態。可是二〇〇七年黃蝶祭後的第二天，七月二十四日，在黃蝶翠谷的雙溪母樹園裡，卻上演著一場角力戰。

到底雙溪母樹園的入口，該不該興建木棧道和平台呢？當時八色鳥協會理事長黃淑玫與林務局委託的景觀規劃設計師呂兆良，兩個人爭得臉紅耳赤。政府部門認為，母樹園入口附近，土壤大量流失、樹根嚴重裸露，所以必須興建平台，阻隔遊客踐踏樹木生長區，才能真正保護樹林。保育團體意見完全相反，黃淑玫強調：「林務局的施工，是將樹根直接砍斷，然後灌水泥、架平台，這只會讓母樹園的老樹加速死亡。」

美濃國中老師劉昭能也一直關心這個議題。他說：「日本政府在一九三五年的時候，在美濃建立一個樹木園，樹木都是從熱帶地區，像是南洋、中南半島、大洋洲、南美洲，甚至非洲等地移植到台灣來，一共有二百七十多種。如果這些樹木生長情況良好，日本政府就會將台灣作為造林、選種的基地。」

老師口中的故事，現在已成大樹。中南半島的大風子，印度、馬來西亞的鐵刀木，還有大洋洲的太平洋鐵木，都紛紛漂洋過海來到台灣落地生根。這些外來的熱帶樹木，現在還有九十六種。

八十多年的母樹園內，隨處可見高聳入天的熱帶樹種，森林裡的高處，有綿密交錯的樹冠層，低處有雙溪圳的源頭川流而過，還有靜悄悄長在石頭上的蕨類或苔蘚。到了五月黃蝶大發生時，為了啄食蝴蝶，八色鳥、五色鳥、紅嘴黑鵯、綠繡眼、藍磯鶇等鳥類，會集中棲息在園區內，形成愛鳥者的朝聖地。這片自成一格的雨林，是日本人在美濃留下的歷史軌跡，也是外來種植物在台灣被自然環境馴化後的見證。

3 一樹一神

在美濃，舉目可見芒果樹、苦楝樹、樟樹、榕樹、龍眼樹、茄苳樹。無論是老樹、巨木、樹群、森林，很多樹早在人們開墾前，就已經落腳在這片土地上。

我們家荔枝園旁，有一條淺淺的小溪——旱溪，夏天才有水流，冬天時是伏流水，乾涸的溪底會傳出陣陣水流聲。這看似平凡的溪畔，有幾排長滿青苔據說是早期祖先開發時所留下的石駁。一棵老龍眼樹，就長在石駁旁的土堆上，部分根系還爬進石駁的空隙，把圓鼓鼓互相卡得緊緊的石頭，又抱得更密實了。

這棵老龍眼樹，沒有人知道祂年紀多大，但家族的每個人都尊敬祂、信仰祂，當祂是聚落與家族的守護者，為祂興建一小座土地公廟，人人都可以走到樹下進入廟裡跟祂說說心裡的話。

第一次陪阿姆去祭拜這棵樹前的旱溪伯公（客家人稱土地公為伯公），是二〇〇九年婚後沒多久。當時，我大開眼界。

平日靦腆但說話大嗓門的阿姆，雙手合十緊夾三支香，壓低音量口中唸唸有詞：「伯公，偓係定仔个姐仔，今晡日，特別帶偓个大薪臼來甲汝唱喏。現下汝有擐人，希望汝保庇伊身體康健、平安順序。」（伯公，我是定仔的太太，今天，我特地帶我的大媳婦前來祭拜。現在她懷孕了，希望祢保佑她身體健康、平安順利。）

這一段話才剛說完，阿姆舉香又向伯公鞠躬並喃喃自語：「伯公，今年偓等个荔果開始愛摘欸，最近天時又天晴又落雨，做事嶄然辛苦毋方便，仞崗个路嶄然濕，希望汝保庇偓等收成順序、價勢好。」（伯公，今年我們的荔枝要開始採收了，最近有時天晴有時下雨，工作起來很辛苦也不方便，山上的路很溼滑，希望祢庇佑我們採收順利、市場價格好！）

然後阿姆鞠躬舉香再說：「伯公，偓等个子女，有佇東部教書、有佇屏東值勤，也有日日佇本地駛車行上行下，希望汝保庇伊等出入平安，一切順序。」（伯公，我們家子女，有在花蓮教書、有在屏東值勤，也有天天在本地開車來來去去，希望祢保庇他們出入平安，一切順利。）

接著，阿姆又是一段一段的鞠躬求神舉香請託，好似一開口就不打算有盡頭……

山邊的微風輕輕吹送，少許樹葉以格放的速度輕輕落下，十幾公尺外的老竹叢搖曳生姿摩擦出耳鬢細語。這一刻，時間彷彿按下暫停鍵，唯一繼續的，是阿姆手上的清香香煙裊裊。看著那三柱香燃燒近半，我心裡納悶不解，「怎麼一個人可以跟一棵樹，說這麼多的話？」

站在一旁的我，偷瞄起這位令人心生敬意的老婦人。我看到她堅定的眼神眨都不眨一下，起伏有致的胸口徐徐吐出了然於胸的家中大小事。我輕聲問：「汝日日來喔？」（妳每天來嗎？）

她說話有力，「係啊！不來仰做得？偓日日都愛來甲伯公斟茶！」（對啊！不來怎麼行啊？我每天都要來倒茶給伯公喝啊！）

我又問：「个汝日日都甲伯公講恁多話？」（那妳每天都跟伯公說這麼多話嗎？）

她一臉訝異看著我：「係啊！只要係真心誠意，伯公都好聽，最重要个，伯公日日都看以到偓等，伊樣會安心哪！」（是啊！只要是真心誠意的話，伯公都喜歡聽，最重要的是，伯公每天都看到我們，祂才會安心哪！）

我的阿姆，用了「真心誠意」、「安心」兩個詞彙，深深地溫熱了我。在她的心裡，樹有生命、有靈魂，樹是神。

4 樹與人

近兩、三年，阿爸健康情況不好，老化速度越來越快，平日幾乎足不出戶，唯一的例外，就是每星期至少會去給伯公上香一次。

早在朱家祖先尚未在此落地生根，家族眾人只能暫居草屋之前，旱溪伯公就被安座在後山山腰上。阿爸常說：「毋知幾多年欸，偓還毋曾出世，就有伯公欸。伯公毋單只照顧偓等个田坵、彴崗，還識分汝等个阿嬤延壽兩擺。」（不知道多久了，我還沒有出生前，就有土地公了。土地公不只照顧我們的田園和山坡地，還曾幫你們的祖母延壽兩次。）

若我們沒有附和，阿爸馬上會提出伯公靈驗的實證。最常引用的，是著名算命師的說法。「汝等毋好毋信！个阿棋啊，伊算命蓋然準，毋單只淨美濃有名，連屏東人都識伊。就係伊甲偓講，講有一个坐東向西个伯公，特別特別分汝等阿嬤延壽兩擺。偓等這附近淨一个坐東向西个伯公，哪還有其他个。阿棋講个，就一定係旱溪伯公啊！」（你們不要不相信！那個阿棋啊，他算命非常準，不只美濃有名，連屏東人都認識他。就是他跟我說，說有一位坐東向西的土地公，特別特別讓你們的祖母延壽兩次。我們家附近只有一位坐東向西的土地公，哪還有其他的。阿棋說的，就一定是旱溪土地公啊！）

伯公最近一次顯靈，是小樂出生後幾個月，家裡曾經發生一場差點要了人命的意外。當時朱老大很堅持表示，就在意外發生時，他明確看到伯公短暫顯現身上的藍色水袖，隨即一個人影狀似跨入家門上樓救人，然後沒多久又一溜煙地突然消失在後門的那一頭。

總之，伯公在我們家，地位無比崇高。我這個外來媳婦，也開始有樣學樣，煮了幾次麻油雞湯供奉伯公，感謝祂平常看顧在田裡野地走跳的孩子們。我不知道如何說出那種心裡有神的幸福感，總之，在大自然面前，人類自然會心生敬畏。只要人人心裡有神，有敬畏與相信，無論有沒有法律，都會長出人性。

這幾年以來，時常可以看到各地湧現的護樹行動，感觸良多。都市裡頭的樹命，顯然不幸。在開發當道的遊戲規則裡，擋路的樹，要移，擋建築的樹，該砍，擋停車場的樹，通通挖走，台灣百年來的都市開發史上，樹的下場都不好。

一些看不過去的人很無奈，只能用爬樹來護樹！在我們鄉下人眼裡，只有孩子和台灣獼猴愛爬樹，大人們不是拜樹尊神，就是在樹下遮蔭休憩。

人能好好活著，圖得不就是水、空氣和陽光？大樹幫我們存水、濾水、淨化空氣，讓我們吸收陽光不曬傷，祂不是神是什麼！我的阿爸、阿姆和先生讓我知道，人跟神之間，可以很簡單。他們是每天都要見面的最親密的無話不說的好朋友，就算只是倒個茶水、上柱香，說說千篇一律的心事，就已足夠。

在農村，人跟樹的親密感無須多說。每年第一口的土芒果酸下肚，人們已經開始想著下一季愛文的滋味；而最近少雨，樟樹林底下盡是落葉，輕輕走過就會散出濃濃樟樹香，這會讓我想起小時候住的日式宿舍裡，那棵一個大人都抱不住的老樟樹；更別說農事工作短暫休息，農民總是不忘以樹下納涼的片刻，來安慰自己被灼燙過頭的每一吋皮膚；還有風掠過大地，在林間留下的沙沙作響，也是許多情人們在回憶過往的美妙樂曲。

旱溪伯公和祂背後的老龍眼樹，是地方聚落與家族的守護者。

農村學　農伯公打頭陣

直到上小學以後，我對伯公還不太有印象，只記得爸爸帶我去掃墓，墓旁會有一塊寫著「后土」的石碑。祭祖上香時，爸爸也會在石碑前插一炷香、放一塊紅粄。他說：「我們一年只來看阿婆一次，可是伯公天天陪阿婆，所以我們要感謝祂幫我們照顧阿婆。」這是我認識的第一位伯公。

到了美濃生活之後，我才知道，伯公不只照顧死去的人，也保護活著的人。像是我們龍肚庄，有一個開庄伯公，美濃庄、竹頭角庄、九芎林庄，也都有開庄或開基伯公。這是因為早期的人，在開墾過程中，會設立伯公以庇佑平安，這其實也是一種劃地為界的心態，所以開庄或開基伯公的地點，通常都是位於前人開墾時最先抵達之處。

伯公是土地公，也是一般人口中的福德正神，土地公廟正面常有福德祠三個字，不過客家人稱土地公廟為「伯公下」。由於農業是美濃的主要產業，所以大樹旁、田頭、水圳邊、井旁、橋頭、豬舍、路口、墓邊、廟宇和宗祠的公廳，處處都能看到伯公的蹤影。農民每天早上、傍晚，都會到伯公下上香奉茶，人與伯公的關係非常密切。

我們朱家雖然主祀旱溪上游的伯公，但也會顧及旱溪中游的「埤塘伯公」。埤塘伯公廟旁有一棵大龍眼樹，不過因為廟前的旱溪，聚集多條支流水量水分充足，又剛好是轉彎之處，水聲響亮有如鼓聲，所以這一帶的老地名也叫做「水面鼓」，充分顯示在地環境的獨特性。

總之，全美濃的伯公將近四百座，每一座伯公，都可以看到一個家庭、一個家族或一個庄頭的發展輪廓。

農村小詞典

【三面光】溪底（或溝底）以及兩側護岸，都由水泥硬體鋪設。

【伏流水】流動或儲存於河床下方砂礫石層中的水源，水流速度比地表逕流水慢，水量相對穩定，透過入滲的過程水質比較乾淨。（資料來源：經濟部水利署南區水資源局）

【石駁】亦稱駁崁，為早期農村以人工製作的護坡工程。利用大小均一的石頭互相卡位層疊，維持山坡（或邊坡）的土石不會流失。石頭的縫隙可以讓動植物生存，若是在水裡，能提供魚蝦蟹等水生動物藏匿。

第二部・夏

熱情的轉場屬於夏

時入四月，黃蝶、紋白蝶揚著薄翼，起起落落在綠葉草叢黃花間翻飛，灰的、白的、紅的、黃的或是混色的鳥兒，紛紛趁著此時大飽口福，該是繁衍下一代的時候了。五月，春天退場，無聲無息，連腳印都沒有留下。

某一天，穗花開了。倏地，白晝明顯變長、陽光日益炙烈，接著，梅雨來了，沒多久，午後陣雨也跟著天天報到。每一個日子都變化多端，有熱有藍天、有雨有烏雲，滂沱的大雨來得不留情面，走得也是絲毫不眷戀。不一會兒，陽光又探出頭來，只一個轉身，就把夕陽晚霞灑成一片。

夏天的進場，大大不同，又熱又烈又辣又濕，走的是極端路線。強風急雨，說來就來，還能怎麼辦？反正全球化的浪潮，比全球氣候劇烈變遷更早向農村進逼。

夏天，是一期稻作的旺季，南部此時進入收割期。

說得好聽，稻子是農民的根本、是農村文化的基礎、是農業空間景觀的沃土、是國家糧食安全的核心。可是，一陣驟雨，倒成一片，稻浪停格，再一紙世界貿易組織的架構協定，稻子倒地不起。

氣候的變化，讓人摸不著頭緒，貿易自由化，一點兒都不自由，甚至弱肉強食血淋淋。可是，誰又能如何呢？

糧食自給率這曲老調，最近新彈正當紅。二〇一一年的時候，政府宣示，非得把這個代表國家農業體質的數字，提高到百分之四十。可是卻也因為這樣，稻子特別尷尬，因為稻米在台灣的糧食自給率，早早就已經超過九成，對拉拔整體數字，一點貢獻都沒有。而稻農呢？還是摸摸鼻子，想辦法轉型吧！轉得過的種有機自己賣，轉不過的，就想辦法增產增量賺些公糧收購的工錢。

總之關於種稻，農民是年年開罵，卻還是年年種下。

不過，老農依然有其生存哲學，別無二話，好好趕鳥便是！稻草人是基本配備、綁雞毛掛在田邊有驚嚇功能、馳騁於田埂上敲著鍋碗純屬發發怨氣，終極絕招就是鞭炮與沖天炮，咻～碰～咻～碰～農民想方設法絕不讓鳥兒下田。面對國際趨勢、氣候變遷、政府政策的三重打擊，農民只有在趕鳥時最有成就感，雖然有時候也會被鳥欺負，可至少不是每役必敗。

兒孫哪管那麼多？有水可玩就好。山谷間、溪流邊、湧泉池畔、水圳旁，孩子們互相潑水，大笑不止。

立夏

第7章 鳥飛不絕

在美濃定居這些年，依然沒有習慣熱無上限的天氣。年復一年的季節交接，少了淡出淡入的過渡，春天還沒有離開，夏天就倉皇而來，以一種猛烈且迅雷不及掩耳的姿態。

西元二〇一三年，在這樣的氣候下，我們的老二小樂，過了預產期卻還躲在媽媽的肚子裡不肯出來。當時的我，身體處於待產階段，雖說是第二胎了，可是心裡還是慌亂。一方面期待即將出生的新生命，另一方面又擔心第一胎出生後全日帶孩子的夢魘：停止工作、失去自信、家庭關係緊張，會再度上演。

夥房裡很安靜。遠方田地上，正在飽餐的麻雀大軍，傳來一陣陣搶食的興奮鳥鳴。傍晚，老大樂樂坐幼稚園的交通車回家，母子眼神交會那一剎那伴隨的一聲「媽媽」和一個深切的大擁抱，是我等候了一天最幸福的報酬。

炎炎夏季大剌剌狂奔著。天氣很熱、日子很寂寞，我的身體腫脹得有如一條吸滿水的毛巾，輕輕一扭一轉，就能輕易擠出一臉盆的汗。我靜靜等待，等待老大返家的笑聲、等待老二出世的哭聲。

1 南島立夏

就像驚蟄預告春雷、冬至暗示該吃湯圓一樣，每年一到「立夏」，心裡都會浮起二〇一三年時的孤獨滋味。

我好奇的翻了翻農民曆，一窺前人形容立夏的說法。農民曆上寫著：「夏，是大的意思，萬物至此，漸漸長大，故稱立夏。立夏的到來，宣告春天已經過去。夏天，從這一天開始算起。」農民曆的說明與我的現實生活對照，有準有不準。作物們在高溫催化下，長大的速度加快。不過，夏天每年都趕著來，只要穀雨過後，美濃就熱得不像話。傳統的農民曆，是中國黃河流域的氣候和環境所累積的生活指標，並不見得完全適用遠在台灣南島的山城美濃。

這段時間，美濃的一期稻正值抽穗開花期，稻葉行光合作用後所累積的碳水化合物，需要充足水分才能轉移到穀粒，並以澱粉的狀態儲存，稻田中的水深，至少要維持在五到十公分左右。可是在此之前，為了利用乾燥的田土，促進植株根系發展，同時抑制無效分櫱，所以稻作是長期處於曬田階段。也因此，只要稻子一開花，農民便開始忙著灌溉。

引水，是不分日夜的苦活。只要沒有水、水不夠，管你日正當中還是深夜凌晨，總是得想盡辦法把水圳的水引入田裡。阿姆時常不見人影，不是中午沒有回家吃飯，就是晚上十一、二點，還騎著她的老摩托車直奔到田裡巡田水。

我問：「仰會連飯都毋使食咧咩？目都毋使睡喔？」（怎麼連飯都不用吃？覺都不用睡呢？）她聲壯如鐘回我：「**翻水**啊！毋翻水，哪有水可以灌溉啊？」（引水灌溉啊！不引水，哪裡有水可以灌溉啊？）

有時候晚餐後，她一溜煙就消失了，我還沒收拾好，又見她從後門閃進廚房喃喃自語著：「每年啊，一到這時節，就蓋愁落雨會影響授粉，抑毋過，佢等个禾仔，又當需要水來淹田坵啊！仰結煞啊！」（每年啊，只要到了這個時候，就很擔心下雨會影響授粉，不過我們的稻子，又很需要水來灌溉田地！怎麼辦啊！）

阿姆道出的心情，透露的就是立夏前後這段期間，鋒面和梅雨為南部帶來的不穩定氣候。不過也有例外的時候。二〇一五年的立夏，台灣大旱正持續，高屏溪川流量屢屢創下有紀錄以來的新低點，耕地位在水尾的農民，日等夜等等不到圳水餵飽田地。有些農會還傳來消息，說有農民為了搶水互毆，甚至手持刀棍怒目相向對罵臭譙。

2 人鳥鬥智

為了配合媽媽的採訪工作，從一歲半到三歲三個月大之間，小樂都是由保姆照顧。媽媽早上七點出門，晚上八點半回到家，小樂也跟著如此。

保姆家在美濃中壇的田區旁。從我們家到保姆家的路途上，舉目所見不是稻田就是水圳，走起來很舒服。二〇一五年立夏前某天早晨，我經過這一帶田區，一片進度超前的稻田，稻作全數已經進入灌漿充實階段。

小樂還在後座補眠呼呼大睡，我特意停車走下田。正看得入神，突然遠處一道道閃光，不停地映入眼簾，其中還有幾道閃光刺眼得很。一時之間，人還沒有回神，「咻~碰」、「咻~碰」、「咻~咻~碰」，炮聲大作，上百隻的麻雀，瞬間從田裡振翅齊飛。小樂嚇哭，我忍不住笑了出來，原來是農民又開始向麻雀宣戰了。

上車安撫一下小樂，我順便背起相機走向農民小聲問：「阿伯，你又愛驅鳥仔咧喔？」（阿伯，你又要趕鳥了喔？）

他沒回我，我再靠近些差點被嚇得魂飛魄散，「哎呦！我講話的對象，竟是稻草人！」頓時，心裡洶湧竄出一股氣，非得要跟稻田主人說，「你真的太厲害了，不只嚇鳥也嚇人！」

這片稻田約莫兩分地，說大不大說小也不小，主人是住在下庄的林姓老農。人鳥之間，鬥智也鬥耐力，雙方拚了命無所不用其極。農民在田邊四周，掛滿彩帶和三角旗，在稻田和水圳間的畸零地上，立起穿著卡其襯衫惟妙惟肖的稻草人。而真正的農民阿伯，也穿著相同顏色的卡其上衣，一動也不動地守在灌溉水圳這一頭。

再也沒有比這更極致的偽裝術了。人是稻草人，稻草人也是人。

一開始，阿伯話不多，對他而言，從來沒有人在乎他如何趕鳥。或許是我驚恐的表情還殘

趕鳥絕招：敲鍋驚嚇法。

趕鳥絕招：雞毛當令箭嚇鳥法。

留在臉上，話中的讚歎又添油加醋，於是他樂意地說著：「偓甲偓个姐仔啊，從禾仔開始灌漿，就來驅鳥仔咧！偓徛到這跡仔放炮仔，伊徛到對向用竹仔敲鍋仔。」（我跟我太太啊，從稻子開始灌漿起，就來趕鳥了！我站這裡放沖天炮，她站在對面拿竹枝敲鍋子。）

打從心底佩服這對老夫妻，他們分工清楚、執行確實。我忍不住又問：「別人个禾仔樣開始打花，汝等个禾仔就開始灌漿咧。汝等做麼个要比別人早蒔秧仔啊？」（別人的稻子才開始開花，你們的稻子卻開始灌漿了。你們為什麼要比別人早插秧啊？）

阿伯回答：「早蒔秧个話，就毋使甲別人搶水灌溉欸。抑毋過，壞處就係鳥仔也蓋聰明，看到附近打花个禾仔，伊等都毋會行前去，就是專門來啄偓个禾仔。」（早插秧的話，就不用跟別人搶水灌溉了。不過，壞處就是鳥兒也很聰明，看到附近開花的稻子，牠們都不會靠近，就是專門來啄我的稻子。）

一輩子年年種稻，在田裡翻滾了三十多年，林阿伯心裡很清楚，他躲得過灌溉無水的苦楚，但是還是得面對每天要比鳥兒早起、入夜要比鳥兒晚下班的宿命。

回到家，我問阿姆：「假使做得選，汝愛選放水个事頭？還係驅鳥仔个事頭？」（如果可以選擇，妳要選擇搶水的工作？還是趕鳥的工作？）

阿姆冷冷看了我一眼，好似我問了個笨問題。她說：「哀哉！習慣就好咧啊。有个人甘願搶水放水，有个人情願驅鳥仔。」（哎呦！習慣就好啦。有些人甘願搶水灌溉，有些人情願趕鳥。）

婆婆說的有道理。只要習慣，苦，就沒有那麼苦了。

3 無人甲我比

在美濃，不只稻草人林大師厲害，我在二〇〇六年年底進鄉田調時認識的第一個稻農秀德伯，趕鳥功夫更是不遑多讓。

二〇一四年，秀德伯高齡八十六歲，這個年紀的他，是美濃當地種植原種田時間最久的農民。每年一期作種下的原種田，面積大約四分地，原種田收成的稻種，將在同年第二期作時，種下四甲的採種田，而採種田收成的稻穀，就是隔年全美濃農民的稻種來源。並不是每個農民都有能耐，負擔如此重責大任，而秀德伯卻種了三十多年的原種田。

對於趕鳥，農民各有所好。秀德伯的第一招是「雞毛當令箭」和「魚目混珠」花式驚嚇法。

二〇〇七年的二期稻作，秀德伯種的高雄一四五，遇到颱風外圍環流的強降雨，倒伏非常嚴重。當時接近收割期，麻雀們趁機作亂，每天大肆下田餐餐飽食。逼得秀德伯不得不拿出平常收藏的雞毛，用雞毛綁成一小把，再將一把把的雞毛掛在稻田四周。不要說遠遠看，就算是走近仔細端詳，都以假亂真到有如一隻隻的死麻雀！

秀德伯同輩共有五兄弟，他和二哥是唯二留在農村守祖業的人之一。綁雞毛的這一天，剛好遇到常住北部回老家度假的小弟和弟媳婦。弟媳婦問：「偓想蓋奇怪，做麼个要綯雞毛？」（我在想好奇怪，為什麼要綁雞毛？）

「所以偓講啊！毋好分伊去慣喔，綁好雞毛，鳥仔就毋會去。也係分伊飛下來，个就難驅欸喔！」（所以我說啊！不要讓牠去田裡去習慣，綁好雞毛，鳥兒就不會去。一旦讓鳥兒飛下來，那就難趕了喔！）秀德伯回答時，顯得自信滿滿。

可是，天卻不從人願，夏颱一個一個接著來，秀德伯稻子倒成一片，麻雀大軍全面壓境。

秀德伯一看，心裡覺得不妙，馬上再換招數、加強道具。他先到夜市買上五、六付的老鷹風箏，一一綁在竹竿頂端插在田埂上，同時他也化身砲兵連長，每天比麻雀還早起床，帶著鞭炮和沖天炮，到稻田裡等鳥兒。只要看到麻雀出現，他毫不猶豫，馬上燃起爆竹對準遠方鳥群發射。手腳之俐落，跟平日彎腰駝背的他，是有那麼一點點的違和感。

一天早上十點多，日頭炎烈，秀德伯大汗淋漓正在驅趕麻雀。他一看到我就說：「無好食咧，小姐。」（沒得吃了，小姐。）

我回他：「毋怕，今年無好食，明年一定有哇！圓身要顧好過重要。」（不怕，今年沒得吃，明年一定有啦！身體要顧好比較重要。）

秀德伯雙眼盯著倒伏稻田保持警覺，「偓毋曾種過像今年恁仔漚到恁嚴重个。一甲子欸，偓種禾仔睹好六十年欸！」（我從來沒有種過像今年這樣倒伏得這麼嚴重的。一甲子了，我種稻剛好滿六十年了！）

說完這句話，秀德伯連續點燃三發沖天炮。只不過麻雀們已經痲痹，炮聲過後，牠們一樣悠然地跳躍在一株株倒下來的稻穗上。

秀德伯說：「下層个，還浸到水裡背个，這無效欸，个上層个，曬以到日頭个還有效，个鳥仔又還佇个豺啊！日日來驅伊，也毋知有效無？抑毋過無來驅，一定分伊豺淨淨！」（下層的稻穀，還泡在水裡，這些都沒有用了，那上層的，曬得到陽光的還有救，可是卻會被鳥吃！天天來趕鳥，也不知道有沒有效，可是沒有來趕鳥，一定被鳥吃光光！）

我緩緩走到秀德伯身旁，小聲提醒：「阿伯，好咧哇！日頭恁烈，共快歸屋家咧啊。你佇田坵昏蹄个伯姆仰結煞？分鳥仔食一息，抑算係做好事啦！」（阿伯，好了啊！太陽這麼大，趕快回家了啊。你要是在田裡昏倒那伯姆怎麼辦啊？給鳥兒吃一點，也算是做好事啦！）

秀德伯一臉堅定，「做毋得，這係大家明年个希望啊！無收成，俚等美濃農民種麼个啊？」（不行，這是大家明年的希望啊！沒有了收成，我們美濃農民種什麼啊？）

我只能嘆口氣，然後傻傻地陪著他在大太陽下緊盯麻雀的去向。

不一會兒，秀德伯用很認真的口氣對我說：「小姐，俚下二擺一定要甲閻羅王聘。俚啊！耕種一生人，已經鋍擺耶！我盡力欸，下二擺應該愛換俚坐冷氣房拿細筆，佇田坵拿大筆个頭路，該換別儕了！」（小姐，我以後一定要跟閻羅王好好打個商量。我啊！耕種了一輩子，已經夠了，我盡全力了，以後應該要換我坐在冷氣房拿小筆，在田裡拿大筆（客家話對鋤頭的形容）的工作，該換別人了！）

我問秀德伯：「个汝下一生人投胎，想要做麼个？」（那你下輩子投胎，想要做什麼工作？）

他毫不考慮地回道：「俚想愛食月給，試看哪出外做頭路。」（我想要做領月薪的工作，到外地去打拚看看。）

4 農的史詩

秀德伯下輩子想出外工作，可他不知道，我在高雄市區跑新聞的這一年多，每天最期待的，就是回到夏夜裡瀰漫稻香的美濃鄉野。

在都市裡，車窗外的星星，如如不動，離我很遠，窗鏡反射的來向車燈，離我好近好近，但總是疾駛而過……我常常想著村子裡的農民，他們黝黑皺摺的手指、微彎突起的後背、龜裂厚底的腳皮，還有他們那一季一分地，平均只有一萬五的稻穀收入。

這些那些每天發生在農村裡的微不足道的大事，到底有多少人可以理解？根據主計處每五年更新一次，最新在二〇一五年公布的二〇一三年主力農家經營概況調查，全國經常從農主力工作者有十萬六千四百一十九人，其中六十五歲以上者，佔二十三·三一%，他們的平均務農年資為四十五·二四年。

我的阿姆、秀德伯、林阿伯這群人，就是這樣身分的專業農民。他們在日治時期出生，走過台灣生產機械化的農業革命和以農養工的建設時期，他們的種稻人生，拼湊出的正是一部台灣農業發展的近代史。

菜市場

老市集、菜市場，是每個小地方的一扇窗。

美濃的菜市場，沿著美濃溪畔長出來，長在河邊、橋上，還有左岸的三條老馬路上。如果淹大水，這裡是絕對逃不過的重度災區，也因此水患越鬧越大的二十一世紀初，前總統陳水扁和馬英九，都一定到菜市場視察災情。

菜市場的平日風景，熱、擠、吵、比大聲。汽車叭叭叭的、機車嗶嗶嗶的，車水馬龍，根本不怕撞到人；買菜的婦人、賣菜的攤商，聊天砍價互相廝殺；有個菜販最厲害，攤子都已經擺到路中央了，他老兄還可以一邊玩牌收錢、一邊賣菜找錢，賺兩頭。

最美也最吸引人的，是菜市場路邊的小農攤位，販賣的全是美濃當季的在地食物。這些平常為數十幾攤，假日可以高到三十多攤的小農，大多數是農婦出來拋頭露面，男人叫賣的頂多只有兩、三攤，賣的農產品以蔬菜為主、水果為副。

盛夏酷熱，瓜果類是菜市場主力。其中，絲瓜最特別，明明盛產卻買氣低迷。一位傳統飲食達人邱國源老師拍胸脯跟我說：「妳相信我啊！夏天美濃市場裡的絲瓜沒人會買。」

我回家問阿姆：「姆媽，奇怪哩，市場賣个菜瓜條條恁鬧，仰無人買諾？」（媽，很奇怪，市場裡的絲瓜品質都很好，怎麼都沒有人要買呢？）

阿姆笑說：「看汝有讀書，頭腦無幾好哩？汝看每家每戶都種菜瓜，自家都豺毋俐欸，哪還會去買啊？」（看妳有讀書，腦袋也沒有多好？妳看家家戶戶都種絲瓜，自己家裡吃都吃不完了，怎麼可能還去買啊？）

我開始特別注意各家菜園。果然，屋前屋後、田邊水邊、樹旁樹下……到處都是黃澄澄濃艷艷的絲瓜花。立夏剛過，芒種就在眼前。絲瓜漸漸熟，我們家也準備要大啖絲瓜了！

農村小詞典

【翻水】水圳有主幹道，以及分支再分支的小型水路，把主幹道的圳水，從某一條分支引往另一條分支，就是客家話中的「翻水」。

【灌漿】「結穗」的意思。稻子開花前，稻莖會微微鼓起，看起來就像懷孕一樣，接著稻穗會長出一朵朵白色的稻花，授粉後，稻穗會慢慢飽實起來，這個階段就是「灌漿」。

【原種田】各區農業改良場會培育適應當地環境、氣候的稻米品種，每一個新品種誕生後，就是純度最高的原原種品種。各改良場會透過耕種原原種收成更多的原種稻米，然後再委由各地農會指定的農民大量耕種，這種田就稱為原種田。原種田採收後再分給耕種採種田的農民種植採種稻米，採種田收成後的稻穀，最後交給種苗場培育秧苗，就是農民種稻的來源。

第8章 阿勃勒悄悄話

小滿

樂樂、小樂，

你們好嗎？收信平安。

媽媽不知道你們什麼時候會看到這封信，所以我先記下寫信這一天的日期：二〇一五年五月二十日。

這剛好是阿勃勒大爆發的時節。花兒一串串，大開特開、爭先恐後，別說一棵樹，整條農路黃得不像話，連空氣也被染黃。

你們一個剛滿兩歲、一個五歲半。小樂弟弟最近掛在嘴邊的，總是「我的」和「不要」；樂樂哥哥迷上跆拳道，一心一意要把壞人踢到外太空！

每天晚上，你們都要聽媽媽說故事才肯睡覺。現在，媽媽多講一些故事，希望可以幫助你們更熱愛這個世界還有你們自己。

阿勃勒的黃花落在金黃稻穗上，融成一片艷黃。

1 誕生

二〇〇九年五月中，我跟你們的爸爸朱老大結婚。那個時候，媽媽三十七歲、爸爸四十二歲，我們兩個老來成家，對於生小孩，沒有太大期待。

結婚後一星期，阿公阿嬤在山上種的玉荷包正值採收，大豐收，全家忙得不可開交。你們知道媽媽個性很好勝，挑選、剪枝、裝箱、搬運……每個階段，一點兒都不能疏漏。

可是當時媽媽才工作了兩天，就渾身不舒服，甚至還被你們的爸爸取笑：「汝等都市項个人，無效啊！」（你們都市人，沒有用啊！）

連續兩個晚上，媽媽的下腹隱隱作痛，感覺越來越明顯，直到經過兩位醫師的檢查後，我們收到了這一年阿勃勒花季裡最美的禮物。艷陽之下，藍天白雲為證，乘著初夏的薰風，一個新生命悄悄在媽媽的子宮著床。我們把肚子裡的小朋友，取了一個從阿勃勒延伸的小名叫「阿樂樂」！

二〇一二年三月底，在結束長達兩年的育嬰假後，媽媽回到工作崗位繼續跑新聞。同年九月，這屬於記者節的月分，媽媽在台北往花蓮的採訪路程上，再次感到下腹部悶悶漲漲的，這跟當年懷阿樂樂的腹痛一模一樣。

頭髮白了一半的爸爸，一直不敢相信。媽媽想的第一個念頭，是該如何跟樂樂分享這個喜悅。對哥哥來講，多了一個弟弟或妹妹，是多了玩伴？還是多了個爭寵的討厭鬼？其實媽媽也沒有把握。

哥哥真的很體貼，當我說：「再過幾個月，阿勃勒開花的時候，你就要變成哥哥了喔！」樂樂馬上笑著回答：「我會很愛弟弟，可是我是柯博文，弟弟是大黃蜂！」

到底樂樂哥哥是有先天的敏銳直覺還是胡亂猜測，媽媽也不知道。總之，後來醫生確定是弟弟，而到了阿勃勒滿樹黃花時，二〇一三年五月中，「小樂」正式加入我們樂樂家族。

2 美濃人

二〇一五年五月初，看起來跟往常相同的日子，阿勃勒一樣盛開著。曝曬整天烈日的成熟稻穗，在入夜後散發著餘溫和稻香。

沒想到就在五月七號，國民黨一位黃姓女立委，在立法院說高雄很缺水，要政府重啟「興建美濃水庫」計畫，而拿爸爸媽媽納稅錢領薪水的官員，竟然還答應說可以做民調看看，同時也說會跟高屏大湖開發案一起討論。

美濃水庫？高屏大湖？媽媽長話短說講給你們聽。民國八十一年（西元一九九二年），政府為了推動南部的工業發展，尤其是濱南工業區的煉鋼廠和石化廠，開始規劃美濃水庫興建案。

可是，水庫預計蓋在斷層帶上，那兒又是美濃重要的淺山生態區域。再加上台灣地質不穩定、河砂運輸量大、水庫壽命短，所以好多鄉親都站出來跟政府說，「水庫係築得，屎朏豺得。」

（水庫要是可以興建，屎也能吃。）

反對水庫的人越來越多，民國八十九年（西元二〇〇〇年），當時的總統終於宣布：「在我任內，絕不興建美濃水庫。」

可是，不蓋水庫，政府還是想著要蓋大湖，那就是被當作美濃水庫替代方案的高屏大湖。

哥哥、弟弟你們知道嗎？高屏大湖預定地是手巾寮農場，是我們種食物、藏水源的地方。這裡的農田土壤肥沃，可以種出打敗中國和泰國、躍居世界第一的毛豆，而且地下水資源豐富，是高屏溪流域的主要地下水補注區。政府竟然要在這麼一大片廣大毛豆田裡挖一個大湖，把地下水暴露出來曬太陽？

媽媽感到很煩惱，因為這個世界，真的有很多誘惑會讓人失去誠實和勇氣。這陣子，政府一會兒說，「水庫民調當參考，不一定會用民調來決定要不要蓋水庫」，一下子又提到，「高屏大湖也在進行中」。

媽媽想不通，政府不和我們大家討論，用哪些方法存水、節水，或改變用水習慣、重新分配用水比例，也不具體規劃南部水資源管理政策的方向，只是一再強調「高雄缺水」、「美濃水庫民調」、「高屏大湖環評還在進行」的消息。這樣的政策溝通，根本就是要拿高雄人的民調來逼美濃人妥協，甚至進一步逼迫旗美和里港居民答應蓋大湖！

媽媽實在不忍心，年紀小小的你們，就要聽我說這些可怕的陷阱和殘忍的故事。可是媽媽還是要說，住在這片土地上，大家都是兄弟姊妹。就像你們兩個一樣，一起分享、共同分擔、合理分配，不是說犧牲誰就不會缺水，誰活該忍耐顧大局，大家就能享受美好的將來，絕對沒有這種好事。因為今天可能是犧牲你，但明天事情就到我頭上了。

樂樂最近常說：「媽媽，我很有勇氣對不對？」

我很高興哥哥開始擁有自信。只要你們願意面對恐懼，你們心裡的怪獸就會停止長大。媽媽希望你們記得：「熱情地去守護家鄉、深切地去愛人、好好地享受生命的愉悅，如果痛苦悲傷讓你們手足無措，那表示你們付出的還不夠！」

3 獨善其身不是善

媽媽大學讀的是政治系。我一直以為，政治是美好的事，到現在，我依然這麼覺得。

以前讀大學，沒那麼容易。我記得那個年代的錄取率，只有百分之三十幾，跟現在幾乎百分百的錄取率比起來，真的是天差地別。可是也因為這樣，當年所謂的乖學生在進入大學之後，才開始學會叛逆。談戀愛、玩社團、打工，是年輕人的三大必修學分，當然，你們的媽媽也不例外。

不過，我還是依稀記得一些課堂上的事。有個留學法國的老師，教學方式並不自由開放，點名當學生是他的專長。他教的政治思想史，試圖勾勒人類的本質，以及在這樣的本質底下，該如何分配資源、創造一個集體生活方式。還有一位留美歸國的帥氣男老師，是系上最當紅的年輕學者，他帶領我們認識各國的選舉方式，並讓年輕人去思考，各種選舉制度的優劣和適地性，以及制度背後的文化特性。

政治多麼美好！在理論之中，它直指人性的黑暗，在現實裡，追夢者依然摸黑前進努力尋找遠方的光亮。

孩子們，我想提醒你們，切記：政治不是只有發生在台北，它無時無刻穿透我們的生活。所以別遠離政治、更別沉默，面對政治，我們能做的，就是尋找志同道合的朋友，傳遞彼此的能量，共同去摸索小老百姓可以參與的力氣和位置。

如果說美濃水庫和高屏大湖跟農民搶土搶水，跟美濃存續息息相關，那麼我們更不能不關心，最近二十年來，農業的轉型、農地的崩壞。

民國八十四年（西元一九九五年），媽媽大學畢業後第二年，剛進入社會沒多久，在從事人權救援的台灣人權促進會工作。那一年二月，發生死了六十四個人的衛爾康西餐廳大火、三月全民健保正式上路，還有媽媽投入搶救行動的「蘇建和等三人死刑案」，在七月六日由當時的檢察總長陳涵提起第三次非常上訴。那時候沒人注意到，同年八月，政府第一次推動農地釋出，開放上萬公頃農地興建工廠和住宅。

四年後，民國八十八年（西元一九九九年），九月二十一日，台灣發生驚天動地的九二一大地震，造成兩千四百多人死亡。地震前十天，身兼國民黨主席的總統李登輝與當時的老農派立委，針對「農業發展條例修正草案」唇槍舌戰，引發媒體高度關注。

老農派立委在選票壓力下，要求農地不要設限、開放自由買賣。當年九月十一日的《中國時報》是這麼寫的：「李登輝說：『這是二十年、四十年以後的問題，應該為後代子孫考慮，農業不是落後產業，而是尖端產業，土地資源很重要。』李登輝更強調：『很多人靠土地賺錢，可是土地不是商品，還牽涉區位問題。』」

可是，不要說孤臣，就算是總統也無力回天。為了衝刺隔年的總統大選，國民黨的總統候選人連戰，還是喊出「開放農地自由買賣」的口號。到了二〇〇〇年一月四日，農發條例第十八條修正案正式施行，不是農民也可以自由買農地蓋農舍。

從此以後、從此以後啊！好多好多的農地，被挖出一個個大坑灌漿灌水泥，土地不種糧食種房子，有人投資自己住、有人拿來招待朋友，還有人專門仲介交易收佣金。

台灣島上炒地炒房的大富翁遊戲，正式從都市計劃區擴大到農業生產區，一夕之間，農地也變成籌碼了。

樂樂、小樂，你們懂了嗎？我們家附近種在田裡的豪華別墅，就是這樣才蓋起來的。我們周遭親友最倒楣的人，是你們福安山下的姑婆太太（曾曾姑婆）。她的稻子只有日正當中才享受得到陽光，因為早上太陽東升，陽光被東邊的挑高農舍遮住，到了下午，稻田所需的日照，又被西邊的高級農舍擋到。嗚呼哀哉！

孩子們，你們想想，政治重要嗎？面對掌握遊戲規則的人，我們平民老百姓如何是好？生活在農村的我們，還能夠做什麼呢？

你們別問媽媽，我沒有標準答案。媽媽只能跟你們說，人性的貪婪，是政客的工具，如果大家選擇沉默，更會助長政客的自大氣燄。別忘了，就算政治是腥臭的空氣，我們也不能停止呼吸。

從小到大，只要拜拜，無論是拜天公、土地公、三山國王，還是王母娘娘、媽祖之類的神明，你們的外婆總是跟媽媽說：「妳只要祈求大家平安幸福就好，這樣妳也會跟著平安幸福。」現在我把外婆的話換個角度說並送給你們：「如果只有自己好，那麼自己絕對不會好。」

4 反抗的詩意

三一八學運，發生在二〇一四年，一群反對服貿（兩岸服務業貿易協議）的大學生占領立法院議場，震驚全台灣，更上了國際媒體的版面。那些天的晚上，我盯著網路四處搜尋網軍提供的最新資訊（不好意思，媽媽雖然是記者，但是我不相信媒體）。而你們的爸爸，則拿著選台器認真地看著電視新聞，不耐煩重覆地說著：「真是一群不知天高地厚的小鬼。」

我可以理解爸爸，並尊重他的觀點。只是如果有一天，你們走上一條反抗的路，來表達自己或企圖想要改變社會主流價值，你們還是要面對跟爸爸一樣的大多數人。這些人，認分的生活、遵守規矩、有善良的心、從不會傷害別人……他們是穩定這個社會運作的主要成員。

農村裡，大多數都是這樣的人。因為務農是一種高度謙卑的行業，要看老天爺臉色吃飯、

旗山、美濃、里港三地交接處是廣大台糖地，居民抗議自來水公司在此開挖深水井。

「反對興建深水井自救會」與農民一起，為子孫守護良田、地下水。

要服從家族長輩的意志、要遵守各種農政措施，還要配合消費者的喜好來耕種，就為了討口飯吃，農民不得不把自己放到最低，一旦習慣固定模式，就不太願意改變。所以我才會說，要反抗不合理很簡單，可是要能真正說服這些人，才是真正的考驗。

幾乎就跟學運同時期，還有個重大事件。四月二十二日，世界地球日這一天，一個叫做林義雄的七十二歲阿公，把自己關在教會房間裡，進行無期限的禁食抗議！

跟占領立法院的大哥哥、大姊姊比起來，我覺得這位林阿公其實更為年輕可愛，年紀這麼大了，還像個孩子似的愛做夢。他曾經走遍台灣各地跟願意停下來的陌生人說：「我們要反核。」現在他又把自己的身體當作武器，來正面反抗政府，要求決策者「停建核四、落實民主」。

很多人說他豁出去了不顧死活，也有人說他深思熟慮為民主犧牲，可是媽媽覺得，他是一個幸福無比的人，因為他可以為了自己的夢想義無反顧。

林阿公禁食的這段期間，我們母子三人剛好回新竹外婆家。新竹還在春末，而美濃已經是初夏。我印象很深刻，一個假日午後，我們母子三人睡午覺睡到太陽西下，樂樂哥哥醒來問我：「媽媽，是不是我們睡太久了，才會讓太陽變成月亮！」

在媽媽眼裡，你們的心靈充滿著詩意！

而我記得，有愛才能寫詩，才懂得反抗的詩意。

5 啵一聲：花開與新生

這封信的每個疑問，媽媽都沒有答案，可是我很感謝，在尋找答案的路上，都有你們和爸爸一路相伴！

我想你們應該都不記得了。在你們各自大概六、七個月大的時候，都曾經有一段自我滿足的幸福時光。你們吃飽、睡好，剛學會翻身或剛學會用力蹬腳在床上轉圈圈，有時候還會一個人咿咿呀呀的唱歌、說話，或是吸吮手指、舔棉被。那個當下，你們自在、自信，也自娛娛人。謝謝你們提醒媽媽，為人應是做自己能力所及的事，並學習享受一個人的獨處和愉悅。

每年的五月，阿勃勒一開花，樂樂都要媽媽一再說哥哥弟弟出生的故事。你們瞪大眼睛，媽媽對著你們大聲說「啵」，兄弟倆笑得花枝亂顫，可是我沒有開玩笑，「啵」，是開花，也是你們當年破水的聲音。

祝福你們，無論如何都勇敢誠實，像阿勃勒那樣不畏懼表現自己。

媽媽，二〇一五美濃仲夏夜

芒種

第9章　停格的稻浪

農村，讓人看得遠。寬闊的天、廣大的地、整片的稻田、蜿蜒的河流，還有層層疊疊懷抱著平原的近坡與遠山。常常一不小心，眼光就飄到四、五公里外的笠山山頂，如果遇到午後大雨，雨停往南邊看，四、五十公里遠的大武山，就好像矗立在眼前。

不過，稍微注意一下細節，也會發現許多趣味。像是田裡的稻株越來越彎，稻穗越來越黃，黃得跟絲瓜花、阿勃勒拚輸贏的時候，農民們一個比一個癲狂，絕對不輸番蒜打花的盛況。

1　番蒜打花

夏天對流旺盛，烏雲遊走天空，飽含溼氣的南風吹來。阿平叔婆騎著腳踏車，全身濕透，頭上的粉紅色洋巾成了紅色濕巾。

停妥車，走進農藥行，還沒鬆開臉上的洋巾，叔婆就趕著說：「阿姆吻，仰會恁熱人啊？恁仔个天時，會熱死人啊！」（阿娘喂，怎麼這麼熱的天氣啊？這種天氣，會熱死人啊！）

左手拿著貨單，正在埋頭理貨的老闆說：「哪有辦法啊？今个天時，係緊來緊熱咧，偓記得偓等頭擺，天時毋會熱到恁無靈性！」（哪有辦法啊？現在的天氣，是越來越熱了，我記得以前，天氣不會熱到這麼沒人性！）

阿平叔婆不是來買農藥的，她的稻田就在農藥行隔壁。收成時間近了，叔婆越來越緊張，天氣這麼熱，害她也像熱鍋上的螞蟻。來農藥行走走，有電扇可以吹，有老闆聽她抱怨，至少有些安慰。

拿起手邊的廣告傳單往臉上搧，叔婆大吐苦水：「阿姆吶，禾仔毋曾割喔，个就拜託天公毋好落雨喔！一落雨，禾仔會漚淨淨喔！」（阿娘喂，稻子還沒有收割喔，拜託老天爺不要下雨喔！一下雨，稻子會倒光光喔！）

割稻的季節，產業道路的路口，多了不少顧路人，每個農民以無比耐心，癡癡等待轉角處冒出的大貨車車頭。這些大貨車，會把割稻機載到田邊。

大貨車一出現，農民立刻伸長脖子，拉開腋下到大腿的肌肉，以舞台劇的誇張手勢，拚命揮手以福佬話大喊：「大仔、大仔，佇啦！佇遮啦！」（大哥、大哥，這裡啦！在這裡啦！）

司機把貨車開到農民身邊停下，大聲說：「俊仔叔，敢有需要遮緊張？哇來割汝仔稻仔足濟擺啊，哇知影汝仔田佇遮！」（俊仔叔，有需要這麼緊張嗎？我來割你的稻子很多次了，我知道你的田在這裡啊！）

傍仔叔摸摸頭，有點不好意思。他用彆腳的福佬話回答：「歹勢啦！哇驚別人甲汝叫去割伊个稻仔啦。」（歹勢啦！我怕別人把你叫去割他的稻子啦。）

越接近收成，心理壓力越大。明明早上已經去田裡看過兩次了，午覺後，陽光很辣，阿源叔公還是又到田裡走上走下的。他捧著滿是稻穗的植株，看一看、聞了聞，剝了一顆放進嘴巴裡細細咀嚼，下巴的灰白鬍渣緩緩蠕動。

叔公說：「嗯！嶄然熟欸！」（嗯！很成熟了！）

我跟著阿姆去田裡拍照，遇到阿源叔公。

阿姆說：「阿叔，汝个禾仔嶄然鬧咩！」（叔叔，你的稻子很漂亮啊！）

叔公回阿姆：「還做得，這擺好得無睹到落雨。」（還可以，這次幸好沒有遇到下雨。）

阿姆提高音量：「無喔！偓看電視報告講，過兩日可能愛開始落雨欸！」（不是喔！我看氣象預報說，過兩天可能要開始下雨了！）

向來眼神溫和、口氣緩慢的叔公，一聽到阿姆道出口的消息，突然間翻過頭來瞪大眼睛對阿姆說：「真仔喔？个偓愛甲割禾个阿進講，不管仰仔，都愛提早兩日來割喔！」（真的嗎？那我要跟割稻的阿進講，不管怎麼樣，都一定要提早兩天收割！）

入夜前的傍晚，我走到前院收衣服，又看到阿源叔公在田埂上走著。他雙手交叉擺在腰後屁股上，慢慢往田心移動，走了幾步又彎下腰，取下一顆稻穗放進嘴裡。

夜已深。收割季的深夜，割稻機忙著跑攤。

來發伯姆站在割稻機前方，很激動的指揮這台怪物，「來呀！好，好，好！就係恁仔。」（來呀！好，好，好！就是這樣。）

突然，伯姆大叫：「喔呦，喔呦，定定仔駛哇！毋好駛到他人家个田脣去啊！」（喔呦，慢慢開啊！不要壓到別人的田埂啊！）

割稻機的駕駛艙有冷氣，為了避免大量的灰塵、稻芒、梗葉纖維溢散到小小的冷氣房裡，司機們都盡量避免打開窗戶。可是來發伯姆站在割稻機旁，司機忍不住下車說：「好哇！伯姆，偓知啊！毋好徛到个啊，偓就係為到要閃汝，樣會駛過這向來啊！」（好哇！伯姆，我知道啊！妳不要站在那邊，我就是為了要閃開妳，才會開到這邊來啊！）

伯姆不放棄，繼續大叫：「好哇！好哇！汝愛定定仔駛啊！」（好啊！好啊！你要小心開啊！）

司機別過頭爬上割稻機，用力關上門，開大燈打檔往前行進。黑漆漆的夜裡，發光的割稻機，展現無堅不摧的意志。

2 割稻旺季落雨

南台灣的屏東平原，是全島最早收割的一處生產基地，美濃平原包含在廣義的屏東平原上，

倒伏的稻浪，停格在大雨滂沱、強風吹襲的那一刻。

每一期的良質米收成前，農會派人先取樣檢驗，通過後才能採收。

位於屏北，也是收割得早。每年五月到六月初，是割稻旺季。不過，由於收割的時節跟梅雨季接近，又容易遇到無來由的午後雷陣雨，要是稻子倒伏或過熟，在田裡發芽，一百多天的耕種就白費了。所以收割前，農民們幾乎天天捏著心頭肉倒數過日子。

二〇一五年這一年很特別，劇烈變化的氣候，搞得人心惶惶。

先是年初的世紀大旱，田裡缺水、工廠缺水、家家戶戶都缺水，直到五月底，才終於出現一波梅雨鋒面。雨，下了一星期。全島歡騰。乾涸的高屏溪，滾滾濁水與日俱增，五天內川流量飆漲上千倍；長期鎮日灰濛濛的天空，也在梅雨稍歇陽光露臉的短暫時刻，變得藍白相間清晰透淨。高雄市區裡，行人走路輕盈，行道樹重現綠意，久未洗澡的麻雀，在水坑旁張著翅膀戲水。

可是，一樣雨淋百樣人，農村裡還沒有割稻的農民們，各個滿臉愁容。美濃平原上的一期稻作，全是狂風驟雨掀起的洶湧稻浪。據說這段時間，老農們的降血壓藥，吃得特別多。

我們家的稻子，也還沒有收割。阿姆每天看著窗外的雨，屋前屋後來回踱步，「哀哉！落雨落到恁仔，美濃還蔪然多人毋曾割禾，這要仰結煞啊？」（哎呀！下雨下成這樣，美濃有多人還沒有收割，這要怎麼辦啊？）

「阿姆，个可以開過多錢，拜託割禾機來割無？」（媽，那可以花多一點錢，請割稻機來割稻嗎？）

阿姆無奈地說：「哀哉，哪係錢可以處理个諾！田坵恁濫，个割禾機哪可以下去啊？一下去就無辦法上來耶啊！」（哀哉，哪裡是錢可以處理的啊！田土那麼泥濘，那割稻機怎麼可以下去啊？一下田就上不來了！）

梅雨從五月二十日下到二十七日。很快地，熱風又起，阿勃勒依然高掛枝頭，綠葉在湛藍的天色下特別顯眼，可是舉目所及，全都是倒伏的稻子。

我聽許多老人家說，從來沒有看過這麼嚴重的倒伏。有的是整片田的稻株，全往同一方向趴在地面，就像械鬥打輸的一方倒地不起；受害較輕的，是迎風面之處倒一整排，直到被盡頭的田埂撐住才得以停下來；還有一些姿態立體如濤似浪的，停格在力量對峙的瞬間，真實記錄下大雨滂沱強風吹襲的那一刻。

雨停了之後，三十多台割稻機，在美濃平原上奮力割、拚命趕進度。一部新型割稻機，平均一天最少可以收割三到四公頃的面積。

田邊站著兩種人。一種是還沒有排到割稻機的人，他們面如苦瓜呆立稻浪旁；一種是割稻機已經下田的農民，他們目光銳利意志如劍，正用念力推著割稻機在田中搶救稻穀。

當時的美濃區農會供銷部主任劉相登說：「前天晚上（五月三十一日凌晨），我們小姐收穀收到早上四點才回家，我是五點才回家洗澡，八點多又趕回到米廠上班。」

我問他：「那這一天，美濃區農會收了多少稻穀？」

他抓抓頭，「從來沒有這麼多，創紀錄，總數是一千六百四十公噸，一千五百七十公噸是公糧，七十公噸是良質米。」

一公頃平均收割十公噸溼穀，一千六百四十公噸的產量，對應的收割面積，即是一百六十四公頃。也就是說，二〇一五年五月三十號締造紀錄的這一天，美濃地區農民一共收割了一百六十四公頃的稻田，以都市計算土地面積的習慣來換算，將近五十萬坪（一公頃是三〇二五坪）。

在小島小農的台灣農村裡，這樣的產量和面積，高得嚇人。但不只美濃如此，全台灣稻農都在想辦法追高單位產量，而且只要一遇到雨天，非得搶割保住這一季收成不可。

3 看不見的手

十八世紀，被尊稱為經濟學之父的亞當．史密斯（Adam Smith），提出「看不見的手」理論，用以說明自由市場透過價格機制操作出的供需平衡狀態。這位學者深深相信，如果人人追求自利，並透過市場從事各種經濟活動，最後社會將是繁榮和諧的狀態。無論這個理論是否可以跨越二百四十年，解釋目前的社會現象，「看不見的手」還是會被當作觀察經濟發展的一個視角。

面對農業生產，大多數人會覺得是天災難測、農民難為，務農還是要看老天爺臉色吃飯。不過稻子倒伏的背後，其實也是有一雙「看不見的手」在推波助瀾，其中一隻手是全球化的發展趨勢，而另外一隻手，則是全世界只有台灣還在推行的「公糧收購」制度。

稻穗打完穀子後，紮好的稻桿還可以物盡其用。

公糧收購是照顧老農、穩定農村基本盤的一種農業制度。

所謂公糧收購，是政府在一九七四年設置「糧食平準基金」所推動的「保證價格收購制度」。根據政府政策說明，就是基於穩定糧食價格、保障農民收益，政府每年會編列預算來收購稻農所耕種的稻米。

以現在美濃二〇一五年一期稻作為例，每公頃收購的乾穀數量，計畫收購額度是二〇〇〇公斤，每公斤二十六元，輔導收購額度為一二〇〇公斤，每公斤二十三元，餘糧收購額度三〇〇〇公斤，每公斤二十一．六元，其他不在額度內的收成，全部以私人糧商的收購市價計算，約莫每公斤十元到十五元之間。如果一個農民種一公頃稻作，在無天災人亂的豐年之際，只要是繳交公糧，他一年至少可以有十四萬四千四百元的收入。

這筆一公頃十五萬上下的收入，並未扣除土地、資材和人力等生產成本，跟現今台灣薪資水平比較，種三千零二十五坪的稻子，忙了四個月，這個數字未免太少，所以在公糧收購的誘導下，農民唯有提高產量，收入才會增加。因此全台灣種稻的農民，無不費盡心思挑選高產量品種，拚命用肥下重本、施藥不手軟，為的就是希望收成好一點、收入多一些。

美濃區農會推廣部主任鍾雅倫說：「公糧收購對農民來說，非常重要，尤其種稻的農民大多數是老農，所以公糧收購也可以說是照顧老農、穩定農村基本盤的一種農業制度。」

雅倫年紀與我相仿，從小在美濃長大，看著農家賺錢攢錢就為每一學期孩子的註冊費。「種稻的利潤已經是『全天下』最低的利潤了，如果再不增加產量，那根本連零用錢都賺不到。尤其對老農而言，這一年的收成，就是看一期稻作。我真的很難想像，如果沒有公糧收購制度，美濃的這些老人家該怎麼辦？他們有些人，還要幫出外工作的子女撫養孫子孫女，運氣好一點的，也是要自己照顧自己。沒辦法啊！現在年輕人在都市工作，除非當老闆賺大錢的，不然大多數收入也不是很好，如果還要付房貸、車貸、養小孩，幾乎沒有錢可以拿回老家了。」

農是「農民」、「農村」與「農業」的總和，是「生產」、「生活」與「生態」的體現，一旦失衡，都市也會受到波及，而如果都市發展滿載、土地過度開發、人口急遽增加，農村也逃不過都市爆炸的威力。一輩子投入育苗事業的阿不拉，是美濃最老資歷的秧苗業者，說起他育的苗，人人都豎起拇指大大讚揚。他對我說：「假使政府無收公糧，毋單只農村會出問題，連都市項个人抑無安寧。汝知無，全美濃出外食頭路个後生人，要感謝政府，好得政府有收公糧，樣做得〔扌希〕手伊等照顧屋家个大人儕喔！」（如果政府沒有收公糧，不只農村會出問題，連都市人也過得不平靜。妳知道嗎？全美濃出外上班的年輕人，要感謝政府，還好政府有收公糧，才能夠幫忙他們照顧家裡的老人家啊！）

看似公糧收購有好無壞，可是長期發展下來，這個制度越來越像照妖鏡，逐漸顯現農村的困境。

農民為了追高產量，高度集約耕種又過度施肥，於是稻子跟人一樣，吃太多太飽變胖變不健康，下場就是熱天病蟲害，雨天一片倒伏慘狀。如果一期稻作遇到梅雨倒伏、二期稻作遇到颱風倒伏，只要雨下大一點、下多一些，稻子就倒伏，而且年年都在倒，這還可以說是天災嗎？

倒伏來自農民的求生慾望，農民的求生困難來自農業的前景黯淡，農業不被看好（或說「被看衰」），來自政府長期的產業失衡與國際貿易的生存遊戲。倒伏，不是稻子倒下，是農村全面向政府投降、向全球化舉白旗。

4 節節敗退的「稻」路

農業發展在台灣，一直被定位為發展其他產業的奶水。

日治時期，殖民母國對台灣的上位政策是「農業台灣、工業日本」，日本政府也據此推動「兩期粳稻」、「農田水利」、「改進蔗作」和「設立農試機構」等四大農業政策，創造出台灣以稻米和甘蔗為主的農業生產型態。

一九五〇年代，國民政府確定「以農業培養工業，以工業帶動農業」的經濟發展策略，推動農地改革提升農業生產，開發農業資源拓展外銷。農業部門剩下的資金、外銷累積的外匯，還有多出來的廉價勞動力，大量流入工商業並支持非農業部門的迅速發展。

政府是該想得到的，可是每個農家在把年輕人推向都市推往工廠的時候，卻沒有驚覺，到了一九六九年，農業出現第一次負成長。從此以後，農業發展步上沒落之路無法回頭，生產產值被低估、農村環境效益被忽略、農民這一行被視為退步的代表，所有補助和轉型，都成為俯視農業的傲慢眼光。

再加上一九七〇年代的台灣，國際處境艱難，面對外交困境，為了維持台美友好關係，當時的總統蔣經國跟美國大量購買小麥、玉米和大豆等農產品，大開國門讓美國穀物傾銷到台灣。這不只改變台灣人的飲食習慣，更開啟了稻米過剩的農業時代。

在此同時，全球化正在人類社會急速蔓延。製造業生產大量商品，交通模式的改變大幅降低成本、加速商品的交換，再加上人口的急速增加提供市場需求，地球村概念日益成形，「貿易自由化」、「減少貿易障礙」，成為各國國際談判的兩大關鍵議題。

可是農業在政府的施政考量，完全喪失主體性。一會兒這頭要配合其他產業的發展讓水讓土，過沒多久那頭又在國際談判桌上妥協開放。原本為了保障農民種稻收入、穩定糧價的公糧收購制度，反而在台灣加入世界貿易組織後，變成政府農業政策中最尾大不掉的沉重壓力。

先是為了解決糧食過剩，後來又為了要加入國際組織的運作，台灣政府在一九八〇年代，開始推動**休耕政策**，以降低稻米的生產面積。演變到後來，政府是一邊花百億預算執行既有的公糧收購制度，另一方面又花百億經費推動休耕政策，這既支持稻業、又鼓勵休耕的雙軌制度，來來回回每年花了兩百億的國庫預算。呼！呼！再加上進入世界貿易組織，每年開放十四萬公噸的稻米進口，台灣自產稻米庫存日益嚴重，浪費的絕對不僅僅是田間倒伏的稻子而已。

倒伏是看得到的悲劇，慘烈的故事還有更多。農家與農村的崩解、農民收入越比越低、務農價值受到漠視甚至摒棄，農地在金錢遊戲裡載浮載沉，既能蓋豪宅也能建工廠。還有，水稻應該是穩定國家安全的主要農業品項，可是只要一遇下雨，黃金稻穗，倒成一片！

再明白也不過了！這年頭稻子的倒伏，不是因為風雨，而是來自於台灣政府臣服已久的全球化潮流，是這股浪潮，每年趁著梅雨和颱風，吹出台灣農村裡那一道道停格的稻浪。

5 悼水稻

我們家，有中國製玩具、韓國製衣服、德國製果汁機、日本製麵包機、澳洲和美國來的進口水果，還有餵雞養豬的飼料，是來自美國的玉米和黃豆……全球化這股潮流，隨著網路、科技帶來的高度便利，將以更強烈的姿態席捲人類社會，沒有一個地區或國家可以置身事外。

面對全球化，日本政府在一九九八年開始推動新稻米政策，透過綠色補貼支持稻農所得，既符合世界貿易組織的規範，又能支撐農村發展的基本盤。為了因應「跨太平洋夥伴協定」，日本政府積極採取進攻型農業，以補貼飼料用稻米取代國外進口的玉米和大豆。另外，二〇〇五年，韓國也廢止了政府針對稻米的保價收購制度，實施稻米價差補貼措施。

而我們台灣，要如何保農業？護盤面呢？

農業之中，稻米產業看似產值最低，但是對國土規劃、糧食安全、環境保育來說，卻是最重要。美濃區農會總幹事鍾清輝說：「種稻時間很長，每年一、二月播種，到了五、六月採收，農民有很長的時間，可以常常跟土地相處，熟悉土壤、肥力、水、酸鹼度、氣溫的變化、環境特性。要認識農業、摸熟土地、找到人與自然間和諧的相處之道，種稻就是入門。」

家中的老人家，一輩子跟著稻、菸、香蕉輪作，鍾雅倫很清楚水稻的重要性。她說：「水稻，是最重要的輪作作物，因為種稻時需要大量灌溉，水可以抑制雜草和病蟲害，而稻梗又可以改良土壤。每一次種稻，就是農民摸熟土地的大好機會。尤其對老農來說，水稻不用投入大量資金、設備，是值得耕種的作物品項，雖然賺的錢不多，可是卻是可以餵養家族所有人的食物。」

稻米產業和小農體制，一直是台灣島的經濟命脈，只是這半世紀以來，在政府工業掛帥、科技業當道的政策下，一再被犧牲、被貶低，甚至被扭曲。然而，農鄉的教育缺口、醫療問題、社會福利、社區情感、文化傳承與傳統信仰，其實也都出自農業發展的失重現象，可是政府沒有處理源頭，只是一再頭痛醫頭、腳痛醫腳，花一筆筆大錢投入各種名目的補助，挖洞修路、拆圳補堤、發錢給回饋、花錢辦活動，反正只要大聲喊轉型，就是「愛台灣啦！」

只有我們這些留在農村的人看得到，鞭炮煙霧散去後那一地的紅色紙屑。

農業是國家的根本，涉及土地的利用、水資源的涵養、食物穩定與安全、環境保育的多元性、族群文化的特色，還有區域微氣候的調節。在面對全球化之際，如何看待農業，也等同界定了未來國家的發展策略。或許，從日韓的所得補貼政策，或歐盟的相關環境補貼制度，可以看到水稻產業的一絲曙光，不過重點還是要回到，政府願不願意重新思考水稻與稻農對台灣未來發展的意義和重要性。

在農村，稻子倒了，可以扶起來，扶不起來，還有下一季可以盼望。在台灣這座島嶼上，稻農倒了、水稻產業倒了，卻會比倒伏的稻子更難爬起來。而到最後，倒的絕對不會只有農村。

農村學

公糧保價收購小史

台灣一年耕種二十五萬以上公頃的水稻田，生產一百六十萬公噸稻米，產值三百五十億元。可是，卻長期忽略農業產值以外，包含糧食安全、水源涵養、生物多樣性，還有社會文化等超過兩千億元的外部效益。

為了彰顯農業對國家貢獻，並針對推動四十二年的公糧保價收購，農委會已經在二〇一五年的二期稻作，實施改革方案，在桃園楊梅、新竹新埔、嘉義朴子等公糧繳售率最高的三個地區，還有台南柳營、彰化福興、台中龍井等繳售率最低的三個地區，試辦對地補貼「直接給付」。

這些地區的農民，可以選擇領取每公頃一萬元對地補貼的直接給付，也可以選擇保價收購繳交公糧。農委會副主委陳吉仲表示，農民可以在兩種制度中選擇對自己有利的方式，如果市場價格下跌，農民可以繳公糧，如果市場價格上漲則可以賣到市場，並領取政府直接給付的金額，等於讓農民有調控的選擇權。

農糧署官員下鄉在向農民說明時強調，如果農民有能力可以自產自銷，無論銷售好壞，都可以申請一萬元補貼，不過稻穀不可以再進入公糧收購系統。農糧署署長陳建斌表示，這項計畫暫定二〇一八年第一期作推到全國，但還是要依據實際評估調整。

不過，中南部的老農們都很緊張，他們害怕在強大的財政壓力下，政府會逐年取消或縮減公糧收購制度，這勢必會嚴重衝擊農家的經濟收入。其次，許多農業推廣人員擔心，公糧收購制度的改革，不能以取消、縮減為導向，政府必須重新盤整農地使用、農產品項目、農民年齡、農家現況等資訊，提出相關振興農業的配套措施，否則老農提早退場不種水稻繳交公糧，反而造成大量耕地釋出，農地又會再一次面臨蓋農舍或工業設廠的浩劫。

以往一期稻作收成時，農民在農會倉庫前大排長龍等待繳公糧。

農村小詞典

【番蒜打花】「番蒜」是芒果，「打花」是開花。過去對於患有精神疾病的人，農村常有汙名化的討論或恐懼，也不知道氣候多變的春天，是容易促使精神疾病發病或復發的時候。由於芒果花盛開的季節，正是春天，美濃當地流傳一句「番蒜打花發花顛」，以此來形容精神疾病發作或某些異於常人的行為。

【休耕政策】政府為了舒緩稻米生產過剩及倉容壓力，從一九八三年實施「第一階段稻米生產及稻田轉作六年計畫」，鼓勵稻田轉作其他作物或休耕種植綠肥；一九八九年，政府又通過「稻米生產及稻田轉作後續計畫」，為期六年到一九九五年結束。後來為了因應加入「關稅及貿易總協定」以及後來的「世界貿易組織」，政府於一九九七年訂定「水旱田利用調整計畫」、二〇〇七年增加「稻田多元化利用方案草案」，目的在於減少稻作生產並維護稻田地力。從此以後，台灣的種稻面積在休耕政策引導下急速驟降，一九八三年的種稻面積，是六十四萬五千公頃，到了二〇一六年，種稻面積已經下降到二十五萬一千公頃，二十多年來，休耕面積共減少三十九萬四千公頃，降幅高達六成。

【跨太平洋夥伴協定】Trans-Pacific Partnership Agreement，簡稱ＴＰＰ，緣起於二〇〇五年六月由新加坡、紐西蘭、汶萊及智利等四國共同發表簽署「跨太平洋戰略經濟夥伴協定」。一開始並未受到其他國家太多的關注，二〇〇八年九月，美國邀集該四國改以「跨太平洋夥伴協定」為名另起談判，其後澳洲、祕魯、越南、馬來西亞、墨西哥、加拿大及日本相繼參與談判。ＴＰＰ做為第一個連結亞太地區的區域貿易協定，經濟規模可達二十八兆美元，約占全球生產總值的卅六％，高於歐盟的廿三％，還有北美自由貿易區的廿六％，是亞太地區最大之區域經濟整合體。（資料來源：經濟部國際貿易局）

夏至

第10章　家園感

眼睛閉起來，這個世界更豐富了。

麻雀吱吱喳喳、八哥嘰嘰嘎嘎、白頭翁啾啾唧唧。阿姆的摩托車，嗁嗁吐吐從後院繞到屋前又往田裡去了，一個小時一班的庄頭巴士，呼呼咻咻越來越大聲，阿貴哥的貨車，哩哩叩叩在家門前與巴士擦身而過。

巴士頭也不回地駛向更偏遠的山林野坡。阿貴哥左手伸出車窗向我這頭大喊：「今晡日仰恁有閑啊？」（今天怎麼有空在家啊？）

畫外音是蟬鳴高低遠近、或有落差，如碎落一地的鼓點，補滿所有白頭翁啾啾唧唧以外的空白。

夏至，一年之中最長的一天，日子又長又熱，天氣晴朗少雲，人就算乖乖不動，一樣大汗披身。

1 大埔，台灣農村史上的重要一頁

氣溫一上升，又想起多年前發生的「大埔事件」。

這個充滿爭議的土地徵收事件，起源於國科會科學工業園區管理局規劃一百五十七公頃用地，要作為竹科第四期擴建用地的竹南基地。苗栗縣政府為執行「新竹科學園區竹南基地暨周邊地區特定區」都市計畫，在苗栗竹南的大埔里，進行區段徵收和強制拆遷。雖然遇到當地居民強烈反對，可是當時縣長劉政鴻態度堅決，硬是把怪手請到田裡去整地。

整地的這一天，是二〇一〇年六月九日。芒種過後、夏至未到的炎熱天氣。

苗栗縣政府認為，已經取得大多數地主同意，並完成抵價地申請，才會全面進行整地工程，於是怪手駛入稻田，壓壞稻株、破壞稻作。這怪手毀稻的畫面，震驚大埔農民，也透過網路和電子媒體，傳遍全國引起眾怒。劉政鴻並不知道，這一刻已經為他寫下臭名遠播的歷史定位。

大埔事件揭開台灣土地徵收史上重要的一頁，從居民抗爭、公民團體的聲援，到土地徵收制度的反省與討論，還有台灣農村的生存與反抗，也被記上一筆。

可是，不幸陸續發生。事發後兩個月，八月三日，當地農民朱馮敏阿嬤在家中服農藥自殺。八月四日的《自由時報》上，報導了阿嬤家人的說法。

媳婦鄭景蓮說：「婆婆生活的重心就是種菜，沒想到卻被縣府剝奪。」

阿嬤的小姑林淑芬說：「大嫂辛苦守護田園，自從知道農地要被徵收，房子可能要被拆除

土地，是農人的根，也是家之所在。美濃平原與聚落，累積了農村世代相傳的智慧與文化。

以後，就煩惱失眠。縣政府派怪手來挖田以後，大嫂更絕望，常常對人講，『我的田都看不到了，人生沒希望了。』」

二〇一三年七月十八號，苗栗縣政府趁抗爭戶北上抗議，以迅雷不及掩耳的速度，拆除釘子戶張藥房。張藥房老闆張森文在抗議時得知訊息，精神壓力過大緊急送醫，並在台北住院兩星期。出院回到大埔沒多久，九月十八日下午，張森文被人發現陳屍在住家附近排水溝。

經檢警調查，高檢署法醫研究所解剖複驗後，各方跡證認定張森文是生前落水，死亡方式為自殺，全案以自殺結案。

2 內埔，農地變工廠？

「埔」，是平坦廣闊的地方，很多地名都會使用到這個字。竹南大埔是這樣，屏東內埔也是如此。如果地名有個「埔」字，八九不離十，一定是適合耕種、生活的農業地帶。不過，這樣的好地方，在現今的台灣反而岌岌可危，因為成本低廉的農地，特別容易吸引非農用的投資、開發或一堆美其名的轉型。

二〇一四年，台商聖州企業以低價一坪三千八百元的價格，在屏東內埔的龍泉村，法拍取得十四公頃都市計畫區內的農地。只要環境影響評估通過，聖州就會向屏東縣政府城鄉處提報，將農地申請變更地目為乙種工業用地，並在區內設置四點四公頃的廠區。

二〇一六年四月初，聖州規劃設廠的消息在網路上傳開，立刻引爆在地居民強烈反彈。從廠商召開的環評前說明會、縣政府前的抗議陳情，到「大龍泉反工業區設置自救會」舉辦的宣導會，反對居民無役不與，甚至三十年沒有聚集的九庄十二尊神明，都被請出來巡庄抗議。

在龍泉有一甲地，專種盆栽、種苗的陳小姐說：「龍泉有優良農地，可以生產高經濟價值的鳳梨、火龍果、香蕉、檸檬、芭樂還有可可，怎麼能拿來蓋工廠？」

站在陳小姐身邊的兒子，只有國小三年級。他好幾次打斷媽媽講話，為的只是想跟我說，「我們家那邊的水很乾淨、很甜，水溝裡都還有鱉和各種魚蝦。」他睜大眼睛強調：「阿姨，我覺得真的不能蓋工廠，會污染空氣、土地和地下水。」

自救會會長鍾益新在向民進黨不分區立委蔡培慧陳情的時候，情緒憤慨，他認為：「屏東縣政府是要為農村把關，不是為廠商把風。」

說到激動處，他一度痛哭失聲。他說：「這段日子，我都是醫院和抗議兩邊跑，好幾次遇到媽媽病危。我、我、我一直覺得要失去媽媽了，又想到我會失去家鄉，那種雙重失去的壓力，真的、真的很痛苦。」鍾益新忍不住大聲說：「政府不是要保護人民的嗎？」

看到鍾益新情緒激動，屏科大野生動物保育研究所的所長黃美秀也強忍淚水。她對鍾益新說：「這不是你的事，這是大家的事。」

3 我家的糧食自給率

從苗栗的大埔到屏東的內埔，這七年多來，台灣各地農村的確發生了一連串農地危機，這讓也住在農村的我們，同樣感受到潛藏的恐懼和不安。

要徵收土地的時候，政府一定是搬出「公共利益」，強調「徵收的必要」，也一再提出「程序絕對合理合法」；要變更農地地目改為工業用地時，廠商一定會大談「環保理念」、「工作機會」、「地方發展」，而地方政府從頭到尾就只告訴社會大眾「依法行政」四個字。

可是以一個平凡媽媽的角度來看，我認為如果政府要改變農地的用途，必須先理解農村生活的本質，再來討論任何改變的必要性。

也是六月的事！每年此時，梅雨過後、夏雨又來，我們家山上的竹筍，又進入了為期將近兩個月的產季。結婚當年的第一個筍季，落在婚後的第一個月，當時每天都有新鮮的筍湯、沙拉涼筍可大快朵頤。

我問阿姆：「今晡日偓等食个竹筍係屋家種个？抑係親戚送个？」（今天我們吃的竹筍是家裡種的？還是親戚送的？）

阿姆說：「這恁多日落雨，山溝水氣嶄然重，溝脣个老竹頭早就綻筍欸！」（這幾天下雨，山溝裡面水氣重，旁邊那叢老竹頭早就冒筍了！）

沒等我回話，阿姆又說：「今喔！買麼个東西都貴，偓逐日甲汝等落豺，汝看看這兜番薯葉、苦瓜、菜瓜、筷菜、芋仔……全全係偓種个，好得祖先有留田地分偓等。歸屋家要食个東西，毋驚無！」（現在物價高，我每天幫你們搞定吃的，妳看看這些地瓜葉、苦瓜、菜瓜、韭菜、芋頭……全部都是我種的，還好祖先有留土地給我們。全家要吃的菜，一樣都不缺！）

我繼續問：「个竹筍，係麼人種个？」（那竹筍，是誰種的呢？）

阿姆回：「汝等个阿嬤啊！這就係前人種竹，後人享福！」（你們的祖母啊！這就是前人種竹，後人享福！）

阿姆張羅三餐，數十年如一日，土地生成食物，食物餵養農村，是大自然循環不變的輪迴。過去自給自足的豪邁生活，或許在今日幾乎消失殆盡，不過在我的生活中，還看得到些許雛形。公婆的子女們，都有各自的職業和小家庭，可是我們沒有分家。或許偶爾會有爭執吵鬧，不過每個家庭的運作，依然以阿爸、阿姆為中心的這個家庭運轉。

我們靠祖傳田地維生，近二、三十年來，阿爸、阿姆和他們的三個兒子，共同耕種木瓜、荔枝和番茄等經濟作物，收入主要支應家庭的公共開銷。除此之外，田地更提供婆婆種稻、種菜、採集野菜，至於家中所需肉類如雞鴨魚豬，有二到三成是親友互贈或自家畜養，其他不足的就到市場採買料理。

與親友鄰居之間的分享，更是提升家中食物多元化的關鍵。好比說今天我們家的空心菜、蕃薯葉，有多餘的採收量，我們會送給住在附近的嬸、姆、婆、嫂這些既是親戚又是鄰居的人，如果送去人不在，就放在人家家門口或門前的機車座椅上。對方一看菜色和包裝方式，幾乎都猜得到是哪一家人送來的。

相同的，我們也會被這樣對待。住家後門櫃子上，常常會有叔婆或舅舅拿來的一把紅莧菜或一條絲瓜，停在門口的腳踏車前籃裡，幾乎每天也都塞滿地瓜、花生、蘿蔔、白菜、高麗菜或幾條肥美的甜玉米。

每一片農村裡的田地，法律上都是私人的財產，可是透過食物的分享，田地成為每一個農家的電冰箱。

我無法精算出我們家的糧食自給率，但是跟台灣目前被打趴在地上的百分比比較起來，我們的糧食供應政策肯定是比農委會更為搶眼。追究其原因，主要是我們始終守著祖先留下來的田地，並繼續耕種。

雖然目前田地作物的年收入不到三十萬，可是，我們三餐飲食無需依賴市場，也不怕國際糧荒的威脅，這就是我們朱家擁有的「糧食自主權」。其實，不只我們朱家是如此，鄰居親友只要是沒有賣地、擁有耕種技術和基本農工人力，也都一樣可以擁有一桌飲食不愁挨餓。

4 田為本

農地的意義是什麼？一旦沒有了田，我們家會變得如何呢？

三餐樣樣都要靠市場，三代同堂變成四個小康家庭，家中原本可以含飴弄孫的兩老，變成膝下無子無女的孤單老人。而我們沒有權利選擇生活的方式，無情的現實條件，逼迫我們兄弟姊妹們各自想辦法……沒有了農地，第一個面臨衝擊的，就是家庭的崩解。

家庭與家族，是農村運作的基本單位。每個個人依附在家庭裡生活、耕種，每個家族也需要眾多個人投入農務，這個位居中堅的結構如果鬆動或遭到破壞，農村的敗壞將日趨劇烈，消失也是在所難免。

雖然在政府的眼裡或站在都市人的角度，農村的沒落不可避免，所以徵收農地，推動區段徵收才是解救農村的良方，可是如果農地上作物被建物取代，農村傳統家族被迫解散，農業還剩下什麼？有再多的面板、再多的開發，再全面的土地活化，還有用嗎？

一入夏，雨季來臨。走在鄉間產業道路，或經過農家屋旁的畸零地，看到的是各式各樣的食物，有農民種的當季蔬菜，也有大自然撫育而生的野菜；已重劃過後的大塊田地上，是自家吃的稻米和繳穀給農會的收成；山上的坡地，有香蕉、土芒果、土龍眼……或是燉雞湯養生用的狗尾草；家家戶戶的婦人，會彼此餽贈菜、果，交流感情也交換食物；孩子在三合院裡，擁有寬敞的空間、奔跑的幸福、群體生活的學習與快樂的童年；到了晚上，大人們（現在大多只剩「老人們」）拿出高腳竹椅坐在屋前、禾埕上，或產業道路旁、土地公廟裡，一邊泡茶一邊比誰說得最誇張；等到夜深人稀並不安靜，蟋蟀、青蛙、蚯蚓、夜鷹、貓頭鷹……齊聲高唱。

每個在農村長大的孩子，都有一把鑰匙，只要庄頭還在、家還在，隨時都可以開啟時光隧道回家，重溫人與大自然、人與人的情感流動。

後來我才知道，這就是農村特有的家園感，也是我想說的小事情。

家園感，是連結土地、大自然，人類與所有生物共同創造的生產方式與生活狀態。客家話中說自己，是「自家」，福佬話稱自己，為「家己」，當要描述一群生命相連生活相倚的人們時，無論客家話還是福佬話，都是「大家」。

土地，是人的根本，是家的所在，我們吃的、住的，孩子奔跑、跌倒又學會自己爬起的，老人們鬥嘴說笑和生命終老而落葉歸根的，都在這裡！可是一旦失去土地，遠離了大自然，家園感也無處著生！

如果非得把「家園感」說得很獨特，一切也都是因為農民越來越少、農村越來越都市化的關係啊！

農村學

台北人和「屏東美濃」

嫁到南島客家重鎮美濃後，我發現了一個很奇特的現象。明明我是新竹人，可是美濃婆家或是親友都會跟我說，「妳何時要回台北？」日子久了，漸漸地，我也習慣了這種「明明要回新竹卻被說成回台北」的問法。

後來才漸漸理解，對美濃的老人家來說，只要是住在台中以北的人，都稱為「台北人」，當然也包含我這個新竹人在內。一般來說，台北人在老一輩美濃人的心裡，大多不好相處，美濃當地有句俗諺「交南莫交北，交北屌毋得」（要與人交往，要選擇南部人，別找北部人，北部人不好相處），說的就是這個意思。

有趣的是，我部分台北的同事、朋友或是新竹的親友也會問我說，「妳準備何時要回屏東？」一開始我嚇一跳，心裡納悶著：「我什麼時候嫁到屏東去了？」後來翻開地圖一看，才突然恍然大悟。真的！從美濃到屏東，只要走上高美大橋跨過荖濃溪，就可以輕鬆抵達，可是如果要從美濃到高雄市，走國道十號至少也要四、五十分鐘，所以美濃被誤認在屏東境內，就當作是一種美麗的錯誤吧！

其實，南部客家聚落的分布，是以六堆地區為範圍。所謂六堆包含前堆、後堆、左堆、右堆、中堆和先鋒堆，除了右堆的美濃之外，其餘都在屏東縣，或許這也是造成誤會的原因之一。

不過無論如何，久而久之，我也適應了北部人的「屏東美濃說」。

很多美濃人把北部客家人都歸類為「台北人」，而北部人也習於把六堆之一的美濃當成「屏東鄉鎮之一」。小小的台灣島嶼上，島民對彼此的認識仍不免偏狹，或囿限於既定印象。

家園感，是用來愛和理解的，而不是把你我區隔開來。身為台灣島民，我們需要更瞭解彼此多一點，這樣，我們也會更認識自己！

第11章 童年的保存期限

小暑

小暑，恰恰是每一年暑假的開始。

位在北回歸線以南的美濃，夏天總是趕在立夏之前，就匆匆來到，沒有一次例外，酷熱總是持續到大暑之後。每年都如此，天氣實在熱得太長了。

雖然現在的二期作，農民大多都是申請休耕，不過在美濃，還是有少數農民會種二期稻，插秧的時間約莫就是小暑前後。

我第一次拍攝美濃平原上的二期稻，是二〇〇七年的七月到十月。那段日子，即便是休假無事，我都還是喜歡跑去田裡找農民聊天，或是躲在樹蔭下看新秧的葉尖隨風搖動。

後來跟農民混熟了，我也直接頭戴斗笠、身穿手袖，跟著到田埂拔草，等轉擺（客語「休息」之意）的時候，兩人一起坐在田邊喝舒跑。

在田裡，看到的風景，最接近農人的眼底，任何事，都是新鮮事。雙腳踩下田，觸感滑溜，氣泡紛紛從土裡冒出來，這原來是一種幸福；大太陽底下，肩膀腦勺後背炙烈灼熱、額頭胸前腹部猛冒汗，是辛苦、是抱怨，但也是無以言喻的全身舒暢；到了收成季節，一車的稻穀送進農會倉庫，換來一紙豐收的數字，但又是廉價的收入……農民回到家忍不住冉核對一次、再咒罵一次，然後下一季又再種下秧苗。

好多年過去了，小暑的味道依舊。白天是綠籬上的小白花，夜裡是七里香。

1 萬安溪的嗚咽

熱得發火，人只好往陰涼裡鑽。大人找樹，孩子們找樂子玩水。

只要是媽媽的休假日，樂樂兄弟倆就想盡辦法要下水玩。有時候我發懶，只是準備橘色的塑膠大盆裝滿水，他們馬上脫光一湧而上，隨便就能玩掉一整個下午。有時候我心血來潮，會帶著他們在淺山的溪流裡，尋找專屬於夏天的爽快。

二〇一五年的這個夏天，從夏至前一星期到小暑的這三個禮拜的週休假口，我們母子三人，都是在水裡度過的。

第一站，是屏東泰武的萬安溪。

六月中，屏東泰武萬安部落傳出河流遭遇浩劫的求救訊息。當地年輕人在社群網站上，貼著一張張萬安溪滿目瘡痍的照片，整條河流人滿為患、垃圾滿坑滿谷。當下我找到萬安青年會副會長顏旭華的電話，透過她得知在六月十九日、二十日這兩天，青年會將帶領部落的青少年和年輕人，到萬安溪進行淨溪活動。

六月十九日一早，我先向部落頭目祖樂・祖樂請教部落的遷徙歷史和現況。十二點半，青年會十多位年輕孩子一起集合出發，我拿著攝影機，跟著他們的步伐走，越靠近溪谷心裡越恐慌，路旁的垃圾，堆積成一座座小山。

走在我旁邊的樂樂說：「媽媽，妳不是要帶我採訪嗎？」

我輕聲回他：「是啊，你可以在旁邊玩水，要看得到媽媽的地方，水不能超過膝蓋喔！」

樂樂拉了拉我的衣角說：「可是垃圾這麼多，我可以下水嗎？」

我仔細一看，景象嚇人，水邊都是滿滿的垃圾。

萬安溪是東港溪的上游，地處山區，周遭少有污染，一直是萬安部落重要的水源，可是二○一二年起的夏天，在口耳相傳和網路傳播交互作用下，進入溪谷的遊客突然爆增，也帶來大量垃圾。河岸真的如孩子所說，「全都是遊客亂丟的垃圾。」

在進入溪流淨溪之前，十九個年輕人圍成圈圈，低頭虔誠地禱告：「親愛的主耶穌，感謝祢今天賜給我們這麼好的天氣，求祢帶領我們在路上，都能將所有的垃圾清理乾淨！」

垃圾當中，數量最多的是各式免洗餐具、烤肉用具，和大小不一、顏色多樣的垃圾袋或塑膠袋。青年會的夥伴們，分工合作很有效率，他們分成兩隊，一隊在沿岸撿拾垃圾，一隊把堆置成山的垃圾一一放進大塑膠袋裡，最後再統一帶出河谷。可是諷刺的是，大家邊走邊清理才發現，垃圾實在太多了。青年會成員之一的李澔玟說：「萬安溪的垃圾，好像永遠都清不完。」

聚集在溪邊烤肉喝啤酒的外來遊客，無視淨溪活動，繼續喧鬧聊天吃東西，離開時還理所當然把垃圾堆在河畔。青年會副會長顏旭華，是發動淨溪活動的主辦人，她很生氣遊客來部落玩，享受大自然，卻把垃圾留下來，大罵遊客不懂大自然的規矩、不尊重原住民的祖靈。

剛滿二十歲的顏旭華，是頭目祖樂．祖樂的大女兒，她說：「垃圾那麼多，颱風天下大雨沖走就好了，為什麼我們要撿垃圾呢？這是因為，我們想到垃圾最後都會流到大海，到頭來還不是大家一起承擔海洋污染的後果！」

樂樂在我身邊很乖巧，雖然早已經全身溼透，但也是認真地聽著我和青年們的對話。採訪結束後，我背著器材牽著他的小手，一起走在回部落的路上，他拉了一下我的手問道：「媽媽，還有這麼多垃圾，我們不帶回家嗎？」

我說：「沒有關係，明天大哥哥、大姐姐還會來撿。」

他又問：「我聽老師說，要少用塑膠袋，不然地球會發燒。河邊這麼多塑膠袋，天氣又好熱，是不是我們的地球，真的已經發燒了？」

2 消失的油羅溪

從萬安溪回家後，我和樂樂之間的對話，常常繞著「地球發燒」這回事，樂樂也常跟弟弟小樂說，地球發燒和萬安溪垃圾如山的可怕景象。可是小樂才剛滿兩歲，還不懂得哥哥的意思。

六月二十六號，我帶著孩子們回新竹娘家的第三天，終於又要到溪邊玩水了。我們的目的地，是我從小玩到大的河流——油羅溪，同行的還有孩子們的外婆、阿姨，和表兄弟小哈。

我在油羅溪畔生活了十三年。國小畢業搬到隔壁鄉鎮竹東就讀國中前，每年夏天的暑假，成天都泡在溪裡。

三十年前的油羅溪，水質乾淨，就算下大雨溪水混濁，雨停後一、兩天，溪水很快又恢復原本的清澈樣貌。

那時政府也還沒有興建河堤，一入夏只要遇到大水氾濫或颱風來襲，河水暴漲得很快，會把許多已經被大水沖得七葷八素的魚蝦打上岸，如果水位再高一點，還會把這些河鮮，直接沖到我們老家的後門。

我最期待的就是這一刻了！大人們驚恐地盯著水位，忙著接力堆沙包、搬擋水板，把電冰箱、電視機和脫水機，盡速移往高處。而我只要顧好自己，把新鮮的魚蝦一一抓進鋁製大水盆裡，就能在水退後得到大人們一番嘉許。

平日風平浪靜之日，河中魚蝦也一樣豐沛。我非常喜歡釣魚、抓蝦，自製釣竿、抓蚯蚓當餌的功夫不在話下，爸媽會把我每天的漁獲清洗好放進冷凍庫，一個星期，至少可以料理出一大盤好菜。有時候，我也會幫隔壁鄰居的叔婆或嬸嬸，到河裡挑水澆菜。

這當中還有好幾年的時間，因為爸爸養了二十多隻兔子，我每天都會牽著他厚厚粗粗的大手，到溪邊河床找野生萵苣或是兔兒菜。那一段在油羅溪走跳的日子，是我最美好的人生回憶。

可是今日的油羅溪，卻完全變調。我小時候的夏日天堂天然游泳池，現在已經被堤防覆蓋；我小學三、四年級迷上釣魚天天報到的靜水區，如今已經堆滿俗稱肉粽的消波塊；我開車載著媽媽、妹妹、孩子們，在油羅溪兩岸四處尋找，真的找不到我小時候的那條河流了。

我想起萬安溪的慘況，想起部落青年們心裡的憤怒，突然間，我懂了。我們的家鄉、童年的記憶，還有我跟爸爸在河床上採摘野菜的笑聲，都一起不見了！

「媽媽，妳很生氣嗎？」老大樂樂問我。

「沒有啦！媽媽找不到下水的地方，不知道該怎麼辦？」

「這裡很多垃圾，跟我們上個禮拜遇到的一樣耶！」

「對啊！我很煩惱，我找不到我小時候的河壩（客語「河流」之意）了。」

樂樂一臉天真說：「媽媽，地球會不會一直發燒不會好啊？」

我很慚愧也怕孩子聽不懂，其實我真的想說的是：「樂樂，我們大人真的很對不起你們，我們沒有把地球照顧好，也沒有辦法把最美的回憶留給你們。」

3 孩子是大自然的轉譯者

帶著孩子回油羅溪尋找自己的小時候，雖然過程很不順利，可是我也因此更加惦記著，要帶孩子們拼湊屬於他們的童年。

二〇一五年的七月四日，星期六。

一早起床簡單討論，我和樂樂共同決定，這天要去冒險的目的地，是我們美濃著名的景點、也是原本美濃水庫預定地的雙溪黃蝶翠谷。

我開著車，載著樂樂兄弟倆和他們的堂兄弟睿睿。三個小男生陪著我這個急驚風，吃了不少苦頭，我們找了一處又一處，不怎麼順利，因為這兒也是垃圾遍布的溪谷。

可是我心有不甘，繼續進入溪谷更深之地摸索，終於在某個溪流轉彎的地方，找到了樹蔭下一池二十坪大小的水窪。這裡水流平緩、水深及膝，非常適合孩子們戲水，而且只要一抬頭，就可以看到五隻大冠鷲乘著熱氣流在天空盤旋。

小樂個性惜命命，愛玩水但是也跟媽媽跟得最緊，我只要稍微離開幾步，他就會對著我大叫：「媽媽、媽媽，我在這裡、我在這裡！」一旦我回到他身邊坐下看著他，他又馬上回到自己的世界，自顧自地拍著水面說「小樂打鼓、小樂打鼓」，或是拿著他最愛的大象、恐龍，放進水中大洗特洗。

樂樂和睿睿堂哥幾乎玩到失心瘋，他們倆一下水，整個水池就是他們的地盤。這兩個堂兄弟年紀接近，競爭心強，總是想比出個勝負，一會兒是樂樂說看誰游得快，一會兒又是睿睿提出要比賽潛水，他們總是拿我當終點又硬要我當裁判。玩累了、玩餓了，我還要切芒果給這三個頑皮鬼補充水分和熱量！

雙溪著名的黃蝶，一陣一陣地飛過這片山谷，涼風柔柔輕輕地走過，吹動著岸邊血桐的葉子，孩子們安靜地大口吃芒果好似餓鬼出籠，突然間，小樂哭了起來指著石頭說「怕怕、怕怕」。我翻開石頭看了好笑，原來是兩隻小螃蟹受到我們打攪，正緊張地尋覓藏身之處，而小樂明明是擾蟹之人，竟哭得比任何人都還大聲。

過了中午，陽光灑到孩子們嬉戲的水域，正要收拾物品回家之際，又一陣黃蝶往下游翩翩飛舞緩緩移動，樂樂看著黃蝶又望向我，「媽媽，蝴蝶好像是告訴我們回家的路耶！」是的，蝴蝶飛向之處，正是溪流下游也是我們回家的方向。

晚上回到家，腦海裡不斷迴盪溪谷裡的水聲和笑聲，翻看一張張孩子們在每一條河流留下的笑容，我暗暗地思量著，我的小時候和孩子們的童年。

大自然教我們好多事，孩子是最好的轉譯者，他們讀寫自然的能力，實在比我們好太多。記得童年時，在新竹橫山的油羅溪畔，我們一大群孩子，靠著山邊奔馳，順著溪邊戲水，跳在田埂的石頭上，累了，躺在休耕長滿油菜花的田裡，數著一朵朵飄過的白雲。

夏天的烏雲來得快，鋪開了盲神下凡的路徑。悶雷作響、閃電蠢蠢欲動，冷不防地在眼前一閃擊過，來不及闔眼又消失得無影無蹤。當我們長大以後，想要回到小時候，那山、那水和田野，好像一切都被盲神帶走了。

農村學　上坑湧泉

美濃平原的西北與東南側，各有旗山溪與荖濃溪，聚落中心又有美濃溪川流而過，地表水非常豐富，不過平原底下豐沛的地下水，也是相當驚人。根據統計，目前全美濃有一百多個地下水湧泉或人工井，如果溪流（以荖濃溪為主）地表水不夠，地下水馬上可以做為水圳的備用水源，電動馬達一抽，水又嘩啦嘩啦地奔馳到農民跟前。

像我們家位於龍肚上坑的這一帶，就有一個看著阿爸出世、現在又陪我們孩子一起長大的湧泉。有水就會有人聚集，這處上坑湧泉也不例外。平常婦女們會在早餐前或晚餐後，聚集在這裡一起洗衣、共同分享家中那口子的不是，當然，各家家族的精采連續劇，也絕對少不了。有時候冬天早上，我會拿幾件冬衣外套去湧泉刷洗，水量豐足，洗得人心情舒暢。

二〇一四年秋末到二〇一五年初夏，全台灣正經歷有史以來最嚴重旱象。我在湧泉區洗衣，看一個伯姆提著一籃兒孫們的制服緩緩走來。我大聲地向她打招呼，「伯姆，來洗衫褲喔！」（伯姆，來洗衣服喔！）

伯姆的回答令人玩味：「係呀！聽講外背都市項个人，又要限水咧，倠等這跡耶啊，水還係恁好用！」（是啊！聽說外頭都市的人又要被限水了，我們這裡啊，水還是這麼好用！）

孩子們愛玩水嬉戲。

農村小詞典

【油羅溪】新竹地區第一大河「頭前溪」的上游支流，長約二十六公里，分布在芎林、竹東、橫山和尖石，在下公館與上坪溪會合後成為「頭前溪」。

【盲神】出自於客家人對大自然的敬畏，指的是亂人心性的超自然力量，福佬語稱為「魔神仔」。

大暑

第12章　岸壁の母

太陽不留情，潑辣衝上前對著人大口吐氣，吹得田裡的人口乾舌燥，也把產業道路的柏油路上方，烘出透明如水的鏡面。路旁小葉欖仁和駛向遠方的發財車，慢慢地被吸進海市蜃樓裡。蟬聲不停，大放大鳴，像是粉筆在黑板上大跳土耳其旋轉舞，無止盡。

午後，雷陣雨，來得又急又快。一陣狂風橫掃平原，塵埃尚未落地，悶雷直響，一步步進逼，閃電像是銳利的刀鋒，劃開眼前的山水田野，插在平原上又隨即消失。雷聲在不同雲層之間震響，大雨傾洩狂倒，抬頭一看似乎有個巨人在空中大笑。美濃人稱這樣的天候為「龍搞水」（龍玩水）。

一位曾位居要津、叱吒中央與地方的美濃子弟，當官極為風光。他那過世前都還整天在園子裡耕種的父親，技術了得，可以種出甜滋滋的果子，卻對旁人說：「徠仔（客家話「兒子」之意）做官、阿爸曬乾。」

這老父親說的，就是烈日下的鹹苦酸楚。

大暑，入秋前的最後一個節氣，老天放縱，氣溫熱到底、雨水下到底，蟬兒唱歌直到最高處。

老農夫一個一個走了，被曬乾的人也越來越少了。

1 夢開始的地方

意識到自己著迷農村，是在高中二年級的夏天。那個時候，我跟兩位非常要好的朋友秋月和惠萍，一起到新竹關西的老社寮尋幽探古。

老社寮，是秋月的老家，少年多愁的她，對這裡魂牽夢縈。雖然我們就讀的新竹女中，看似將引領我們通往更文明或更有發展的方向，但她還是堅持非得帶我們走一趟不可。

我在水泥磚造的房子長大，上國中後住的是日式宿舍，對於農村老房子的空間配置與使用習慣，並不熟悉。可是，當秋月帶著我們一腳踏進土磚老屋時，一股混雜著人、植物、乾物、家禽的濃烈沉厚味道，好像經過土磚吸收又過濾後，再度揮發四散在空氣之中並朝我撲鼻而來。說是驚嚇也對，訝異也是，這味道讓人興奮，有點不知所措，甚至像食肉動物聞到空氣中的血腥味那樣沉醉其中。我站在老屋客廳內的竹椅旁，看到土磚牆上的土蜂孔，還有黃泥地板被踩踏了好多年後發出的閃閃光芒，有如遇到了好久好久不見的老友。

自此之後，我只要走進土磚砌成的老屋，都會想起這段將近三十年前的味道和記憶。

我無法解釋，為什麼我對老屋裡的味道感受如此強烈，但我相信輪迴。我相信這一世我遇到的人，在某個前世，勢必和我有某種連結，而我們約定或暗暗期待著某一個來世的相會。對於農村裡的老房子，我的直覺也是如此。

不只味道，我對水聲也是這樣的心情。久久一次，我總會在夢裡聽到嘩嘩水聲，有時候會以為自己在水邊睡著了，醒來才意識到原來是個夢。

最常見的場景是這樣的。傍晚時分，夕照斜灑水面，我看到自己提著一大盆衣服到河邊刷洗。河床上的石頭，大小錯落有致，走起來一蹬一跳的，有趣極了。

這河水來自上游，也來自身邊的石頭縫和腳邊的細沙裡，細水源源不絕地湧出，水聲潺潺，水色清澈。某個角度會看到陽光穿透溪水，照射在石頭周圍的蝦虎和張牙舞爪的蝦蟹身上。我放下還沒有洗完的衣物，下半身泡在水裡，雙手捧出碗狀慢慢把小動物一一撈起。

水聲從夢境穿越到現實，一點兒都不突兀。

二〇一二年的夏天，我到花蓮富里的吉哈拉艾，採訪阿美族人的農業智慧和水圳文化，期間遇到一位當時八十八歲的老阿公。阿公用族語跟我說話，當地青年藍姆路在一旁翻譯，阿公的意思是，「我們住的地方，喝的水是石頭縫裡流出來的水，喝起來清甜無比。可是外面的人很可憐，喝的水是自來水管流出來的，味道有點怪怪臭臭的！」

一聽到阿公這樣說，我雞皮疙瘩秒速上身。阿公說的沒錯，我們這些外面的人，可能喝太多怪水不自知，直到喝下石頭縫流出來的水，才會真正想起水的味道。

2 五溝水：湧泉與聚落

定居美濃後，我時常四處尋水。一來是出於記者本能，因為只要摸熟水路就能對在地農業建立基本認識，二來是出於母親本性，孩子們一下水，自然會順服於自然，很好照顧。每到夏天，我們全家的必訪之地，包含美濃水圳、黃蝶翠谷雙溪，還有屏東萬巒的五溝水。

第一次踏上五溝水，是民國一百年的春天，當時老大樂樂才滿周歲又兩個月，走起路來搖搖晃晃看似不穩，但是腳下踩出的卡通鞋啾啾聲，踏實有力，不時迴盪在老聚落的巷弄裡。這一年夏天，**五溝水的地下湧泉**，在幾場大雨後堂堂登場，水聲再度響起，我們因此有機會更貼近這個農村聚落。

由於擁有完整的客家生活文化，以及獨特的夥房建築空間，五溝水在二〇〇八年被政府（當時的「文化建設委員會」，現在為「文化部」）指定為聚落保存區，不過，歷史空間的形成，並非偶然，如果沒有「水」，五溝水難成聚落，也不會有今日的名字。

文化部網站上寫著，「……民宅大部分分布於河流的兩岸，以面向河流背向道路居多，格局以合院式夥房為主……」三百多年前，五溝水先民順自然之勢沿著水路耕種起厝。

在湧泉的陪伴下，人們一代傳著一代，在水中擣衣、洗菜、淨身、遊戲……引水入田長出作物，漸漸地，一個家變成合院，許多合院，成為一大片土磚紅瓦堆砌而成的夥房聚落。即便五溝水目前人少人也老，但集體記憶形成的認同與自信，總是讓五溝水人在談到家鄉時，一定

作者帶孩子們到五溝水享受清涼。（曾宏智／攝影）

「江南居」的曾貞妹，思維時空仍緊連日本治台的過去。（連偉志／攝影）

會冒出一句「五溝水流東，出個好相公。」

春天結束，雨季來臨，天上的甘霖化成地底湧泉，五溝水的浪漫，是人和房子在水邊，一起生活一起老。像是「至德堂」，至今已經有將近百年歷史，是九十五歲的吳榮盛老先生這輩子最要好的老朋友；客家人晴耕雨讀的價值觀，則在「觀海山房」一覽無遺，正廳內供奉的孔子，表現五溝水劉姓家族嚴謹的治學態度；和興夥房「穎川堂」，是五溝水唯一的四合院夥房，目前管理者鍾魁上積極投入夥房保存工作，是社區發展重要推手；而「江南居」內平靜的空氣裡流動著濃烈的思念，屋子裡不時傳出年老而滄桑的嗓音……

3 阿婆的時空記憶膠囊

我永遠忘不了這一天，正是民國百年入冬之際，寒露才剛過半月，到立冬還要再等上兩個星期，照理說，來自北方的冬候鳥現在應該正在南飛避寒的路程上。我的田調行程主要是記錄老夥房的修復，這天唯一的一站是「江南居」。

八十六歲的婆婆曾貞妹，是「江南居」家族的管理人，她的時空尺度與思維記憶，都跟日本治台的過去脫離不了關係。

問她是民國哪一年次的，她回答：「佢係昭和二年出世个。」（我是昭和二年出生的。）

問她年輕時曾做過什麼，她驕傲地說：「喔！日本人轉去以後，佢逐日都坐火車去高雄糶米，生意好个時節，高雄、屏東兩片來來去去，一日會坐兩、三轉。」（喔！日本人回去以後，我每天都坐火車去高雄賣米，生意好的時候，高雄、屏東一天會來回坐個兩、三趟！」）

如果情緒一來，她隨興就可以唱出一首首的日本傳統民謠，每唱完一首，還能馬上流利地說著歌曲背後的故事和她被揪扯的心情！

貞妹阿婆勇敢、獨立、樂於分享，但也讓人有些心疼。訪談到一半，她拿出一疊珍藏已久的相片，向我傾訴家裡每個人的故事。

「這係𠊎頭家，人當好、當善良。佢過身咧，也毋過𠊎下二擺係還有機會做人，𠊎還愛嫁分佢。」（這是我先生，人很好、非常善良。他已經走了，如果我下輩子有機會做人，我還要嫁給他。）（本書文章中客語的「他」，大部分以美濃的腔調「伊」為主，但內埔曾貞妹阿婆，說的腔調都是「佢」）

「這係𠊎个屘女，當有名个畫家，頭擺開畫展，馬英九還有來參加。抑毋過，佢嫁到加拿大欸，个跡仔逐日當冷。這係佢仔徠仔，當緣投喔！」（這是我小女兒，是很有名的畫家，以前開畫展，馬英九還有來參加。不過，嫁到加拿大了，那裡每天都很冷。這是他兒子，很帥喔！）

「這係𠊎屘女个妹仔，𠊎孫女啦，混到阿美，有靚吼？佢講愛買高睜鞋還有皮包分𠊎，𠊎講：『恁仔阿婆行路會跌倒喔！』」（這是我小女兒的女兒，我孫女啦，是跟外國人結婚生的，很漂亮吼？她說要買高跟鞋和皮包給我，我說：「這樣阿婆走路會跌倒喔！」）

「這係𠊎第二个徠仔，待到台北秀朗橋个跡仔，係攝影師，佢个妹仔差毋多愛嫁人欸。」（這個是我的二兒子，住台北秀朗橋那邊，是攝影師，他女兒快要嫁人了。）

「這張一大陣牛，係𠊎第二个徠仔去非洲三年㨿拍到个，佢當認真、當專業。」（這張有一大群牛，是我二兒子去非洲三年才拍到的，他很認真、很專業。）

「這係𠊎个大徠仔，甲阿扁同年，年紀平大。」（這個是我大兒子，跟阿扁同歲，年紀一樣大。）

「這𠊎个大妹仔，今下也老耶，逐個月會搖手𠊎去拿藥仔。」（這是我大女兒，現在也老了，每個月會幫我去拿藥。）

阿婆的家人，飛得越遠的在相片中出現的頻率越多，相片是她的時光膠囊，每看一張有如開啟一顆膠囊，過去的人生、舊時的日子，好似又活靈活現地重現在夥房的禾埕上。聊到最後，貞妹阿婆抬起頭看著我，慢慢說著：「假使無護貝个話，這恁多相片會黏共下，就看毋清楚咧。」（如果沒有護貝，這些相片會黏在一起，就看不清楚了。）

4 紅薔薇

二十二歲從內埔嫁到萬巒，超過一甲子「江南居歲月」，貞妹阿婆記得一清二楚。她一再強調：「𠊎係老耶，也毋過𠊎還係當記得，像係做細妹時節學个日本歌，𠊎全部都無添放核。」（我年紀雖老，可是我記性很好，像是小姐時候學的日本歌，我一首都沒忘。）

還沒等我們請她高歌一曲，阿婆直接自己來。她吞了吞口水、吸了口長長的氣，慢慢哼出

〈岸壁の母〉。

我聽不懂歌詞意思，可是在阿婆婉轉、有力、還有完美抖音的歌聲中，可以感受到一股悠遠的憂傷流瀉而出。歌末，阿婆還用日語，唸了一段演歌口白。

唱完後，阿婆向我們解釋：「這係有故事个歌，講一个細徠仔去做兵，佢个阿姆逐日徛到港口等佢轉來，衰過个阿姆，等到最尾淨等到拐杖，徠仔都無轉來。」（這首歌是有故事的，一個當兵的兒子去從軍，媽媽每天在港口等孩子回來，可憐的母親啊，等到最後只等到手上的一柱拐杖，兒子都沒有回來。）

一樣不等我們開口問，貞妹阿婆馬上堅定地說：「偃有去問人喔！偃聽人講，佢个徠仔無死，係坐船到上海看病咧，可惜等到徠仔身體好欸，轉去日本尋阿姆个時節，這阿姆早就過身咧！」（我有去打聽喔！我聽人家講，她兒子沒有死，是坐船到上海治病了，只可惜等到兒子復原，回到日本找媽媽時，媽媽已經不在了！）

聽到這兒，我默默別過頭，將眼光越過夥房，望向陰天下的遠方！

天氣越熱，遊客越多，大家爭相到五溝水戲水，這個老聚落，就是一年爆紅這一次，可是湧泉背後，人與水的糾纏、老人與老房子的過往，才是五溝水真正雋永之處。

每每我想起五溝水，都不會忘記這平凡的一天。天氣並不晴朗，陽光時有時無，空氣中沒有什麼特別的香氣，天空飄下幾絲小雨後又毫無動靜，夥房外，偶爾傳來幾聲狗吠……打破時空灰階的，是那片綻放在雜草矮樹之間的一抹紅。那是一朵大紅特紅的薔薇和那歷經多年糊成一團的悠長思念！

五溝水湧泉文化，不只是水，還有依水而生的生態與人們。

五溝水溼地面臨險境

五溝水共有三十多座傳統合院，每個家族夥房的發展，都跟水脫離不了關係。因為充沛的地下水，造就了緊密的聚落關係，蜿蜒的水圳，描繪出人們的生活文化。可是五溝水地處偏遠，時常會有人非法運送廢棄物到此丟棄，除此之外，屏東縣政府水利處的排水工程，也曾在近年對水圳造成威脅。

二〇一二年開始，屏東縣政府為了要解決五溝水東北方萬金村與吾拉魯茲泰武部落永久屋的排水問題，開始推動「新赤農場永久屋基地聯外排水改善工程」，其中五溝水信仰中心廣泉堂前方的長流水湧泉，還有五福橋以下七百五十公尺長的溼地，都將成為污水排水道。

其實同年年初，曾有三位立法委員在立法院召開公聽會，並實地到五溝水現勘預計施工的溼地環境，也和施工單位協調出「加強溼地滯洪」、「不得開挖河床」的共識。可是過了一年之後，五溝水溼地已經被怪手入侵，湧泉也被硬邦邦的水泥完全包覆。排水工程的施工，造成五溝水的生活形態產生巨變，而累積出溼地環境的生態特性，也將一步步面臨險境。

當時在五溝水守護工作站服務的葉日嘉解釋，在五溝水才發現得到的珍貴水生植物探芹草，原本在水圳中有一定數量，可是自從工程開始之後，探芹草的野生植株已經越來越少。而站長劉晉坤說，五溝水最重要的溼地生態資源，是水草、魚類、鳥類和兩棲類，學者或研究生到五溝水進行研究，都是衝著五溝水湧泉水流型的溼地，它的生物多樣性居全台之冠。

夏天的五溝水，不只美，還讓人驚艷！尤其水底世界的樣貌，讓人直接體驗到溼地生態的重要性。五溝水的地名已經明白揭示，五溝聚落，必須有「水」才完整。可是，溼地的未來，卻岌岌可危，在人類世界裡，文化部門聽不到任何五溝水的求救訊號。這讓人不禁疑惑，具有「聚落保存區」這文化資產身分的五溝水，到底擁有了什麼保障？

文化資產保存法，從民國七十一年實施以來，歷經七次修正，為的就是要保存、活用文化資產，傳承在地生命經驗。可是到現在，三十多年過去了，政府的硬體工程，還是挑戰著文化保護的底限，以五溝水的案例來看，台灣的文化保護工作，還有很大的進步空間！

農村小詞典

【五溝水湧泉】林務局「全國湧泉溼地調查報告」中寫到，五溝水位處屏東平原地下水涵養之地——泰武沖積扇之扇端湧泉帶，終年有清澈的地下水湧出。

【岸壁の母】二次世界大戰後，留在海外的日本軍人和平民，共有六百多萬人，日本政府透過國內十個港口接收返國人民，一九五〇年，有九個港口陸續結束撤返工作，唯一還在持續撤返的是舞鶴港，負責的是中國上海和東北、朝鮮半島與西伯利亞戰場返國的船隻，直到一九五八年才結束引揚（引渡回國）。因此，當時等不到丈夫、兒子的婦人們，依然抱著最後一絲希望，一次又一次到港口站在岸邊等待奇蹟出現，這些人被當時的媒體稱為「岸壁の母」或「岸壁の妻」。後來這些故事也被拍成電影，片名就叫做《岸壁の母》。

第三部·秋

蠢蠢欲動

秋天的日子，從夏天走來，一樣熱無上限。每天幾乎是從早熱到晚，從晚熱到午夜，雖說是秋天，也不見秋高氣爽。最近幾年，秋颱多，風雨猛烈。

跨越高雄、屏東兩地的屏東平原，是台灣島上主要一年三穫的農業區。入春前後開始啟動的一期作種水稻；夏天以降的二期作申請休耕補助，不過，有些賭性堅強的中壯年農民，特別愛在這一季種大胡瓜、花胡瓜或長豇豆，為的就是希望「颱風來襲但是可別掃到我」，如此一來，市場供貨量嚴重短少，只要還有收成的人絕對能賺一筆，大賺、小賺的差別而已。

而冬季裡作呢？雖說要到中秋節後才會展開序幕，可是剛入秋，農民早已我心蕩漾蠢蠢欲動。這是因為雨水少的裡作，可以讓農民避開天候風險，至少擁有穩定收成。

初秋的夜裡，正是乘涼的好時機。孩子放暑假，田裡還長著休耕的綠肥田菁，農民也不用趕著起早下田，這段時間，是典型的農閒時刻。夜裡特別有味道。

男人們喜歡在晚上小酌或泡茶，伯公廟前、大樹下、倉庫邊、客廳裡、鴿舍旁，到處都有他們的祕密基地。道地的台啤，可以洗滌黝黑皮膚上的熱氣，如果有中部特有的高山茶更好，熱呼呼飲下肚，高海拔的茶香神奇地拂去雙眼燥熱引起的血絲。

在祕密基地，氣氛看似無事若有事，每個農民心裡都在盤算著，冬季裡作該種什麼？

阿富說：「前年茄子價格很好，去年大落價，今年如果種茄子，一定可以拿到好價格。」

松叔不這麼認為，種茄子太冒險。他觀察了很多年發現，紅豆、白玉蘿蔔的市場價格有高有低，但是從來沒有同時崩盤過，所以如果各種五分地，「絕對不怕沒收入，賺多賺少而已啦！」

莊班長說：「幹！有種一點，大家來種小番茄，橙蜜香、玉女都可以。大家一起來拚拚看，市場夠大不要怕！」

阿富又問：「聽說敏豆價錢一直很好，可是藥檢很嚴格，不容易過關。」

閒談的夜，就這樣持續了一個多月，中秋一到，美濃平原全都動起來，早晨的田裡比菜市場還要熱鬧。從整地、作畦、施肥、下種，農民蓄勢待發。

如果想在冬季裡作大顯身手，秋天絕對不能太散漫。

立秋

第13章 農民的朱博士

立秋，是秋天的開始，不見得秋高氣爽，反倒是颱風來得頻繁。近幾年，颱風旺季集中在八月，單單二〇一二年，就有四個颱風在八月拜訪台灣。最近一次，是二〇一五年父親節襲台的蘇迪勒颱風，雖然雨勢不大，可是強風橫掃全台，光是六都就有三萬多棵行道樹傾倒折損，還讓台北市中山區兩個歪腰郵筒聲名大噪。

颱風對都市和農村的衝擊，不盡相同。都市人口密集，街道上大樓林立又掛滿招牌，強風大雨對外出行人的安全造成很大威脅。在農村，農損是常態，農民不太怨天尤人，不過有些農民腦筋快、膽子大，敢於反向操作，拿颱風來下注。至於在美濃，喜歡賭一把的人愛種胡瓜或香蕉，他們會算準時間，種下預計可以在颱風期間收成的幼苗，拚的就是「颱風不會掃到我」。

空氣中的水氣，幾乎都被颱風吸走，在狂風暴雨前夕，夕陽特別炫目，雲彩斑斕無比。我站在水圳旁看著兩個農民雙手插腰聊天。阿明臉上掛著期待，口氣特別興奮，「這擺，偓看會掃到中部甲北部咧！」（這次，我看颱風會掃到中部和北部了！）

站在一旁的阿山擺，露出羨慕的眼神，「哀哉，个汝這擺好彩咧，分你賺到，又做得大船入港咧！」（哎呀，你這次好運了，給你賺到，又可以賺大錢了！）

其實，阿明更常被颱風吹光滿園心血，只是偶爾入袋的一大票遠比頻繁的災害來得吸引人。

八月初的美濃，田裡的田菁，被颱風吹得東倒西歪。如果無風無雨，白天酷熱如盛夏，只有夜裡適合散步。不過，要小心長物。

1 傳說中的朱博士

二〇〇七年夏天，颱風不少，我在農村裡還只是個記者。印象中，三天兩頭就得冒著風雨拍農損情況。也是在這段日子，我輾轉知道美濃農會有個沒有博士學歷但是大家都稱他為「朱博士」的農事指導員！

這個人，一直無緣一會，不過時常在各種場合聽到他的大名。

番茄園裡，兩位農民在竊竊私語。其中一人說：「哎呀，這問題，汝去問秀文就好咧啊，伊會甲汝講，頭麼豆還有救無？」（哎呀，這個問題，你去問朱秀文就好了，他會跟你說，番茄還有沒有救？）

晚餐後，產銷班班長和會計正忙著向大家報告，近期班上共選共計的出貨數量和金額，底下農民窸窸窣窣忙著聊天。

阿蘭妹說：「偓个木瓜葉仔看起來，像分火燒過，燥痢燥痢，毋知係著到麼个病喔？」（我的木瓜葉子看起來，就像被火燒過，乾乾疤疤的，不知道是感染到什麼病嗎？）

「汝先甲个葉仔园到朱博士个桌頂，伊就會甲汝處理。」（你先把你的葉子放在朱博士的桌上，他就會幫你處理。）一旁的阿仁嫂用手遮著嘴小聲回答。

有時候，農民對農會、政府政策，甚至時局不滿，朱博士也是站第一線。尤其農產品的市場拍賣價不好，更是要盡速處理，因為這攸關生計，農民一向不掩飾，罵得很直白，常常一把推開推廣部大門，怒氣沖沖地說：「主任啊！已經一禮拜咧，吊菜價勢賣到恁低，看以得啊？汝等朱秀文有做事無做事啊？到底有去問拍賣市場無啊？」（主任啊！已經一個星期了呢，茄子價格賣到這麼低，見得了人嗎？你們朱秀文有沒有做事啊？到底有去問果菜拍賣市場嗎？）

總之，在農會、在田裡、在產銷班、在農民泡茶的夜裡，我不斷聽到這位農事指導員的名字。

第一次看到朱秀文，是在美濃的菸葉輔導站。當時，他穿著一條西裝褲，大剌剌地走進辦公室，然後又穿過辦公桌再步出辦公室後門，停在陽光穿透的樟樹葉影下，緩緩叨起一根菸。

我小聲問旁人：「這是誰啊？」

「他是美濃農會唯一的農事指導員，農民有任何問題，一定先找他！」

我吐了口氣，心想：「喔，原來就是他喔！」

2 「那是因為妳不懂！」

對記者來說，這當然是個絕佳認識專家的好機會。想在美濃混、想跟農民搞熟、想一眼就看懂一塊田地的基本現況，這個人真的太重要了。不認識、不巴結，絕對不行！

於是，我走出門外，點頭致意雙手遞上名片，「朱先生你好，我是公視記者李慧宜，來南部採訪一段時間了，以後如果有什麼問題，還要麻煩你多多照顧！」

這位高頭大馬眼高我頂的農事指導員接過我的名片，看了一眼劈頭就說：「我啊！最討厭記者，記者都是騙子，跟我說的話，沒有一句是真的！」

罵得太直接了，我啞口無言。

我太老實、太固執，全天下記者的共業，我笑笑以對即可，但是為了回應偉大朱博士的指控，我努力讓自己融入農村。

在台北生活了二十年，我的確累積不少在農村格格不入的習性。像是追求有效率的溝通，以解決問題為目標的生活態度，或是聽話聽到一半就忍不住歸納並拉回重點的習慣。這些看似小事，可是在農村卻會讓人不自在、不舒服，讓農民覺得「不是自己人」。所以無論如何，一定要先改變這些壞習慣。

同時我也花了一段很長的時間密集「跟監」，徹底發揮「只要農事指導員去哪裡我就跟到哪裡」的最高指導原則。當時一起行動的，還有客家電視台駐地記者曾宏智，當時他正在拍攝一部關於菸葉的紀錄片《阿力伯的菸田》。

一次，天氣悶熱又不下雨，站在朱秀文的網室木瓜園裡，我們正在請教他木瓜授粉的問題。

果實健康豐收，朱老大和阿姆臉上煥發著農民的歡欣心情。

「朱博士」把農民一葉一果的疑難雜症都當成自己的責任。

聊天氣氛相當好，我抓到了一個機會問他：「耶！像你這樣中年男人，朋友很少又沒有結婚，每天就是待在園裡、守在田裡，你不會覺得人生這樣……很無聊嗎？」

他一愣，看了我一眼，轉頭自顧自地疏花。過一會兒，他一邊疏花一邊說：「那是因為妳不懂。妳看不懂農作物、看不懂環境、看不懂天氣，所以妳覺得無聊。其實，植物一直在跟我講話！妳看看，樹幹長的態勢、葉面上的斑點、花朵的排列、果實的顏色……植物每天都在告訴我，她們過得好不好？」

我又啞口無言了。

3 農妻難為

懷抱著對農村的諸多誤解與過度熱情，兩年後，我跟美濃人的朱博士結婚了。婚後第二年、第五年，大樂、小樂陸續出生，這才發現，嫁給農民真不是人幹的！

朱博士是美濃人對朱秀文的稱呼，我稱他為「朱老大」。這是沿用朋友對他的暱稱，而且我也希望這個稱呼，可以讓我那好大喜功、好為人師、好做老大的長女性格，稍微收斂一點。

我必須承認，當初決定結婚，是有一些浪漫、衝動和虛榮感作祟。當時我常想像著，朱老大會在田的那一頭鋤禾日當午，我會在田的這一角落汗滴禾下土，到了休息時間，兩個人一起坐在樹蔭下吃點心喝涼水，吹著清風聊家中瑣事，分享對農業政策的看法，還可以帶著孩子一起下田，享受一丁點兒的小幸福。

婚前，我真的一直這麼想，相信朱老大也是滿心期待。可是婚後第一次冬季裡作，朱老大的瘋狂狀態，徹徹底底擊碎我。每天早上五點不到，他一定先趕到田裡，從疏枝、疏花、灌溉、除草、施肥、用藥，到搭架子或綁網子，事情又多又瑣碎。晚上，他會回家草草吃個晚餐，等我聞到他在屋外留下的菸味時，也同時聽到他的農用車呼嘯而去。想說打電話關心一下，他總是不耐煩的說：「汝哪恁多好問啊？做農就係恁仔，有閒就要去田坵哇！」（妳怎麼這麼多問題啊？務農就是這樣，有時間就要去田裡工作！）

他一直做、一直往田裡跑、一直有忙不完的事。就算當時我已經懷有六個多月的身孕，這位即將老來得子的朱博士，根本無暇理會我。

我向娘家媽媽抱怨朱老大，她卻對我說：「今下細人仔好得還係佇肚屎裡背，等降出來以後，汝哪還有時間罵佢啊？」（現在小孩子還好在肚子裡面，等生出來以後，妳哪裡還有時間罵他啊？）

媽媽果然薑是老的辣。第二年，孩子出世，我申請育嬰留職停薪。洗衣服、洗碗、居家打掃、換尿布、餵奶……所有照顧孩子的大小事，把我搞得天昏地暗，連上廁所都要抱著孩子坐在馬桶上。有時候好不容易等到孩子睡了，打開電腦想寫些事，可是卻心浮氣躁、文思枯竭。我非常擔心，「結婚到最後會不會變成，不只做不好媽媽，連記者這飯碗都捧不了？」

這段日子，我特別少打電話回娘家，深怕自己一開口就止不住眼淚。

雪上加霜的小事，也是層出不窮，尤其是遇到一些熱心的長輩或老人家，習慣用批評來表示對孩子的關心。明明大熱天卻說孩子穿太少、稚嫩臉頰上有刮傷就說我沒剪指甲、親餵母乳無法測量孩子食量卻說我乳汁不夠，甚至還有人說母乳過了半年後就沒有營養之類的鄉野奇談……救命啊！叫天不應、叫地不靈。我腦袋裡常重複出現婦人產後憂鬱攜子自殺的新聞畫面。

我的抱怨不滿，無人可抒發。好幾次實在忍不住，大聲問朱老大：「你怎麼整天都在田裡？事情真的那麼多嗎？」

「作物天天在長大。只要去田裡，就會有事情做！」他瞪了我一眼。

「我怎麼覺得你好像只顧田裡，帶小孩的事情，全部丟給我，可是你自己卻去做你喜歡的事情？」

「汝講話差唔多哪！」（你說話差不多一點哪！）朱老大怒目回答。

我幾乎快要吼出來了，「麼个差毋多？這兩个，係麼人个細人仔？係汝差毋多哪！」（什麼差不多？這兩個，是誰的小孩啊？是你差不多哪！）

「妳不是有請假帶小孩？」朱老大義正詞嚴，覺得自己站得住腳。

「我是有請假帶小孩，沒錯！可是我不是帶小孩的機器，小孩也不是我一個人的責任。對於小孩，你是什麼？」

朱老大的口氣也接近抓狂，「𠊎做到恁仔還毋罅擺？」（我做到這樣還不夠嗎？）

「我不知道，這要問你自己！反正我也需要自己的時間。」

我不知道婚後是誰變了？還是婚姻真的讓人更認識彼此？總而言之，在我眼中，我的朱老大消失了，每天在我眼前出現的朱博士，呵護植物比照顧孩子來得拚命，幫助農民比跟老婆分擔家事更為積極。

從早上七點半到下午五點，這段下田以外的時間，朱老大都在農會推廣部上班。他開會、辦研習，寫計畫、結案，幫農民媒介植物醫生，還有颱風期間最忙，要陪各級長官視察災情。他的辦公桌面很經典，堆積如山的報告、公文和書籍，文件上常躺著病株、枯葉、變異果實，各種奇形怪狀的農作物，都是農民要傳遞給他的田間情報。

後來我從他同事口中聽到，「我們朱博士喔！之前種木瓜、現在種番茄，都是種給農民看的啦！給農民親眼看成果，農民才會相信他的做法。這樣，農事指導員講的話才有人會聽。」這一刻，我既驕傲又感動，果然是認真、專業的朱博士！可是現實生活於我，當博士成為家人，成為我孩子的爸，一切就不是這麼回事了。

朱老大曾說：「我以前的女朋友，很不喜歡我務農，假日一到就要我陪她去逛街看電影，可是我只有假日才能長時間待在田裡。不過妳很不一樣，我一有空，妳就把我趕下田！」

我想，這就是朱大哥會在東挑西揀撐到四十多歲之後，才決定結婚的原因吧！但是他只知其一不知其二其三和其四！其二，是我想下田，其三是，我想帶孩子下田，其四最重要，「朱博士請你記得，小孩出生了，沒辦法塞回去，大家得一起分工合作照顧孩子！」

4 農民爸爸的父愛

寫了這麼多，沒有結論但要標重點！兩個孩子是我的；朱博士的孩子，在田裡。任何人只要看到他在田裡的樣子，絕對可以略知一二。

他總是沉穩緩慢，邊走邊看、踮腳彎腰，一一向每顆番茄打招呼。發現異狀，他會伸出厚實粗糙的雙手，輕輕地觸摸病葉、花序或剛結的小果，眼神充滿愛意。回到家看電視新聞，他會突然走向書桌，拿起「××栽培與生產診斷」、「植物與植物生理」或「病蟲害綜合防治專輯」這類書籍。他一翻再翻，扶起眼鏡細看了一會兒，陷入沉思再劃線寫重點……

有時候到了晚上九點，他還會說：「我去某某人家坐一下，聊一聊最近大家田裡的情況。」接著就頭也不回地離開了我們母子三人。我的先生、孩子的爸爸，就這樣消失，他的父愛，全給了田裡的孩子！

結婚終於超過七年關卡，我越來越確定，我並不適合婚姻，尤其是大家庭的生活。而美濃農民最愛的朱博士娶了我，日子也不好過，看看旁人的妻子，再看看我，他也無奈。因為他的農婦我，不會乖乖待在家裡、不會默默等待、不會暗自忍受，時不時還會來一場止不住的演講或是如火山爆發的咆哮……

到現在為止，我們有兩次認真地思考過離婚的可能，並從這個可能性出發，再討論各種改變以及更好的生活方向，老實說，還沒有答案。但是只要我一問：「你幹嘛不娶個像你媽媽一樣溫柔乖巧又任勞任怨的太太呢？」

他露出招牌傻笑說：「我不入地獄誰入地獄！」

只是說，要如何從地獄脫身又不傷人？大家都只能邊走邊看了！

面對植物，充滿強烈的熱情；與農民同行，身兼沉重的責任；看待氣候與環境，虛懷無比的敬意。植物，有如孩子；農民，視同父母；氣候與環境，是他的神！這是美濃的朱博士。

離開北台灣、離開吹了半輩子的九降風，我在南方的農村求生、在婚姻中掙扎、在鄉民社會裡尋找自己的一席之地，這是一條越走越難行的路。有些體會，還在情緒頭上，寫了自己舒暢但對他人不公平，有些心得，差不多告一段落，可以見人對得起自己也堪得議論！

進入秋天，一年過了一半，看著自己在農村鋪陳人生的下半場。婚姻、家庭、兒女和事業，我的未來與農村緊緊相繫，一撕開不是見血就是沒了呼吸。

我想起我跟朱老大的相遇，如同城鄉關係那樣，也有點像北部思考與南部價值的彼此衝撞，是一連串關於不理解與尋找各自定位的過程。

立秋到了。每年的這個節氣，恰恰也是父親節。以此文祝福天下的農民爸爸，快樂、平安、放輕鬆，也請記得，這個節日，是來自家裡的孩子們！

以上是不客觀不平衡不負責之老婆報導。

懷裡抱的、田裡種的一樣都是朱老大的孩子。

農村學　美濃式婚宴

第一次以自己的名字包紅包，是我大學畢業那一年，從此之後，一年內被紅色炸彈引爆錢包的機會，差不多平均是三、四次，直到現在，讓我印象最深刻的，是我跟朱大哥的婚宴。

除了新人是老娘和老郎之外，這場婚宴最特別的，是我得想方設法讓我的親友，必須、一定、絕對不能遲到。

以北部人的習慣，結婚請客名堂很多，上菜秀、火焰秀只是基本配備，新人的成長長片、主婚人的致詞，或是雙方同事、同學各自準備的熱舞演出，也都稀鬆平常。如果請的是吃中飯，一大串行程走下來，就算過了一、兩點，大圓桌上可能還只有果汁、汽水、紅酒和兩盤瓜子。

美濃人可就不同了。第一，美濃人不喜晚宴、不吃晚宴。這是因為吃晚餐很麻煩，不僅浪費傍晚涼爽適合勞動的氣候，還要提早趕回家洗澡化妝換正式服裝，吃完喜酒後又還要回家再洗澡一次，才能穿回輕鬆的家居服。第二，美濃人絕不同意讓午宴延後開席。如果開席時間定在十二點半，十二點半前一定要上菜，接著一小時內，農民們會讓自己吃飽並個個滿意打包回家。回家之後暫歇一會兒，農民又可以繼續下田工作了。總而言之，務農是主體，吃喜宴再怎麼重要，還是要配合田裡的工作。

這就是美濃式的婚宴，必須、一定、絕對不能遲到。如果過了開席時間，菜還沒有上桌，不只一個個參加的農民，會陸續親自向新郎或新娘的長輩反映，更掛不住面子的是，以後只要人們想起這場婚宴，就只記得一件事，「吼！个╳╳哥討新臼，開席時間過核，還毋曾出菜啊！」（吼！那╳╳哥娶媳婦，開席時間過了都還沒有出菜啊！）

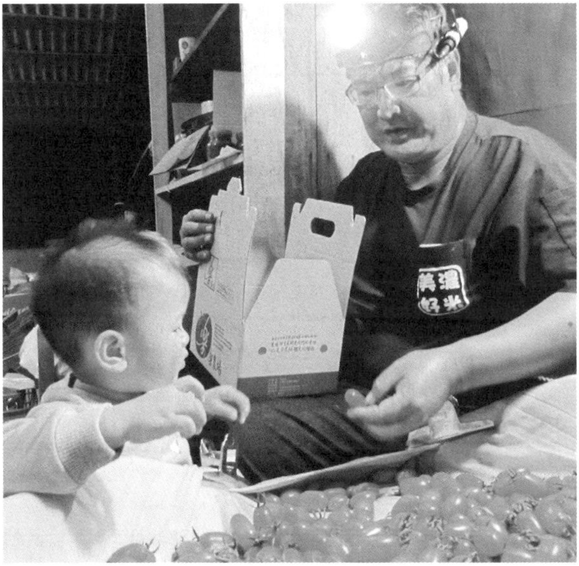

農村小詞典

【共選共計】農民合組產銷班，班員所生產的農產品，以「共同選別，統一計價」方式出貨給果菜拍賣市場。這種制度是農民打團體戰，透過穩定的數量、誠實分級的品質與價格，建立農產品的品牌。

處暑

第14章　菸葉將綠

還不滿三歲的小樂，表達欲望很強，好奇心也是如此。最近晚上帶他到田間小路散步，月亮的陰晴圓缺都讓他遇到了。

上弦月高掛時，他會喊著：「彎彎的太陽，太陽彎彎的。」

如果遇到農曆十五、十六，月娘又圓又光亮，他會指著天空說：「媽媽，月亮為什麼要一直跟我們啊？」

「因為小樂喜歡跳來跳去，月娘怕你跌倒，所以要跟著小樂啊！」

「哪有啦？我很乖啦！」小樂抓抓頭，顯得不好意思，用撒嬌的口吻說。

不等我說話，這孩子自顧自地唸著：「月光光、秀才郎、騎白馬、過蓮塘……」

這首客家童謠，是我很小很小的時候，爸爸唸給我聽的。四十多年過去了，現在換很小很小的小樂唸給我聽。

處暑前後的這一段時間，有風有雨，白天熱氣漸漸消退。八月，是屬於父親的月分，而二〇一五年的八月中適逢農曆七月中，是爸爸過世的十年忌日。特別想念他。

廣東梅縣的菸田與老房子，幾乎與美濃相同。

父親老家堂號正門口。

1 女兒的大玩偶

鄉下，特別忌諱在農曆七月買車、買房、結婚或遠行。像是老媽，就不喜歡孩子在鬼月去河裡游泳，不過那個我家鄰居口中沒家教的長山人（台灣部分客家庄以長山人〔唐山人〕來稱外省籍老兵）老爸，卻擋不住我們姊妹的央求，常偷偷帶著兩個女兒下水抓魚摸蜆仔。到現在只要想起父親，我腦海中都會浮現一個仰視逆光的強壯身影，張著一口大白牙對我微笑！

爸爸是出生在泰國曼谷而祖籍在中國廣東的客家人。據他說，當年約莫十歲出頭，他捧著父親的骨灰返鄉安葬。幾年後，不滿二十歲，被族中長輩安排婚事，但他不從負氣離家。為了混口飯吃，老爸糊裡糊塗地跟著國民黨退守的軍隊一直往南方移動，等他發覺狀況不對勁時，他人已經搭上往海南島的軍艦，後來又陸續輾轉到香港最後落腳台灣。

一九四八年或一九四九年，爸爸在高雄港上岸，曾經在嘉義、台中、苗栗、桃園的部隊待過，一直都是個駕駛兵。

一九六〇年代中期，他將在泰國的母親接到台灣生活，母子兩人受到桃園龍潭九龍村李水藤先生特別照顧，住在李老先生的水車房內。因為是同宗的關係，爸爸尊稱李老先生為叔公。

二〇〇五年夏天，我循著爸爸的日記，找到李老先生的夥房和那個水車房的遺址，看到爸爸在年輕時曾經下水淨身的池塘，也聽著當地老人訴說當年祖母因為洗衣跌落池塘的故事。

跟許多外省老兵一樣，老爸身上總有說不完的離奇故事，倚在他的身邊，一邊聽一邊看著他手臂和小腿上的槍傷，我常常有種錯覺，似乎戰爭才剛剛結束。

我的世界裡，充滿和平與良善。爸爸是全宇宙最美好的人，他從不打我、罵我，雖然媽媽常說家裡沒錢，可是爸爸讓我什麼都不缺。小學畢業前，我們一家住在新竹橫山台三線上的一個小村子裡。兩、三百戶的人家沿著油羅溪北岸，長出長條形的村莊。跨過寬廣河面的新興大橋，是爸爸帶我們到南岸歷險的時光隧道。

那個年代，村子裡沒有補習班。學校一放學，爸爸會帶著我、妹妹、表妹和鄰居一夥孩子們，到派出所後方爬龍眼樹。老樹主幹最高處岔出的枝枒，是我佔據的老位子。

夏天白日長。我們一夥人，會到河裡的大石頭上跳來跳去。有時候站在最大的巨石上放眼河岸兩邊，田野盡是黃澄澄的稻田，等到阿兵哥收割後，農民們會撒下油菜花籽，秋天的稻田化身為明亮燦爛的大花園，一點兒都沒有入秋的蕭瑟感。

面對這樣一處谷津田，老爸曾說：「爸爸頭擺个老屋家，有山有水有田有禾仔，今下汝等也係佇相同个地方生活。」（爸爸小時候的家，有山有水有田有稻禾，現在的妳們，也在一模一樣的地方長大！）

2 很遠很遠的地方

據我國中時代的印象，爸爸有一本族譜，最早記錄的時間是在唐代，內文裡頭寫了一堆姓李的名人，像是李世民、李白都有。那個時候我問爸爸：「連皇帝甲詩人都係倨等个親戚喔？」（連皇帝和詩人都是我們的親戚喔？）

老爸用他一貫的大嗓門說：「倨哪知啊！可能寫族譜个人唠雞胘喔！」（我哪知道！可能寫族譜的人亂吹牛吧！）

不過，當時他倒是很確定的跟我說，女人是不能上族譜的。

為了給我上升學率高的大校，上國中前，我們全家搬到熱鬧的竹東鎮。我印象很深刻，搬家後，家裡開始出現一些從泰國、美國寄給爸爸的信，只要一收到信，他總是收起招牌笑臉，獨自走進房間關上房門好久都不出來。

忘了哪一年，但我記得很清楚那天的顏色和味道。

暖烘烘的夕陽，穿過一整面走廊西側的落地窗，投射到日式老宿舍的木質地板，窗影打在紙糊而成並吸飽水分的厚重推門上。媽媽一人在廚房忙著張羅晚餐，此起彼落的鍋鏟聲，攪拌著蒜頭爆香的氣味，濃郁而強烈地傳送到依然還高掛前總統玉照的客廳裡。我循著一股不尋常的悲傷，看到了爸爸對著信紙啜泣而起伏不定的背影。

那天晚餐，像一世紀那麼長。面對爸爸的反常，我的腸胃有如堅石無法蠕動。幾天後，我偷偷翻看那些每封都至少五、六張紙的信件。信上的字體，是怪模怪樣的簡體字，書寫的筆跡，看起來像出自小學生或半文盲，文句不通順，而且使用的筆很差，每個字寫來幾乎都斷水。寫信的人，自稱「大哥」，稱爸爸為「阿二」，他寫了很多關於家裡很窮、田裡收成差、沒錢給孩子讀書、老房子被政府收走、祖墳破損無力整修的種種。最上面一封信，明顯不是這個人的筆跡，一張信紙上，簡單交代「大哥」已經過世的消息，信末的日期是老曆七月七日。（梅縣當地農民稱農曆為老曆）

這些，都是爸爸的家書。偷看信的這一天，我突然明白，原來我還有很多家人，住在很遠很遠的地方，而父親也是從那裡來的人。

上了大學，接觸到一些書和朋友，我開始知道，客廳裡掛的那張相片，並不是小時候看魚逆流而上、長大後親民愛物的偉大總統，相反的，他的手上沾滿許多人的血跡。當時這對我衝擊很大。

大二那年，我從台北回到新竹，我用國語問爸爸：「二二八的時候，你來台灣了沒有？」他反而問我：「二二八係麼个？」（二二八是什麼？）

我很氣憤，吼著說：「你是中國人，我是台灣人，我們不同國家！」

「伊降汝、畜汝，毋好讀一息仔書，就覺到自家當會。」（他生妳、養妳，不要讀了一些書，就覺得自己什麼都懂。）媽媽一改平日溫柔的口氣。

我知道我不對，但我當時真的很害怕，很怕爸爸曾經殺過台灣人。

3 落地生根？落葉歸根？

二〇〇五年年中，我曾經利用到中國廣東參訪的機會，到爸爸的梅縣老家走一趟認親戚。雖然爸爸那邊親人說的客家話，一樣是所謂的四縣腔，但我從小四海腔（四縣腔與海陸腔混雜的腔調）說習慣了，他們講的話，我沒幾句聽懂，但我狠狠地記住回爸爸老家的路。

二〇〇六年初春，爸爸過世前半年，我開車載他到南寮漁港。父女倆奮力爬上海堤勘察地形，就因為他說了一句：「這片有汝等，个片有𠊎个祖先，要顧到兩片，就甲𠊎放到這片个海好咧！」（這邊有你們，那邊有我的祖先，要顧到兩邊，就把我放在這片海好了！）

然而，老爸越老越像孩子，沒過多久又改變主意。他說：「無就埋到這片好欸，反正就係落地生根咩，假使留到台灣，汝等要掛紙過方便。」（不然就葬在這邊好了，反正就是落地生根嘛，如果留在台灣，妳們掃墓比較方便。）

這一年，爸爸身體狀況明顯下降，多次進出竹東榮民醫院，有次出院回到家，他又提出新想法，「汝等都係細妹仔，下二擺都係要嫁人，轉妹家掛紙無恁方便，𠊎還係轉去大陸過妥當！人，就係要落葉歸根。」（妳們都是女孩子，以後始終要嫁人的，回娘家祭祖不方便，我還是回大陸比較妥當！人，就是要落葉歸根！）

就這樣來來回回不知道多少次，有一天我陪爸媽吃晚餐，爸爸剛吃完飯正擦著嘴，我問他：「汝考慮好吂？台灣、大陸，還係海裡肚？」（你想好了嗎？台灣、大陸，還是海裡？）

他沒多想就說：「大陸，侹還係轉去侹爺哀个好欸！」（大陸，我還是回我爸媽那裡好了！）

我說：「侹驚汝又改來改去，也驚其他長輩會有意見，侹去拿機器，汝再過講一擺。」（我怕你又改變心意，也怕其他長輩會有意見，我去拿機器，你再講一次。）

這次錄影，是爸爸人生中唯一一次出現在我的鏡頭裡。

4 帶爸爸回家

二〇〇六年閏七月中，在昏迷一星期後，爸爸安詳辭世。同年十二月底，我請託梅縣老家的大堂哥，幫我先處理老爸的墓碑。我們決定，二〇〇七年四月清明，全家一起陪爸爸回家。

為了老爸的返鄉路，我跟大我二十歲的堂哥通過幾次電話，其中一次兄妹兩人爭執不下。

堂哥問：「老妹啊！碑石項，子孫个名仔要刻麼人？」（老妹啊！墓碑上，子孫的名字要刻誰的名字？）

我回：「就刻侹同侹老妹个。」（就刻我跟妹妹的。）

他又問：「有細徠个名仔做得刻上去無？」（有沒有男生的名字可以刻上去？）

「無。」（沒有。）

他竟然直接建議：「先佬汝無就琍君妹个細人仔安名，侹等做得先刻上去。」（先為妳或琍君妹的小孩取名，我們可以先刻上去。）

我大驚，「佴佬佴老妹都無結婚，也無細人仔啊！」（我跟妹妹都沒有結婚，也沒有小孩啊！）

「毋怕，做得先安、先刻。」（沒關係，可以先取名先刻上去。）

「佴等無一定會結婚，也無定著會有細人仔。」（我們都不一定會結婚，也都不一定會有小孩。）我克制住口氣，並向堂哥強調。

「毋怕啦！先安名刻好碑石樣講。」（沒關係啦！先取名刻上去再說。）

「也毋過麼人知佴佬佴老妹會降細倈仔無？」（可是誰知道我跟妹妹會不會生男生？）

他肯定地表明：「佴也毋知啊！抑毋過，做毋得無細倈仔名，做毋得！」（我也不知道啊！但沒有男生的名字，不行！）

我近乎懇求口氣說：「發哥，拜託汝咧，哪有可能儘採安個無人个名仔諾？」（發哥，拜託你了，怎麼可能隨便取個沒有人的名字呢？）

他語氣不悅，「汝恁仔愛佴仰仔做事？分鄰舍親戚知到，佴會分人講話啊！」（你這樣要我怎麼辦事？一旦給鄰居親戚知道，我會被人講閒話啊！）

最後我再重複一次：「淨伸佴佬佴老妹个名仔，做得刻到碑石。」（只剩我跟妹妹兩個人的名字，可以刻上去。）

二〇〇七年四月一日，老媽、我、妹妹還有妹夫，再加上一位我的同事攝影師，一行五人，

廣東梅縣隆文村東市集，與台灣農村頗為相似。

和台灣菜市場一樣，梅縣市集的小農攤位多半是由農家婦女打理。

打早從新竹出發前往中國。在地圖上看，梅縣和新竹不遠，將近六百公里，可是從坐飛機、搭船到包車，我們花了整整十六個小時才到。

爸爸的骨灰罈由妹夫抱著走下車，我瞄了一下手錶，八點零六分。一抬頭，看到堂哥阿發正在拭淚，他臉上的表情有悲傷、有開心，似哭似笑地扭曲在一起。

在發哥的引導下，我們避開正門，穿進屋旁的窄巷再從側門進入一棟三百多年的老夥房。夜裡很暗，我們跟著堂哥的腳步，好幾次左右轉向又跨過三、四個門檻，終於走到一間小廂房。房門前，立著一張方形高桌子，看起來是放古董花瓶的那種。

發哥輕聲對我說：「二叔佇外地過身，對祖先不孝，轉來做毋得入大門，暗晡夜暫時分伊佇這片休息。」（二叔在外地過世，對祖先不孝，不能走正門回家，今晚先暫時放在這裡休息。）

隔天一早，推開嘎嘎作響的老木門，映入眼簾的，是層層疊疊的山巒和村莊邊緣的幾個小山頭。迎接爸爸老家的第一個清晨，每個人都精神百倍。中午前，我們爬上山腰祖墳旁的大樹下，站在高處眺望老爸的老家。

清明時節雨紛紛。我們身旁的油桐花開得放肆，對面群山綿延不絕，濃淡分明的嵐氣纏繞著山的腰身和脊背。往下一望，鎮上的屋舍、田園、水塘，籠罩在一片朦朧水氣之中，一條溪流如細蛇蜿蜒流過田野，裁切出平原的紋理。山下的圍龍屋和老夥房，是爸爸的成長之地，以後在墳中安息的他，低頭一看，隨時就能看到自己的家。我突然想起，爸爸在我小時候說的那些話，原來他的家鄉，真的就是這般風景。

人死後能落葉歸根，是好事。骨灰罈入新厝這一天，發哥買了個大紅紙炮，說等爸爸的骨灰罈一安座好就會燃放。在此同時，山下的祠堂也有一些親戚等著，他們只要一聽到山上的炮聲，也會在祠堂裡跟著放鞭炮。如此一來，山上山下輪番燃炮，炮聲迴盪在山谷裡，表示有一家的遠方遊子，終於回到祖先的懷抱。這是大喜事，要讓全世界知道！

5 秋菸和春菸

停留梅縣四天，正值一期作期間，老爸家鄉的田野，幾乎沒有種稻，一半以上的田地，都種植菸葉。明明是老爸回家，可是看著菸田，嗅著空氣中微微的農藥味，我彷彿置身台灣的美濃，唯一不同的，就是梅縣不見烘烤菸葉的菸樓。

問了問當地農民，他們說菸葉採收後，會直接送到製菸工廠，生產的香煙就是梅縣特產「五葉神」。這「五葉神」可神了，一包人民幣二十元，折合台幣九十元，可以在當時市集買到一隻宰好的肉雞。

美濃種的是秋菸，梅縣種的是春菸，不過大片大片正綠帶毛的菸葉，令人想起美濃、想念台灣。我在爸爸的故鄉，不斷想起台灣的家鄉。竹東的外婆家、美濃的族譜上，那些兩、三百年前單靠走路、偶爾坐船、奮力戰鬥、辛勤墾拓的祖先們，實在太勇敢了。

謝意與尊敬在我心裡油然而升，台灣這座島嶼的一切，並不是我們眼中的理所當然而已！

我很感謝老爸，他最後選擇落葉歸根擁抱父母，也讓我得以有機會站在他的故土上，理解到小小島嶼才是我的歸宿。爸爸的回鄉之旅後，我的返家路程正要展開，因為在台灣，還有個爸爸赤手建立的家園，正等著迎接我們。

處暑後是白露，也是菸農假植菸苗的時節，再過一陣子，將再看到又大又綠毛茸茸的菸葉了！

鳥仔，一蕊花

外背个日頭照等樹仔
樹頂个鳥仔唱出一蕊花
花香个味緒傳到間房
凳頂个汝緩緩講出心肚話

行路莫遽　做人毋好恁赤
莫添放　添放核鳥仔唱出个蕊花

天頂个雨水打到屋簷下
屋簷下个鳥仔唱出一蕊花

鳥仔，一蕊花（華語版）

外頭的陽光照在樹間
樹上的鳥兒唱出了一朵花
花香的味道傳入房間
椅子上的你緩緩說著心裡話

走路莫快　做人不好那麼張牙舞爪
不要忘記　莫忘鳥兒唱出的那朵花

天空的雨水打在簷下
屋簷下的鳥兒唱出一朵花

花香个味緒傳入廳下
廳下肚个汝慢慢講出心肝話
照顧屋家　做人毋好恁赤
莫添放　添放核鳥仔唱出仔个蕊花

花香的味道傳進客廳
客廳裡的你慢慢說出心裡話
照顧家人　做人不好那麼張牙舞爪
不要忘記　莫忘鳥兒唱出的那朵花

農村小詞典

【谷津田】源自日本里山概念，在山與山之間河谷沖積地上的田野，是淺山丘陵的一種環境類型，擁有水田、埤塘、水路、森林、旱地、聚落等多元棲地，生態系統豐富。

【假植】苗木被挖出來後不立即定植，而是暫時栽植在無風害、凍害和積水的小塊土地上，為苗木栽種或出圃前的一種臨時保護性措施。

白露

第15章　歐吉肖粉鳥

以前生活在北部，早在一個月前，入夜就有涼意了。現在蝸居美濃，時節都已經到了白露，晚上還是悶熱，非得等到子時後，夜風才帶些微爽。

這幾天白晝早晨，空氣透淨。遠方的笠山，除了片片樹林之外，稜線上的一棵棵樹木，清晰可見。北風漸起，稀微的吹往南方，站在三樓眺望，可以聞到一絲絲隱藏在風中的秋天氣息。

我想起盛夏日頭，豪邁放肆地呼呼喘著南海的水氣，把柏油、檳榔花香和陣陣似有似無的雞屎味，都揉進奮力竄升的熱氣流裡。不過，此刻初秋的微風很不同，她從北島遠來，順著中央山脈轉個身壓低身子又攀過黃蝶翠谷往美濃平原滑行，時而輕吻休耕田裡的田菁花瓣、時而吹拂再生稻直挺挺的葉尖。

空氣中，混雜著青草、綠葉、樹林、山巒的溫柔吐納，那是來自山的、北方的氣味。此時，我靈光乍現，想起「風味」二字，是不是就是這個意思？

1 菸業盛逝

現在美濃的二期作，種的最多的綠肥作物就是田菁。

經過一個多月的生長，平原上的田菁，長得比人還高，也都紛紛進入開花期。在豔陽照耀下，串串腋生的總狀花序，伸展出鵝黃色蝶形花冠，把一大片油亮翠綠的田野點綴得可愛活潑，彷彿四周都有小女孩的笑聲，一點兒都沒有休耕字面上的蒼涼感。

現在的美濃，只要看到田菁開花，就知道中秋節已在眼前。其實過去的美濃，早種的二期稻作即將收成，種植菸葉的前置工作，就在這個時候展開。

雖然說目前台灣的二期作，農民大多選擇休耕，不過過去菸業發展的幕後功臣，絕對不能忘記二期稻作。這是因為菸作、稻作有「互為輪作」的關係，尤其是北回歸線以南，大多採「一年三作」，也就是兩期水稻，一期菸草。

菸草具有「殺蟲兼潤苗根」的功能，有助隔年一期作的耕種，而種二期水稻，能讓第三期的菸草，較不易發生病蟲害，是菸作的「良性前期作物」，所以菸稻互輪非常恰當。

白露之後的這段時間，是二期稻作和三期菸作的轉換期，交工班農民的往來，跟著越來越頻繁。休息兩、三個月的曳引機，也要進入維修整理階段。假植的菸箱，平躺在田區周邊的白色紗龍下。田、人、機器、菸苗，大家好整以暇蓄勢待發。這是我在二〇〇六年第一次到美濃田野調查開始，都還曾經看過好些年的熱鬧景象。

採收菸葉後搬運上車，傳統上是由男性負責的工作。

農民將假植於菸箱裡的菸葉種下田。

先在美濃農業年表上，畫下一個紅點，那是西元一九六九年。全台灣菸葉面積一一九五二公頃，是歷史上種菸面積最多的一年。

再往前看看，一九三八年，美濃被日治台灣總督府明訂為菸草耕作區域之一，從此以後，美濃的命運就跟菸葉緊緊相繫，菸業極盛之際，美濃一半以上的可耕地，全都用來種植菸葉，面積高達二千二百多公頃，占台灣菸葉總產量的五分之一強，菸樓也多達一千八百多棟。

當年的美濃，菸田廣大、菸樓密布，氣勢之壯，只有「菸城」足以形容！

可是一九八七年，政府開放洋菸進口，五年後，菸葉面積急速萎縮到七四四二公頃。二〇〇二年一月一日，台灣加入世界貿易組織，同年年中，台灣菸酒公賣局改制為台灣菸酒公司，廢除專賣制度，兩年之內，台灣的菸葉面積，驟降到一一一二公頃。

如今的美濃，菸農不再種菸，外地遊客想看菸田，只能靠運氣。一期種稻、二期休耕，三期改種白玉蘿蔔、紅豆或辣椒，是老農目前的轉型策略；很多兼業的中壯農，則在三期投資橙蜜香小番茄、敏豆；當然也有人全年種木瓜、香蕉或芒果、火龍果。

2 農村的航空事業

農民轉型，平原景觀也起變化。

綠油油的廣大菸田，成了一塊塊由橙黃、青綠或豔紅拼貼的繽紛田區；二樓屋頂上建有太子樓的大阪式菸樓，一棟接著一棟頹圮、傾倒，消失在地平線上，取而代之的，是悠久歷史但到了近十幾年才開始大量冒出的各式鴿舍。

第一次親耳聽人說賽鴿，是位種木瓜的中年農友。當時，採訪很順利，離中午還有一段時間，原想多聊一些並請農友吃中飯。沒想到他竟說：「李小姐，不好意思，我先趕回家。中午前，鴿子應該可以飛回來。」

我一愣，反應不過來。

他又說：「今天是第二次的資格賽，我的鳥應該會早點回來！」。

沒多久，一個月後，又是星期天，我約了這位農友訪談。

這天，他帶了個種香蕉的朋友一道來。兩個全身黝黑滿臉通紅的農民，口嚼檳榔人手一支菸，你一言我一語滿口鳥經，絲毫沒把我放在眼裡。

木瓜農：「好得斑點這擺有歸來，至少本錢有賺轉來。」（還好斑點這次有回來，至少本錢有賺回來。）

香蕉農：「抑毋過嶄然打損，飛到瞎眼，淨做得飛到這關咧！正式打損，最後一關樣係殺關！」（不過可惜，飛到眼睛瞎掉，只能飛到這關了！真可惜，最後一關才是對決戰！）

為了湊一腳我隨性回一句：「鳥仔青瞑愛帶伊去看醫生啊！」（眼睛瞎了要看醫生啊！）

兩個農民同時看了我一眼。木瓜農友回我說：「李小姐，趕快問一問，我們要去找人泡茶了啦！」

在農村生活一段時間，就能感受賽鴿簡直就是全民運動。私下常聽到鴿友說，「隔壁的福仔伯姆也要插一份」，或是「阿明舅錢不夠，插半份就好」。久了就能理解，每個鴿舍的經營投資，絕不只當戶人家參與，親戚鄰居遠朋近友，也會是股東或當次賭局的閒家之一。

一到比賽當天，村子裡特別安靜。所有賽鴿遊戲的參與者，整天都在仰望藍天失神等待。農具間、鴿舍邊、民房陽台下、露天泡茶桌旁，聚集許多人。他們看雲量、雲狀，感受風向與濕度，緊盯遠方望眼欲穿。只要鳥蹤一現身，所有人壓抑著激動，直到鳥兒俯衝歸巢的一刻。

同時間，在廚房忙著煮菜的福仔伯姆、在菜園拔草的阿明舅媽，心情也是緊張無比。她們默默靜靜地，放大耳朵仔細聆聽……終於，聽到了熟悉的哨音，心裡一顆大石終於得以緩緩落下。「喔！吹嗶嗶咧！鳥仔歸來了。這擺應該多少可以賺一息咧！」（喔！吹哨音了！鳥兒回來了。這次應該多少可以賺些回來了！）

比賽成績越好的鴿舍，越多農友進出絡繹不絕，天天上演茶菸會，投資者、訓鴿者、觀摩者自動聚在一起，或是分析當季比賽的策略，或是分享訓鴿的方式、養鴿的經驗，甚至有些人有遠見，會先分配下季比賽的投資比例。

有些菸農世家，剛從菸田退下來，隨即便投入賽鴿這項航空事業。一個六十多歲的老農，是美濃獅山地區的菸葉大戶，前幾年放下菸葉種植。他的兒子剛滿三十，是美濃農民中的績優股，年紀輕、體力好，不怕吃苦、學習意願高。

這對父子很有趣，老的放不下，年輕人覺得老人家過時、死腦筋，他們見面時話很少，一開口就意見相左、互相比較，從種菸吵到養賽鴿，搞得夾在中間的兩個女人都很難做人。

孩子們也會被賽鴿遊戲的氣氛影響。有一回我看到，一個剛從幼稚園回家的孩子，看到叔叔就大喊：「歐吉，汝个鳥仔有幾多個歸來？」（叔叔，你的鳥兒回來多少隻？）

這聰明的孩子，平常聽多了大人的聊天內容，說起每一隻鴿子，口氣早熟。有次他還對我說：「阿姨，我們家的粉仔和花鳥很厲害，牠們專門飛颱風天的。越大風越大雨，牠成績越好。」

我問他為什麼，這小鬼竟然說出一番道理。

「因為牠們的媽媽基因好啊！體型不會太大，肌耐力又好。」

不過，這孩子的媽媽可就不開心了，只要看到孩子望著天空，學大人用力拍掌驅鳥，她會毫不猶豫打向孩子後腦勺嚇斥說：「你要好好讀書，不要學你的歐吉肖粉鳥！」

3 屢戰屢敗硬是要翻身

鴿子，是運動員、是希望，是農民致富的夢想，賽鴿吸引農民前仆後繼加入戰局。極少數的人，同時擁有優秀鴿種、養鴿技術和好運，一戰成名一夜致富。絕大部分的人，明知贏少賠多還是忍不住想海撈一筆，就算屢戰屢敗也要捲土重來。

菸樓（前方建築）逐漸退場，換成鴿舍登場，翻飛著農民賽鴿致富的夢想。

賽鴿，堪稱農村的全民運動。

對農民來說，耕種是跟天對賭，不過老天是莊家，農民輸了也不能多說什麼！可是，擁有一座鴿舍，如同擁有一個王國，高高站在上面，一次賭贏就贏了全世界，這正是賽鴿迷人之處。比上癮的人，無論輸多或贏多，都離不開這個漩渦。

曾有文化工作者在二〇〇四年非正式統計，原本一千八百多棟的菸樓，已經只剩八百多棟。如今，十多年過去，想必更少了，大多數不是荒廢，就是部分結構已經被拆除。少部分還有維護管理的，是因為農民沒有放棄務農，菸樓對他們來說，還有存放農業資材或農機具的功能。

菸樓退場，美濃傳統的菸稻輪作生產與農業文化，褪成褐色走入老照片的分類裡。不過，天際線依然熱鬧，新的、舊的、二手的繁殖鴿籠，出現在菸樓旁或豬舍裡，亮藍、淡黃、大紅等顏色為基底的賽鴿鴿舍，變成村子裡的各個制高點。一群一群的鴿子翺翔在向晚天際，農家想要翻身的強烈慾望，一次一次跟著鴿子雙翅起飛翺翔。

我們住在美濃東邊的龍肚里，隨手掐指一算，聚落周遭超過十座鴿舍。美濃共有十九里，鴿舍數量很可能已經超過還有使用功能的菸樓數量。

在ＷＴＯ浪潮翻滾之際，賽鴿競賽也在農村暗潮洶湧，捲起千堆雪，淹沒眾多老農、中壯農、輕農或棄農賦閒在家的農家子弟。這十多年來，鴿舍如雨後春筍般紛紛在美濃平原上竄出頭。這個時候，誰還記得菸田、菸樓，和冬夜烤菸的燻黃記憶呢？

農村學

翻不了身的人

癲智（化名），原本是個人名，可是現在在我們村子裡，已經是個可怕危險失心瘋的代名詞。如果要嚇唬孩子，什麼魔鬼、大野狼、虎姑婆都不夠看，爸媽口中只要緩緩說出「癲智」兩個字，每個小孩都會乖乖牽著爸媽的手回家吃晚餐。

據說，癲智是家中獨子，從小就被祖父母、父母捧在手心。阿姆跟我提過，癲智整天在家裡看電視，跟爸媽伸手要錢，活到現在都已經四十多歲了，都還沒有工作賺錢過。「這个人，無效、無用欸！」（這個人，沒效、沒用了！）

有一回我一早起床，人還沒有完全清醒，就聽到憤怒的嘶吼聲，從遠方越來越靠近。我走到二樓陽台往外看，一個披頭散髮的男人，走在一個駝背老婦的後面不斷謾罵。他罵起來時輕時重，一會兒自顧自地喃喃自語，一會兒左手叼菸、右手手指使勁指點婦人。我只聽懂一句話，「都係汝害个，害偓今晡日變到恁仔。」（都是妳害的，害我今天變成這樣。）

我看這男人有時很激動，擔心會對老婦人不利，跑回房間跟朱老大說：「要不要報警啊？我怕阿姨會被那個男人打耶！那男人是誰啊？」

朱老大回：「个就係癲智咩。毋使報警啦，過兩日自然會有人來處理伊。」（那就是癲智啊。不用報警啦，過兩天自然會有人來處理他。）

沒想到不到兩天，我們地方上的阿河就帶著他的一夥兄弟，到癲智家處理他。看到這一幕的鄰居對我說得口沫橫飛，「个癲智啊吼，一看到阿河還有伊帶來个小猴仔，嚇到險險拉尿，兩隻腳軟下來，共快佇門口跪到，甲伊仔姆媽講定，下二擺絕對毋會再過恁仔。」（那個癲智啊，一看到阿河和他帶來的年輕人，嚇到差一點拉尿，雙腳一軟，趕快在門口跪下，跟他媽媽講好，以後絕對不敢再這樣。）

不過阿爸不相信，他篤定地說：「過一段時間，無錢加油，癲智又會對伊仔姆要生要死咧！」（過一段時間，沒有錢加油，癲智又會對他媽媽要死要活了！）

阿爸說的沒錯。不到半年，癲智又開始發作了。他摔電視、摔祖先牌位，抱著瓦斯桶揚言說要自殺，為的就是媽媽不給他加油的一百元。

一聽到癲智的失控，孩子們憂心忡忡。老二小樂問我：「媽媽，癲智會不會吃小孩子？」

我聽了好笑，一再提醒他：「如果你遇到癲智，不可以叫他『癲智』喔！」

結果傍晚老大樂樂在老家遇到癲智，第一句話就問：「癲智，你們家有沒有腳踏車。」

我緊張地問樂樂：「那癲智有生氣嗎？」

樂樂回我：「沒有啊！癲智笑笑的，沒有跟我講話。」

我想像著，癲智曾經是個孩子，也一定叛逆過，或偷偷喜歡過某一個女生，也或許想過出外打拚成就事業。可是現在的他，恨自己、恨父母、恨這個讓他無法翻身的農村。

不知道，到底是哪些因素纏住他？又拉著他往下墜落？

鴿舍改變了傳統農村的天際線。

農村小詞典

【交工班】農忙時期，田裡的工作粗重繁瑣，非單一家庭能負擔，所以農民會互助並組成「交工班」，合力投入田事勞動。南部習稱「交工」，北部則稱「換工」。

【菸箱】每年中秋節前後，菸農會把菸苗一棵一棵種到穴盤內，藉著統一管理，以控制品質、提高幼苗存活率。而集中放置菸苗的地方，稱之為菸箱。

【太子樓】大阪式菸樓建築裡，氣窗位置在本灶正上方，形式凸出，又稱塔樓、太子樓式天窗。

秋分

第16章　返生

跟春分一樣，秋分的日夜均分，清晨舒適。

這一刻，風裡的聲音特別清晰。汁液在檳榔樹幹內的維管束往上流動，構樹綠葉慢慢轉成亮黃，牛筋草根系使勁賣力抓緊土礫，還有雞母蟲在土裡轉身又睡著的鼾聲。

一抬頭，如絲絮、如棉片、如花團的白雲，紛紛乘風順勢變換隊形，有小船、舢舨像是一葉扁舟，也有貨輪、艦隊排成行列，天空有了海的藍色，越來越高越湛藍又越深遠。更多的北風，呼呼呼地吹乾了田裡的土。

農民都在等。等田土夠乾，乾到人走上去不會留下腳印，就差不多可以整地施肥種下裡作了。

1　告別菸葉，返生（客家話「返生」形容看起來快要死掉可是又活回來的樣子）

秋分的田裡，很熱鬧，聲景如蟬鳴，好似一隻領頭蟬才剛開口，整片平原就開始大鳴大放。

廣大田區上，車尾後方噴著「大力士」三個大字的曳引機，轟隆隆地來回穿梭。頭戴斗笠面覆洋巾的婦女們，忙著除草也鋤出一畦一畦的土丘。男人們打著赤腳，穿上洗得不能再薄而且滿布大小洞的汗衫，雙手緊握中耕機的兩個把手，紮紮實實開出一條條排水小溝。家家戶戶門前擺滿穴盤，假植著農民預備種下的各式小苗，最多的是辣椒、玉米、番茄和高麗菜。

早早，農民們才剛起床，一台一台的曳引機已經先搶著上工。曳引機後方一排大刀片，一刀刀切入田土，翻開一大塊一大塊的黑色黏土，隨即又把田菁、雜草一刀一刀打進黑土裡。草汁四濺、土肉齊飛，蟲兒、蚯蚓的巢穴瞬間毀滅，大夥兒忙著逃命。陽光蒸散著地表的水分，空氣中混雜著各種滋味，刺激著白鷺鷥、牛背鷺和八哥的腎上腺素。

在鼎盛的種菸時期，曳引機曾闢出菸城美濃的王土，可是在二十世紀末保護政策退場後，將近百年的菸葉產業，餘溫僅僅維持三、五年。連曾任全國菸葉耕種事業改進社總社長任期最久的美濃人張騰芳先生，在二〇一六年六月二十二日以八十六歲高齡過世，都不見任何媒體報導。菸葉的消失，快得讓人來不及看到最後一眼。

在全球化的浪潮下，農民像是被拋棄也是自由解放了。國家不再掌控公賣農作物，也不再限制耕種的項目，換句話說，就是「農民要種什麼自己決定、自己負責，跟我政府沒有關係。」

誰想得到，菸葉遠離後的這十幾年之間，農民沒死成還反而活過來，曳引機依然橫行在阡陌之間，更多更多的轉機與希望，在田野間慢慢長出來，所以，一進入冬季裡作時期，農民更忙了。各個農家會根據家中勞動力的總和、技術經驗、喜好、成本還有家族習慣，在眾多農作物之中選擇當年的冬季裡作。

發光的黃色番茄花，寄託著農民的生計期望。

腳步蹣跚的老農仍駛著中耕機整地作畦，為冬季裡作做準備。

現在的平原上，最常見的就是白玉蘿蔔、橙蜜香小番茄、紅豆和敏豆。

長在土裡的蘿蔔是白色的，成本低、技術門檻低，擁有農村傳統醃漬的文化基礎，適合推廣拔蘿蔔活動，儼然是美濃休閒農業的火車頭。而爬在架上的橙蜜香小番茄，成熟時果肉呈現橙紅色，雖然成本高，需要一定程度的技術與經驗，但只要遇到好年冬陽光充足，投資報酬率也相對比較高，適合中年農民與青年農民，現在已經坐穩美濃農產品宅配市場的冠軍。

另外，老農的最愛，是暗喻著相思情意的紅豆；還有青綠色的敏豆，不只是鹽酥雞攤位上的火紅產品，更為各重點產銷班的青農，在跨國賣場上掙出一片天空。

這白、橙、紅、青四個顏色的作物，構成了美濃後菸葉時代的農業地景。其中橙蜜香小番茄的崛起，最讓人大開眼界。

2 花蓮明與橙蜜香

二〇〇四年之前，美濃農民根本沒聽過橙蜜香這三個字，可是十年後，橙蜜香卻攻占了兩百多公頃的美濃農地。這故事像天方夜譚，要從一個移居美濃的花蓮人開始說起。

我第一次看到張振明，就覺得他的氣質跟一般農民很不同。瘦高的身材、簡潔的平頭造型、嚴謹的肢體動作、微笑不露白牙、永遠乾淨的上衣、洗到褪色的西裝褲，是他平常的樣子。

張振明來自花蓮光復，大多數人都不知道他的本名，不過只要說到「花蓮明」，聽到的人第一個反應幾乎都是，「喔！這个人厲害喔！無伊仔話，怕就無橙蜜香今晡日个成績咧！」（喔！這個人很厲害喔！沒有他的話，可能就沒有橙蜜香今天的成績了！）

台灣在一九六〇年代起，農業產值就開始被工業產值拋在腦後，花蓮明是這個時期出生的庄腳囝仔。他退伍後，待過工廠、跑過業務，四處打拚卻找不到人生出路。千禧年前七、八年，他跑到美濃找服役時期的好朋友，想在農村試試看。

無論是到工廠上班、在外地做生意，還是教書、任職警察、職業軍人，美濃的農家子弟拚命往外跑，可是我眼中的花蓮明很不一樣，他進美濃學當農夫，即便他知道在別人眼中，自己是個怪人，可是他很清楚自己要什麼。他淡淡地說：「我從小在花蓮長大，我知道我的個性，其實還是比較適合在農村生活。」

在美濃生活十多年以後，透過種苗公司業務推薦，花蓮明在二〇〇四年秋天，首度試種小果番茄。當時種的是「金橙蜜」和「橙蜜香」兩種，其中橙蜜香，只種了兩、三行。

沒想到這次種植經驗讓他發現，橙蜜香採收期長，只要氣候穩定，產量表現非常好。更讓張振明訝異的是，種在路邊的橙蜜香，常常吸引外來遊客駐足拍照或要求採果體驗，甚至在採果後拜託他協助宅配給外地的親友，這也同時開啟了橙蜜香產業宅配模式的第一步。

現在美濃的橙蜜香產業，已經從十多年前的兩、三行，發展到兩百公頃的種植面積。許多年輕農民或退休公務人員，紛紛投入種植橙蜜香的行列，一時之間，橙蜜香變成美濃最夯的農產品，其中宅配和採果體驗加起來，產值一年可上看六億。

對美濃整體的農業發展來說，橙蜜香可以說是「從天上掉下來的禮物」，而送禮給美濃的人，就是花蓮明。

3 耕種一家人

茄科植物對美濃人來說，是非常親切的農作物。一方面，菸葉屬於茄科，而菸田邊、水圳旁、屋舍隔壁菜園畸零地上種的，也有很多是辣椒、青椒、茄子這些可以隨時為家中三餐增添風味的茄科作物。

不種菸以後的農民，只要拿得出二、三十萬的成本，基於個人喜好和家族習慣，很容易在冬季裡作的眾多選項之中選擇番茄。再加上花蓮明點燃的採果和宅配風潮，短短幾年之內，橙蜜香小番茄成為農民投資的優先選項。

金仔伯，是阿爸的表哥，住在美濃往旗山路上的一個小聚落崙仔頂。我第一次到他家，是二〇一〇年的冬天，當時車子壞了，我請他的小兒子志剛幫我修車。

雖然是第一次見面，可是金仔伯、金仔伯姆非常熱情，一直對我說：「汝爸、汝姆人嶄然好喔。倨等兩家人嶄然親，倨个阿爸係汝等阿嬤个阿哥，汝看看哪，親啊毋親？」（妳公公、妳婆婆，人非常好啊。我們兩家人非常親，我的爸爸是你們祖母的哥哥，妳看看啊，是不是很親呢？）

美濃的嫁娶習俗，是標準的「肥水不落外人田」，直到我們這一輩三、四十歲的人，都還有半數是「美濃人嫁（娶）美濃人」，尤其農民的比例更高。對美濃人而言，透過可信度高的親戚或熟人打聽，才能取得詳細正確的背景和家庭資料。

六度分隔理論（由哈佛大學心理系教授史丹利．米爾葛蘭提出，依據該理論，最多只要透過六個人，每個人就可以連結到全世界的任何一個人）根本不算什麼，因為在美濃，人與人的連結根本不到二度。互不認識的美濃人，一開口就可以從發跡地、祖堂或長輩娘家開始攀親帶故，隨便一聊，都能牽上或濃或淺的親戚關係。也因此在金仔伯、金仔伯姆的眼中，我與他們的血脈關係比一般姻親更為親密。

五年七班的志剛，是金仔伯的小兒子，年紀比朱老大小但比我年長，不過每次見面都稱我一聲嫂嫂。他個性勤勉，非常孝順顧家，家裡農事如果缺人手，他一定會想辦法幫忙下田。幫我修車的那個時候，他人還沒有回美濃定居，上班的地方在高雄市區內的汽車保養廠。

年輕時期，志剛也跟大多數農村青年一樣，想在都市闖出一片天。可是，長年在高雄市打拚的他，卻因為都市消費高，根本無法存上錢，加上父母年事漸高，開始萌生回老家的念頭。

二〇〇九年秋天，金仔伯、金仔伯姆第一次種下橙蜜香小果番茄，透過農友的經驗交流、農會的訓練課程，兩老種出好成績，產量和甜度的表現，都非常亮眼。還住在高雄市的志剛，主動擔下宅配業務的推廣工作。這一年，銷售情況很好，志剛非常興奮，他感覺到離回家的日子越來越近。

不過，回家吃飯簡單，要養活一家子卻不容易。志剛常說：「每次全家人一起吃飯，都在

年復一年都是如此，農婦徒手除草，和老伴一起照顧田地。

討論農作生長的狀況，連吃飯都沒有休息，可是這也表示全家同心。」他強調，「只要家裡有人反對，就不要務農，唯有全家人都贊成的作物，才能把全家聚在一起。」

現在的志剛，整天都泡在田裡工作，巡園、整枝、摘腋芽。每每回到家，他總是把一身番茄生味兒帶進房子，好像屋內也種滿番茄似的。這個番茄味，已經成為家的味道。

志剛的太太秀春，以前是我們老大樂樂的幼稚園老師，雖然她跟著志剛叫我嫂嫂，可是我還是習慣稱她廖老師。二〇一五年年底，她生下她和志剛的第二個女兒。孩子長得像媽媽，在我懷中總是想哭，厚厚的嘴唇抖啊抖的讓人好笑又有些不捨。志剛笑著對我說：「阿嫂，下二擺又會夠悿欸喔！」（嫂子，以後又會更累了喔！）

「人生就係恁仔哩，忒閒無意思。」（人生就是這樣的啊，太閒沒意思。）我拍拍志剛的肩膀。聊不到幾句話，躺在我手中的小女孩兒漸漸睡著。愛哭的表情消失了，口鼻傳來咻咻的呼吸聲，我感覺到新生兒的心跳聲，從那起伏的胸口傳到我的胸腔裡。

新生命誕生，也是金仔伯、伯姆、志剛、秀春和女孩們這一家的新生。原本家裡只有兩個老人家冷冷清清，現在多了志剛夫妻倆和一雙女兒，三代同堂的家更為完整。志剛偶爾會取笑自己，「我過去說要回家照顧爸媽，但事實上，卻是父母在照顧我，幫助我再次回到農村。」

4 平原上的心跳

九月終於來到，休息了三、四個月的農民，正蠢蠢欲動想要大顯身手。

整地就是靠曳引機翻土。把田土翻開來，曬曬太陽、吸收氮肥，讓田地大口呼吸、伸伸懶腰。整地後是開溝。在田地上開出一條條排水溝，方便灌溉與排水。接著要作畦，農民拿著重重的鋤頭，使著內力，輕輕地推、送、挖、鏟，整出作物生長的眠床。

二〇一三年中秋節後，天兔颱風轉成強颱，越來越接近台灣。凌晨五點四十分左右，飽滿的月娘已經西沉，我在後陽台晾著衣服，接近六點，太陽漸漸升起，東方霞光彩雲滿天。此時的朱老大，已經和七、八個工人在田裡工作。

經過連續三天初秋陽光的洗禮，田土終於夠乾得可以整地作畦。我們希望趕在天兔攪局前，順利先把棚布固定在畦上，這樣颱風走後，可以馬上種下這一年的橙蜜香小番茄！

對朱老大這個愛好耕種的人來說，天氣的不穩定，反而讓他更為精神奕奕，有種要大幹一場的鬥志。我們是農家，田裡忙起來，家裡就活起來了！

美濃平原上的每個農家，也都是這樣，大家全都動起來了。過去單一化的菸田景象，被各種旱作如辣椒、白玉蘿蔔、橙蜜香番茄、紅豆、敏豆、冬季蔬菜等繽紛色彩全面取代。在天亮時分的吵雜鳥鳴聲中，大地也隨之震動，農民個個精神抖擻，正在為即將到來的冬季裡作預先準備。除草機、曳引機、中耕機、各式老鐵牛紛紛出籠，農民們趕忙下田除草、整地、作畦、落肥，構成了平原上的心跳聲。

一入秋，農村裡轟隆隆咚咚咚的，充滿生命力。未來依然充滿考驗與挑戰，農民不怕。

農村學

老農當自強

自從孩子們陸續出生後，我出門的基本配備，就是孩子和相機，簡單、隨興。美濃山系下的聚落散戶，是我時常拜訪的區域。沿著福美路由東往西慢慢行駛，右邊是美濃山系山巒起伏的鄉愁地景，左方是一塊塊方正平整、林立著假農舍真豪宅的特定農業區。車子開到美濃極西，這裡與旗山最東之間相鄰。

我帶著孩子們來到這一帶，一處看似無路的路口，激起了我的好奇心。我把方向盤打右往更偏遠處開，遇到了一對正在工作的老夫婦。這一天，是二〇一五年的九月二十二日。

遠遠地，一位老阿公，身形僵直、腳步緩慢，明明連走路都走不穩，卻駛著中耕機在小小的一畝田裡太空漫步。我看著老人，突然覺得中耕機倒像老人的助行器，在人生歲月的尾聲，繼續扶持他自信向前。

我們母子三人走向在田邊，向一旁蹲著拔草的老婦人大聲問好。

「伯姆，恁早啊。」（伯姆，這麼早啊。）

老人家抬頭看著我笑，回我：「偓聽一到，耳公還蕲然好。」（我聽的到，耳朵還很好。）

我問她：「阿伯還恁會做！看伊恁瘦，還蕲然會做喔。阿伯幾多歲了啊？」（阿伯還這麼會做！看他那麼瘦，還很會做喔。阿伯幾歲了？）

「伊喔，八十歲咧喔，偓頭家啦！」（他喔，八十歲了喔，我丈夫啦！）

老伯姆七十六歲，人很隨和，聲音宏亮。聽她說，這附近的田地屬於砂質壤土，排水性很好。雖然屬於水圳的最末端，不過地下水非常豐沛，就算不用水圳的水源，他們早年也有鑿了一口井，足以灌溉周遭兩、三甲的田地。

我問：「年紀恁大身體還恁健，要種麼个啊？」（年紀大身體還這麼好，要種什麼啊？）

她跟我說：「頭擺後生仔時節，種田、種芎蕉佬番薯輪流種，今這下老咧，無辦法做恁多！」（以前年輕的時候，是種稻、香蕉和地瓜輪流種，現在老了，沒辦法做那麼多了！）

看著眼前約莫七、八釐的田地，我有些疑惑，「這田坵無當闊，按算今年要種麼个？」（這田區沒有很大，預計今年要種什麼呢？）

伯姆停頓一會兒看看我，「偓這片係**山寮下**，仞崙猴仔緊來緊多，驚分猴仔食核，故所恁多年來，都種係辣山椒。看這猴仔還敢來食無？」（我們這裡靠近山區，山上猴仔越來越多，怕被猴仔吃掉收成，所以這些年來都是種辣椒。看看這些猴仔還敢不敢吃？）

伯姆的手指彎曲黝黑、皮膚皺褶深，看起來很有力氣。她一邊拔草一邊笑著說：「這田地當好用，毋好浪核咧！」（土地很有用，不要浪費了！）

看伯姆得意的表情，我也跟著笑了。

農村小詞典

【山寮下】客家人對山腳下的農村聚落或周邊散戶之統稱，有時候也是窮苦人家的代名詞。

寒露

第17章　關於草的愛恨情仇

寒露已是深秋，但是在美濃，絲毫沒有寒意，只有清晨露重。

東方微微發亮，田裡的表土，被夜色鋪上一層薄薄的水氣。露珠落在土香蕉尖上，像是早晨的繁星，或是平躺在香蕉嫩葉上的，映照一片爽朗的藍天和幾朵團狀白雲。

我感覺得到，東北季風越來越強烈了，那是來自北方家鄉的氣息。

我問先生朱老大：「我們北部人有說九降風，你們南部人也有這樣說嗎？」

「沒有，我們對颱風比較有感覺，颱風對我們影響比較大。」

「倨係問汝九降風，汝講到恁遠去，講麼个颱風諾？」（我是問你九降風，你講到那麼遠去，講什麼颱風啊？）我翻了翻白眼。

「係啊！倨就係甲汝講，倨等美濃人無講九降風，倨等淨驚颱風啊。」（是啊！我就是跟妳說，我們美濃人沒有九降風這樣的說法，我們比較怕颱風啊。）

我跟朱老大常常就是這樣，我講東他道西，兩個人說來說去，搞得雙方又好氣又好笑。

事後我想想，朱老大講的其實也有幾分道理。九降風是我們新竹的特產，吹出米粉、吹出柿餅，也吹出「風城」這個稱號，但是在美濃人的生活之中，東北季風跟食物、農作或祭祀的關係都不大，當然也就不會耗費精神為這陣風命名了。頂多冷風一起，老人家會看看天空輕嘆一聲：「起北風囉！」

1 農民之恨草

二〇〇六年底，我曾經認識一個美濃女孩，雖然她年紀比我稍大，也已經嫁做人婦，但是在我的心裡，依然覺得她是個女孩。

很難忘記看到她的第一眼：起伏分明的輪廓、又黑又亮的瞳孔、濃密的雙眉、白皙的皮膚、強而有力的雙腿、曲線優美的臀部，還有任性的脾氣。在大多數行事低調的美濃女孩之中，她很特別。

最有趣的是，如果我們聊天的地點在室外，她一定蹲下身子，張開那粗糙而又充滿自信的五個手指，一把一把地把雜草連根拔除。每次都是這樣，沒有一次例外。

我問她：「為什麼妳常常邊講話邊拔草？」

「講話用嘴巴講，手閒下來浪費了，可以利用時間把雜草拔掉。」她理所當然地回答。

「可是妳到哪裡都在拔耶！院子、水圳旁、廚房外，只要有草的地方，妳都一邊講話一邊蹲著拔草。」

「對啊！因為到處都有雜草。」她說得更理直氣壯，雙手也拔得更用力了。

我笑她，「妳這樣，會害我想跟著妳一起拔。」

「好啊！那我們繼續聊，也一起拔草。」她也笑我。

這是我第一次感覺到，住在農村的人，恨草是恨到骨子裡，眼裡絲毫見不得一株草。

隔年二〇〇七年春節後，透過南洋台灣姐妹會介紹，我跟客家電視台駐地記者曾宏智，找到一座位於龍肚磁磚坑的陳屋夥房──德星堂。我們把這裡命名為「仙人居」，作為田野調查、拍攝紀錄片和招待友人的農村基地。（仙人居，取自美濃人口中的「仙人」，這種人通常生理或心理有障礙，沒有固定工作，但對他人無害甚至會主動助人，最明顯的特色，就是安然閒適，不追求名利成就）

仙人居位處夥房的龍片（指夥房左邊），包含兩間廂房、一間廚房和浴室。住在我們的對面，也就是夥房虎片（指夥房右邊）的地方，是一位耀堂伯姆，她是房東的大嫂，同時是我們最親密的鄰居。剛住進仙人居時，耀堂伯姆已經七十有八，平常自己煮三餐，進出靠一台小腳踏車。她身體健康、口齒清晰，無論是過去分家的紛爭，還是近一、二十年經手媒合的農地買賣，她都能信手捻來說得一清二楚。後來伯姆膝蓋不好，常常走路沒幾步就劇痛難耐，到最後連騎車都沒有辦法。這件事情讓她耿耿於懷，總覺得非常晦氣。

一次黃昏時分，趁曾宏智和我都在家，她從廚房端出一碗飯，說這是「三姓人飯」，只要有三個不同姓氏的人吃下，她的運勢就可以從此好轉一切順利。我們當然是乖乖把飯吞下肚，至於有沒有效，只有伯姆才知道。印象中，伯姆越來越少騎車出門，每天活動的空間，漸漸濃縮在夥房和夥房周邊的菜園裡。

伯姆很喜歡種菜，種給自己吃、種給鄰居吃、種給我們吃，也種給每個星期例假日一定會回老家的兒子們帶回高雄市吃。種菜對她來說，是一種肯定，肯定她老年投資的農地有價值，也肯定她這個老人對親戚鄰居和兒女都還有貢獻。

只要提到菜園，耀堂伯姆的開場白一定是：「阿姆呦，个菜園个草生到恁鬧，好得𠊎日日拔，有閒就拔，無使个草做得囥人咧！」（唉呀，那個菜園的草長得那麼茂密，還好我天天拔草，只要有空就拔草，不然那些草可以讓人躲進裡面了！）

「伯姆，汝年紀恁大欸，跕等拔草忒久毋好哇！」（伯姆，妳年紀大了，蹲著拔草太久不好哇！）看著她年輕時負重過度造成的O型腿，我提醒老人家。

「𠊎無恁戇，𠊎有準備一張矮凳仔，坐等拔草就好欸，樣使跕等拔？𠊎無恁戇諾！」（我沒有那麼笨，我有準備一張矮椅子，坐著拔草就好了，為什麼要蹲著拔呢？我沒有那麼笨啦！）伯姆一臉得意。

「个汝蘄然聰明喔！」（那妳很聰明喔！）

伯姆想了想，還補充說：「毋單只菜園个草，𠊎連花盆个草、禾埕个草，𠊎都會拔，甲草拔淨淨，樣毋會發蟲生蟻。」（不只是菜園的草，我連花盆裡的草、禾埕上的草，我都會拔，把草拔乾淨，才不會讓蟲蟻有生存的地方。）

「伯姆，汝樣會恁惱草諾？」（伯姆，你怎麼會那麼討厭草呢？）我隨口問了一下，沒想到卻開了她的話匣子。

「偓啊！最恨草。草會發蟲、會生蟻，會妨害偓等个種作。个田坵一生草，隔壁鄰舍就會講：『哀哉，个麼人个田坵啊？一哪仔生草，樣會有人恁懶尸？』」（我啊！最恨草。草會讓蟲蟻繁殖，會妨礙我們的耕種。那田裡只要一長草，隔壁鄰居就會講：『哎呀，那什麼人的田地啊？長得到處都是草，怎麼會有人這麼懶惰啊？』）

「敢有恁嚴重？」（有那麼嚴重嗎？）

「偓等做農，分人講懶尸，異無面子啊！」（我們務農，被別人說懶惰，多沒有面子啊！）

2 除草劑

美濃是一年三穫的農業地區。大多數的農民，一期作種稻，一分地只能換得一、兩萬塊，二期作種綠肥，政府補助每分地四千五百元，要想靠農地生產掙錢，農民都盼著第三期的冬季裡作。所以到了下半年，各個農家，都認真規劃每一塊田地，只要種下去，全家一起埋頭苦幹。

種蘿蔔的要特別注意黃條葉蚤和排水；種番茄的要預防銀葉粉蝨，也要祈求老天不要下雨；種茄子的要耐心搭架、綁好固定繩；種紅豆的要特別慎用農藥；種玉米的要小心防範玉米螟；種地瓜的會用苦茶粕來防治蟻象蟲；種敏豆的別太氣惱白頭翁啄壞嫩芽豆莢。

冬季裡作時期，田地裡的每一種作物，披上各自獨特的華服絢麗登場，一向笑說自己當老闆上班從不用打卡的農民，個個早出晚歸瘋狂加班。平原底下好像埋了一顆巨大的心臟，砰砰咚咚地跳動著，持續蓄積能量等待爆發，整個美濃為之瘋狂。

而草，就在這喧囂、熱鬧的氛圍裡，以極度緩慢的姿態，靜靜地伸展出細微而堅定的力量。四處可見的莎草，開花抽穗期已經進入尾聲，不過晨曦總是把它細長的綠葉，拉出好多條更長更長的影子；等到陽光越來越烈，大花咸豐草的白色花瓣，幾乎都快要張到後背去了；牛筋草強韌有力，緊抓著地土不放，它的莖有如健美先生的肌肉那樣紋理分明。到了日正當中，農民休息去了。酢漿草一片一片低調的聚集著，固守在既有的疆土上，輕聲細語傳遞著一些不為人知的訊息……

這些各種雜草、野草、小草、不知名的草，都不知道，只要冬季裡作一到，大難即將來臨。

由於二期作，大多數農家種的都是綠肥田菁，沒有收成壓力，只要鄉鎮區公所的農業課檢查並確定可以領補助後，田菁長得是好是壞、是多是少，農民都不會在意，至於田埂上、水圳邊或產業道路旁的草，農民也都還看得下去。可是，離裡作時間越來越近，一切就不一樣了。

約莫是二〇一〇年其中一年的九月底。一早，我經過阿良叔婆家的後門，看到叔婆一身裝備齊全，斗笠、手袖和雨鞋都穿戴整齊，腰部以下圍著一張透明塑膠布。

我問她：「叔婆，恁早要去田坵做麼个？」（叔婆，這麼早要去田裡作什麼？）

一種專門抑制草種子發芽的除草劑，在美濃農村習稱為「殺草籽」。

「偓要去田坵揥手拔管仔啊！」（我要去田裡幫忙牽管子啊！）她牽著她的老式腳踏車走出來。

「汝毋係種假菁仔，仰還使愛射藥仔諾？」（妳不是種田菁嗎？怎麼還需要灑農藥呢？）叔婆笑著說：「哀哉，十月初偓愛落蘿蔔欸，要先打田落肥啊！無射草要仰仔打田啊？」（哎呀，十月初我就要種蘿蔔了，要先整地施肥啊！沒有灑除草劑，要怎麼整地啊？）

「个這貨車頂个大桶仔，係毋係除草劑啊？」（那這貨車上的大桶子，是不是除草劑啊？）我指著車上的橘色大桶問。

「係啊！」（是啊！）

「叔婆，這比例仰仔算啊？」（叔婆，這比例要怎麼調啊？）

「這簡單，就係一罐五千CC對一桶五百公升。」（這簡單，就是一罐五千CC的除草劑稀釋在一桶五百公升的水裡。）

「係喔，可以射一闊个田坵啊？」（是喔，可以灑多大面積的田地？）我問。

「就一甲咩！」（就一甲啊！）

在農村生活久了，我看農民在田裡使用除草劑，跟都市人看隔壁工廠排廢水一樣稀鬆平常。可是這麼一大桶的化學藥水，還是讓人怵目驚心。

回到家，我對正在吃早飯的朱老大說：「我剛剛遇到阿良叔婆耶，她正要去灑除草劑。」

「差毋多喔！作小冬的時間會到咧，農家愛打田啊。」（差不多喔！冬季裡作的時期快要到了，農家要整地啊。）

我提高音量說：「可是一大桶耶！好大一桶！」

「那有什麼大驚小怪的？叔婆他們夫妻七老八十了，家裡一甲多的地，不用那麼大桶怎麼夠用？」

「一定要用除草劑除草嗎？」我稍微壓低聲調地問。

朱老大抬頭看我說：「那妳去幫他們處理看看啊？」

「那不灑除草劑會怎麼樣？」

「田菁腐爛的速度很慢，而且不一致。還有，草會長很多，耕種起來會很不方便。妳問那麼多要幹嘛？」朱老大不耐煩問我。

「沒有啦！我只是想知道，有沒有可能不用除草劑？」

「很難！人工很貴、農民很老、田地很大、草很會長、農產品價格又低……所有生產條件，都很嚴苛。」朱老大低下頭繼續吃飯。

隔天，一樣的早上，我看到阿良叔公正要出門，跑過去跟他聊天。

「叔公，汝等昨晡日毋係樣射除草劑咩？仰今晡日還愛射諾？」（叔公，你們昨天不是才剛灑除草劑嗎？怎麼今天還要灑呢？）

叔公說：「係啊！侄等昨晡日射好欸，抑毋過，今年侄等蘿蔔種無恁多，昨晡日个除草劑無用核！」（是啊！我們昨天就灑好除草劑了，只不過，今年我們沒有種那麼多蘿蔔，昨天的除草劑沒有用掉！）

「係喔！个汝還要再過射一遍咩？」（是喔！那你還要再灑一次嗎？）

「毋係啦，侄想這除草劑伸下來，侄等自家用毋到浪核，就來去射社區个大路脣，無水圳邊項个草，也做得射射耶。」（不是啦！我想這剩下來的除草劑，我們自己用不到浪費了，就去灑社區的大馬路旁，不然水圳旁的草，也可以灑除草劑。）

看著叔公開開心心的開著貨車出門，我心中湧起無限疑問。

一期稻作完，田地要轉種綠肥前，要整地。二期休耕結束，田地要種裡作前，要整地。冬季裡作後，農民要種下一期作的秧苗前，要整地。只要是整地前半個月，泰半的農民一定會使用除草劑。在這些時期，很容易看到農民走在田裡，揹著揹負式的噴霧器，噴灑著霧狀除草劑。

看久了會有一種錯覺，好像農民在田裡迷失了方向，被霧氣包圍，一輩子都走不出來。

3 草香

二〇一五年十月初，朱老大剛種下橙蜜香小番茄的幼苗。某一天晚上，他才剛踏進家門，我就忍不住抱怨：「怎麼下班回到家，房間的室內溫度還是二十九、三十度啊？只要跟小孩玩一下，大家全身都是汗！」

朱老大說：「我們人流汗是新陳代謝，是好事，可是田裡就糟了。土壤內的有機肥正在發酵，土溫已經比平常高了，可是再加上這幾天氣溫降不下來，導致番茄苗的根系不敢往外長。」用「不敢往外長」來形容番茄，就好像在講人怕熱不喜動，很生動有趣。其實，番茄對我們來說，也真的如同我們的孩子一樣。

二〇〇九年十一月八日，是朱老大第一次種下橙蜜香小番茄的日子。滿懷憧憬與期待的我，剛進入農家生活，雖然大腹便便八個多月，但還是想大顯身手，在公婆面前證明除草劑不可用，只要我們意志堅強，人工下田也能對抗野草部隊。

不過我沒料到，早在我宣戰之前，園子的各種野草，就已經先發動寧靜攻勢！明明白天看到它們，是靜靜地在土裡立正稍息，可是過了一晚，嫩芽新葉就全都冒出來了，它們猛烈地吸收我們先前落下的有機基肥，一天一天快速成長。

阿姆三天兩頭對我說：「將就甲頭擺相同，除草劑射射耶過省事。」（乾脆就跟以前一樣好了，灑一灑除草劑最省事。）

我苦口婆心遊說，希望她答應我們先嘗試一年。沒想到阿姆點頭後，才是苦難的開始。

草，幾乎是用復仇者的姿態任性生長，長到鄰田農民看到我就在偷笑，長到阿姆日日煩惱愁眉以對，長到阿爸在村子裡閒聊都被人問東問西……阿姆看不過去，從十一月底開始，每天下田拔草，初次務農的我，跟著她後頭使勁拔，但進度嚴重落後。

後來為了提升除草效率，我特地去買了一個矮凳、一把小鋤頭和鐵耙子。那五金行的老闆看我挺著肚子，左手拿鋤頭、右手拿鐵耙，吃力地走到櫃檯付帳，還問了我一聲：「肚屎恁大還要去田坵做事喔！」（肚子那麼大還要去田裡工作啊！）

到了番茄園，我放下矮凳準備要坐著用小鋤頭除草，竟發現這姿勢會壓迫胎兒，肚子裡的孩子踢得我頭昏腦脹；我想想那就到後車廂拿鐵耙出來除草，誰知道鐵耙的間隙太大，根本卡不住任何一棵草可以將草拔起來。

最後我只好把矮凳、鋤頭和鐵耙，一一拿回車上，回歸最原始的方法。我雙手戴著一雙粗布手套，雙膝跪在畦溝上，像貓拉長身體伸懶腰的姿勢，慢慢慢慢的一邊跪著往前移動一邊拔草。這樣的除草速度緩慢，一個早上才完成短短三、四公尺，期間被經過的一個農婦大聲問：「哪有人恁仔拔草啊？」（哪有人這樣拔草的啊？）

接近中午的陽光，像是秋老虎出閘，我身上的棉質衛生衣幾乎濕透，一陣一陣北風吹來，全身爽快無比。兩隻大冠鷲在天空盤旋，忽悠、忽悠地彼此唱和，少數好動的白頭翁，在田邊林間的枝枒上跳躍鳴叫。除草的時候，空氣中有草的甜味、蟲的體味，還有手套上散發的土味。

到了中午時分，我起身準備回家，上車前一回頭，看到我先前除草的那一小段畦溝上，已經有好幾隻麻雀和八哥正在大飽口福，這一幕讓人覺得很幸福！

4「友善」優先

草對人而言，不全然只有缺點，草有「田地保溼」、「保護田埂」的功能，善用草也可以做好環境管理，不是每個農民都必須看除草劑的臉色才能過活。

平常假日的午後，我會帶樂樂、小樂到老家後方的山坡地上，去給土地公上香。在山區小徑旁，很容易遇到正在工作的農民，有一天，我看到三位七、八十歲的老農，都正在除草。

阿輝叔公的稻田是梯田形式，維護田埂非常重要，草反而是他的朋友。叔公對我說：「這田脣，做毋得射除草劑，一射下去，田脣就崩核欸！」（這田埂，不能灑除草劑，只要一灑除草劑，田埂就崩了。）

在稻田旁的畸零地上，阿輝叔婆整理了一小塊一小塊的菜園。我看畦溝上冒出好多小草，忍不住問了叔婆一聲：「叔婆，汝還恁會做喔？還拿等钁頭佇个鏟草哇！」（叔婆，妳還這麼會做喔？還用鋤頭在鏟草啊！）

「這菜園畜𠊎一家人，𠊎當然要保養泥肉，仰做得射除草劑啊？」（這菜園養我全家，我當然要好好養土，怎麼能灑除草劑呢？）

隔壁的阿番叔婆聽到我們對話，也跟著說：「係啊！𠊎个青仔園，從來無射除草劑。青仔樹底下種个菜，相同恁鬧。總講這田地毋闊，𠊎一个人定定仔鏟草就好咧！」（是啊！我的檳榔園，從來沒有灑除草劑，檳榔樹底下種的菜，都一樣漂亮。反正這田地不大，我一個人慢慢鏟草就可以了。）

另外，屏東東港有個農民叫做林清源，二〇一二年一期作收割後，我曾去拜訪他。他說他試著在田埂上大量種植蠅翼草，後來發現只要有適當水分，這種草就能快速生長，並抑制其他雜草的生存空間。

林清源的田埂，布滿蠅翼草、蘊藏豐富生態，青蛙會躲在草裡面覓食，以此減少稻田病蟲害的發生，另外，蠅翼草無法在水田裡生長，他也不擔心會影響稻作。林清源曾經算過，以他三十公頃的稻田，如果全都種蠅翼草，一年可以減少將近三十萬元的農藥費用。

雖然林清源的這種草生栽培法，是從二〇一〇年才開始嘗試，還沒有豐富的統計資料可以證實草相與稻田耕種之間的相關性，可是我依然深深相信，為了保護自己與田地，農民必須重新調整使用除草劑的心態和習慣，才有可能不被除草劑牽著鼻子走。

走出除草劑控制的農業，以「友善」優先，生產者與消費者的關係是如此，人與食物的互動是如此，人與生態循環之間，更是彼此留生路。

越說越遠了。總之，我這個肉腳農民的第一步，就是從不用除草劑開始做起。真心希望，每天辛苦又擔心著的婆婆，也能慢慢了解我們想要為孩子留下一些什麼的那種心情……

有沒有灑過除草劑，一眼立判！右半部灑了除草劑的田地轉為枯黃。

農村學

浪漫與現實之間

灑過除草劑的田野景觀，讓人驚心動魄。

一整片再生稻、一整片田菁、一條田埂的草相，幾天之內就從綠油油的生機盎然，轉變成枯黃乾燥彷若焦土。地球的表皮，像是染燙過度的頭髮，也像是被烈火灼燒的肌膚，而大地原本的呼吸、保濕，供昆蟲、動物棲息覓食的功能，瞬間瓦解，就像人類自律神經失調。

根據中華民國雜草學會和玉田地有限公司在二〇一三年統計，全台灣除草劑銷售量有一五六八五公噸，占了這一年農藥總銷售量四一〇三九公噸的卅八%。

我想起二〇〇七年年中，剛認識朱老大的事。那時候我和曾宏智、朱老大常約一起到農友田裡閒晃，看看作物的生長情形，觀察自然生態與農地環境的變化。當時，我對農村濫用除草劑的情況非常反感，尤其是遇到我認識的農民正在灑除草劑時，我都會苦勸對方盡量少用這些化學用藥。

農友們大多是靜靜地，沒多說什麼。倒是我說著書上的研究資料，一次比一次還熟悉。「除草劑不僅對農作物的生長環境不利，長期大量使用，還會致癌、增加畸形兒的比例，造成不孕、新生兒智能衰退，更會積存於人體，造成的影響難以想像。」

後來我才漸漸理解，田裡的草香於我是浪漫，對農民們而言，反而是無盡的夢魘。簡單地說，耕種是農民賴以維生的工具，不是耕種實驗更非姑且一試，這一季收成的好壞，不只直接決定下一季的生產成本，更會影響孩子的學費、每個月的房貸、家庭水電瓦斯費的開銷，所以，為了有效控制雜草避免降低收益，農民不得不向除草劑低頭，甚至被迫依賴除草劑。

其次，農業收益不穩、人口高齡化、機械化耕作、除草劑便宜方便，也都是除草劑被大量使用的原因。就像阿良叔婆常提到的，「亻厓毋知亻厓頭擺樣仔做過來耶？毋管種麼个，事頭緊驅人，尤其係草生到蔪然遽，亻厓緊拔伊佇後頭緊生。今老咧，拔毋動咧，實在來講，个咩好得有除草劑！」（我不知道我以前是怎麼樣做過來的？不管種什麼作物，工作總是追趕著我，尤其是草長得很快，我一直拔它在後面一直長。現在老了，拔不動了，說實在的，現在幸好有除草劑啊！）

農業生產對除草劑的依賴，是一個結構性的現象。這當中有島內農業生產的先天不良、政策的傾斜失衡，還有跨國企業的蠶食鯨吞和全球化浪潮的推波助瀾。當我從浪漫的媒體工作者、消費者這兩種身分，慢慢轉變為農村住民、農業生產者的時候，我只能嘗試展現更多農村真相，鼓勵都市的朋友，透過消費來支持農民從事更友善的生產模式。

霜降

第18章 露天的超級市場

來到了秋天的最後一個節氣，霜降。

這個時候，暑氣慢慢消退。在夜晚和早晨，地面水蒸氣和冷空氣相遇會凝結成露珠，如果遇到更冷的空氣就會結霜。在美濃，結霜的情形非常少見。

田野上的各種裡作，已經進入生長期的第一個階段。白玉蘿蔔和紅豆的種籽，已經破土發芽，也冒出心型子葉；紫色茄花、黃色番茄花、辣椒白花，不是含苞待放就是花瓣乍綻；敏豆的枝葉伸向太陽、攀架過半；南瓜的粗梗壯葉鋪地而生，覆蓋出一大片長方形的綠床。

這樣的景觀，不應只讓住在農村的人獨享。

1 農，都市與自然的介面

農，是都市與自然之中，最無縫接軌的一處環境和一種生產形態。沒有農，都市與自然之間，不僅少了淡出淡入的流暢感，更欠缺透過農作物、食物可以彼此關懷對話的介面。

水圳旁的小菜園，是食材產地也是食物保存區。農民常說：「要吃什麼去田裡收就好了，幹嘛買冰箱？」

菜園之於農家，就是最新鮮便捷的露大超市。

人隨土地一起脈動，人的呼吸，也在大自然的起伏之中。在農村，人順應生態，也破壞環境，在順應與破壞的同時，這世界又長出了一些新芽。如果都市的人，也能欣賞到更多立體的色彩、聞到不同的花香，或是親手觸摸到捲曲的藤蔓嫩葉，甚至跟著農民一同流汗、一起在田裡說笑吃點心，那該是多麼美好的事！

二〇一五年霜降前，台灣來了個糾纏長達一星期的颱風——巨爵，村子裡的農民個個擔心得要命。

這颱風先是強颱的姿態，橫掃太平洋和南海間，重創菲律賓。還好後來經過一個小小的轉身，扭捏慢步輕搖羅裙，才從中颱、輕颱漸漸化為一片水氣氤氳的熱帶性低氣壓，輕輕地滋潤著台灣這座蕞爾小島。

只要颱風變小，一切都好，農民鬆了一口氣，冬季裡作才正要開始。

此時，農村的主舞台上，有中秋節種下的橙蜜香小番茄，有國慶日施肥落種的白玉蘿蔔，也有一些是秋分時節，急性子的人種下的敏豆、茄子、辣椒、玉米、南瓜，還有這些年紅透半邊天的紅豆。

舞台側邊，燈光漸亮，一道布幕正緩緩升起，笠嬤花陸續上場。她們穿入屋旁、站上圳邊、踩進畸零地，個個好整以暇捲起衣袖，準備在田野上作畫。

2 菜園大發生

我在一個濕濕涼涼的清晨，走進龍山街上的紅豆田，看到一位老伯姆，正蹲在水圳邊，全心全意地種菜。

伯姆姓陳，這個時候七十五歲，看起來比實際年齡更年輕。紅豆是她和老伴一起種的裡作，一旁水利地上的菜園，是她個人的私密天地，就像英國作家維吉尼亞．吳爾芙所說的「自己的房間」那樣。

走在水圳旁，我邊走邊數，「一、二、三、四、五……」還沒有數完，伯姆就問：「汝算麼个啊？」（妳在數什麼啊？）「偓佇个算汝種幾多項菜。」（我在算妳種幾種菜。）「偓自家算過，十九項！」（我自己算過，十九種。）伯姆充滿自信地回答。

果然，經我一一點名記錄，這片長約一百公尺、寬有一點五米的菜園裡，有高麗菜、花椰菜、白菜、小白菜、青江菜、烏肚子、芫荽、茴香、甜椒、秋葵、九層塔、蔥、紅莧菜、芥菜、葉萵苣、皺葉萵苣、茄子、韭菜和南瓜，洋洋灑灑一共十九種蔬菜。

這小菜園可比大觀園，光是花椰菜、白菜、小白菜、青江菜這些蔬菜上的幼芽、嫩葉和老葉，隨便就超過十多種深淺不一的自然綠彩，再加上剛開花的茄子，點上一抹粉紫，爬上水圳騰空的南瓜藤，伸出一線墨綠，水利地的遠處盡頭，還有一棵年老結實的紅莧菜厚葉中心，刷出萬

陳伯姆和小娘姑分享食物、互相餽贈，正是農村人情濃郁的表現。

陳伯姆的菜園種滿各式作物，有如天然的地景藝術。

紫千紅震攝人心。這風景，看得人心跳加速。

伯姆厲害的不只於此，她的每種蔬菜，看似各據山頭，也有順其自然的隨興之作。開花中的打烏子，散落地長在葉萵苣和皺葉萵苣叢中，呈現深綠淺綠的渲染效果；在打烏子和萵苣糊成一片的綠意裡，有幾棵甜椒幼株悄悄隱匿其中，像是大合唱中不時發出的叮噹聲響。老伯姆的作品，是一幅大型的地景藝術，就差沒裱框入館供世人詠歎了。

我一邊拍照一邊走向伯姆，她一面拔草一面往我這兒移動，我們就這樣在菜園中線交會。

她問我：「小姐，這裡哪有什麼好拍啊？亂七八糟菜啦！」

「妳的菜園好漂亮，好多好多菜喔！綠色的花椰菜、白色的九層塔碎花，還有粉紫粉紫的吊菜花（客家人稱茄子為「吊菜」，吊菜花即茄子花）喔！超厲害！」我豎起拇指向她致意。

「沒有啦！剛種完紅豆半個月，比較有時間，就在這裡種點菜，自己家裡可以吃，還有我嫁到高雄的女兒，每個星期也會帶回她家煮來吃。」她淺淺地笑著說。

颱風剛過，天氣涼涼地，無風，空氣比平日清新。

沒多久，產業道路那頭傳來一台老舊摩托車的喘聲，騎車的人正是伯姆的小娘姑（客家人對小姑的稱呼）。這一天早上，她特地回娘家向大嫂求救，想到菜園採幾樣新鮮好料回婆家應颱風天的急。

伯姆一看到小娘姑就熱情招呼，「喔！共快來搻手哇！烏肚子都愛打花欸，毋食會老核啊，共快來搻手摘歸去食。」（喔！快點來幫忙啊！龍葵都要開花了，不吃就老了，快點來幫忙摘回家吃。）

嫁到隔壁庄頭的小娘姑回老伯姆：「偓等屋脣个塊地整理好勢欸，偓想拔幾條蕒仔菜秧歸去種。」（我們屋旁的那塊地整理好了，我想拔一些葉萵苣的幼苗回去種。）

「好哇！好哇！這係偓自家留个種，特別好食嶄然甜。」（好喔！好喔！這是我自己留的種，特別好吃非常甜。）伯姆開心地說。

在農村，姑嫂關係很微妙，有些是世仇，有些情比姊妹深，成因複雜。而菜園是女性的場子，可以傳遞家族訊息，也是開放式的心理輔導空間，能舒緩女性的生活壓力。說到底，菜園是食材產地也是保存區，分享食物互相餽贈，會讓原本的美好人情越來越濃郁。

我站在一旁看她們聊得開心，也忍不住插話。「伯姆，汝做人實在嶄然好。」（伯姆，妳做人實在很好。）

伯姆的小娘姑也馬上跟著說：「係啊！偓有恁好个大嫂，係偓个福氣啊！」（是啊！我有這樣的大嫂，是我的福氣啊！）

老伯姆回答：「汝等兩个人講毋著欸，係偓要感謝汝等，感謝汝等來尋偓聊！」（你們兩個人這樣講不對，是我要感謝妳們，謝謝妳們來看我！）

在菜園逗留不到一小時，我要趕到高雄市區跑新聞了。再見還沒有說出口，老伯姆神手一推，迅速把剛採好的一大把烏肚子分我一半。她看著我說：「帶歸去分屋家人食，這種菜做得退火解毒。」（帶回去煮給家人吃，這個菜有退火解毒的功效。）

我一時語塞，心裡充滿感動。這，就是農村的禮物，作物傳遞的，是人與人之間的你來我往。離開前，我又回頭看看伯姆和她的小娘姑。這對姑嫂認識超過半世紀，老了還有不期在菜園相會的默契。兩人東家長西家短，聊聊各自子女在外地的生活，說膩了又講回田裡的蔬菜，討論誰長得好、誰老得快，或是誰又長得太密太多。就這樣邊聊邊採收，採收好了，一把青菜放進水圳淘洗一陣。不一會兒，她們又或蹲或站或一起漫步，就在她們這輩子最熟悉的露天超級市場裡，細數人生的種種。

看著她們，不只入神我還傻了，這讓人嚮往的交情、令人想望的農村人生。或許我又想多了，但還是忍不住想，以後我老了，可以一起吹風逛菜市場的女伴，會是誰呢？

農村學

姆媽係泥肉（母親是土壤）

還沒有當媽媽以前，常看到一些文章，提及土地有如母親之類的描述，常感到不以為然。不過自從成為兩個小男孩的媽媽後，我慢慢可以理解，為什麼土地會被比喻成母親了。

我是個有福報的孕婦，懷兩胎完全沒有不適，吃得飽、睡得好，雖然體型變胖、腳也大了半號，但還是一樣東奔西跑四處採訪。懷老大的時候，剛好遇到八八風災，我挺著大肚上山下海拍高屏溪沿岸的災情，到淹水、潰堤地區的採訪算小事，光是甲仙小林村，就跑了六、七趟，甚至還曾手腳並用「爬」到滅村元凶的獻肚山上。

媽媽知道後對我說：「妳現在懷孕，一個人有兩雙眼睛，是一個人一輩子最有力量的時候，盡量放手去做對社會好的事情。不過每踏一步，都要很小心。」

「為母則強」應該就是這個意思！在那些親見台灣山林崩壞的採訪歲月中，我的心裡常常出現「謝謝你這段時間陪我」或「沒有什麼好怕的」這樣的句子。無論遇到何種困境，都有一股無以名狀的力量，支撐著我好好活著、快樂以對。

生產的那一天，震撼最強烈。兩個孩子的產兆，都是先破水，哥哥讓我陣痛了十六個小時，弟弟小樂八小時就生出來了。陣痛從子宮深處傳來，撞擊腹部的力量強烈，痛，越來越深、越來越長，我可以感覺到孩子在子宮內，也同時承受巨大的壓迫和推擠。

我一直想像著，陣痛是長浪，孩子跟我一起乘浪前行。我們努力脫離彼此的身體，卻也接上了更深刻的聯繫。躺在產檯上，聽到孩子第一聲大哭，我告訴自己：「這輩子，再也沒有什麼事情可以難倒我了。」

孩子出生後，又是一連串挑戰，有時候甚至會累到腦海裡出現「真想把小鬼塞回去」的念頭。可是，只要把孩子抱在懷中餵奶，所有疲勞都瞬間消失了。

哺乳很奇妙，有一種能量在母親和孩子之間流動。無論是樂樂哥哥還是小樂弟弟，喝奶的時候都非常投入，他們總是喝到全身濕透，而我也是滿身大汗，簡直就是武俠小說中一場發功對決的場景。總之，大家都「用盡吃奶的力氣」了。

直到現在，如果遇到一時難解的事，我會回想那段懷孕哺乳的日子，想像孩子穿越產道的痛楚、重現孩子閉眼吸奶的幸福，活著的力氣又回來了。

客家人說土壤是「泥肉」。土在農人的心裡，是大自然的肉，是孕育生命的溫床。

我不是那麼敏感的人，因此直到親身體會才懂得俗話說的道理。女人是水，媽媽的身體是土地，無論是懷孕還是哺乳，母身既是子宮也是食物，靜靜地供養孕育生命所需的一切條件。我看著自己，從女人變成媽媽，有如在看一棵樹成林、一滴水變海，或是方寸田地變成寬廣大地一樣，一時之間，身體不再由自己獨佔，而是變成恆溫恆濕穩定的棲地，以及過濾循環功能完美的食物轉化器。

生命如此美好！孩子藉由我們的身體來到這個世界，看似是父母無盡付出，但路程上的奇遇，反而才讓人有機會進一步探索，生命在宇宙之中的意義。

第四部・冬

冬天怎麼這麼忙？

我的老大樂樂，是自由日出生的孩子。現在每年一入冬，我很容易會想起懷樂樂的後期，那段強烈胎動的日子。那時候，肚皮三不五時大跳波浪舞，生命的強烈展現，只有身處其中的人，才能體會！

農村也是這樣。農村外的人，常常以為農村只有破敗、沒落和高齡化，可是農村裡的人，卻每天都在感受著劇烈的震撼和能量，尤其是入冬後的美濃。

一期種稻、二期休耕，對農民而言，都是運動性質。到了第三期種冬季裡作，只要是農民，都不能、也不敢不參加這場盛會。無論種什麼，大家都得下田幹活，因為一年之中，只剩這一季可以種些經濟作物來養家活口。

老一輩最愛種的是紅豆和蘿蔔。這兩項作物，資金、技術、勞力門檻都低，要賺大錢不容易，可是適合賺零用錢，最重要的是老農經濟獨立，不只生活有尊嚴，還能幫助子女減輕負擔。青農、中壯農就很不同了，幾乎每個人身上都背著一個家，可能還要同時照顧老人和孩子，如果不好好把握這一季機會，全年的年收入可能根本無法突破五位數。所以只要學會基本技術，就算手邊沒錢，也要想辦法向農會貸款，好投資種些番茄和敏豆，給家人一個穩定的生活。

田裡都是人，大人、小孩、男人、農婦，還有來自不同國家的新住民朋友。此時以「忙」來形容冬天，有時候甚至搆不到邊。不過農民也怕不忙，更怕遇到連續降雨侵襲，或是空污造成的酸雨危害。總之，入冬後，務農就是生存的拚搏。

這些年的冬天，我們家種白玉蘿蔔、水果玉米和橙蜜香、玉女小番茄，跟著美濃冬季裡作大發生的農業發展趨勢，家中的農事勞動也是熱鬧無比。阿爸忙著開貨車載運工人和點心，阿姆一頭栽進園子裡鋤草施肥摘側芽，朱老大什麼都做而且永遠做不完，而我時常是一邊安撫孩子，一邊在電話這一頭好聲好氣地解釋料理蘿蔔或保存番茄的方法。走進現實世界才知道，冬天就是一連串來不及說好忙然後日子就忙過去了的一個季節。

以前當學生，日子是以星期為計算單位，只要假日出去走走，就能擁有迎接下星期的全新感；上班後，生活目標是每個月發薪水的那一天；農業很不一樣，過了一個唏哩呼嚕忙不完的冬天，才突然驚覺，一年又過去了！

總之，冬天，還是忙一點好。等立春來到，大家一起到五穀廟吃尾牙，開開心心迎接下一輪的耕種。

立冬

第19章　白玉蘿蔔

二〇〇六年冬天，我開著一千三的小汽車，載了兩個大行李箱到美濃生活。這兩個行李箱，分別裝著夏衣和冬衣。十多年過去了，夏衣不是破舊丟棄當抹布，就是尺寸不合早已送人。冬衣之中，薄的棉質長袖、襯衫或牛仔褲，還勉強穿上幾年，其他厚毛衣、大外套、羽絨衣，從來沒有拿出來過。

到現在，我的厚重冬衣還沒有機會拿出來穿，朱老大永遠都是短袖搭薄外套。冬天似乎不太喜歡拜訪台灣南部，就算是二〇一六年一月的超級寒流，也只來了一個星期，寒流離開沒多久，日子又回到了暖洋洋的冬天。

1　沒有邊界的水墨畫

冬天緩緩走來，接近立冬的這些天，每個清晨都是朦朧一片。美濃平原上，沒有天際線也失去地平線，就算已經天亮，還是看不清楚遠方的山形、近處的檳榔樹，甚至連鄰居的屋頂，都好像若有似無漂浮在水氣裡面。走下田，有如走進一幅沒有邊界的水墨畫。

突然間，一聲呼喚傳來。「欸，這毋係阿文个姐仔？恁早來田坵做麼个？」（喂，這不是阿文的太太嗎？這麼早來田裡做什麼？）

「係啊。老瑞叔婆，汝徛到哪啊？」（是啊。老瑞叔婆，妳站在哪裡啊？）

「哀哉，偓佇汝後背啊！」（哎呀，我在妳後面啊！）

我朝聲音傳來的方向轉頭過去，一個身影好似跳出畫框，帶著微笑往我這兒走來。

老瑞叔婆，雖然七十好幾，不過卻是附近一帶最勇健的農民。手腳快、動作俐落，手勁強、腳力又好，無論何種田事，效率都極高。一天的工資，總是比別人多出一、兩百。

好久不見了她，看起來又老了些，不過依然中氣十足，「阿姆喲！汝毋知喔，偓今年又多種兩分零个細蘿蔔，加加起來會論甲咧喔，哪想一到落雨落到恁嚴重，今拔起來个蘿蔔，條條疤疤，壞看！」（唉呦喂呀！妳不知道喔，我今年又多種兩分多的小蘿蔔了，全部加起來種了快一甲地喔，哪想得到下雨下得這麼嚴重，現在拔起來的蘿蔔，每一條都坑坑疤疤的，實在難看！）

我問叔婆：「頭擺種細蘿蔔，會恁仔無？」（以前種小蘿蔔，會有這種情形嗎？）

叔婆苦著一張臉說：「哪會啊，頭擺夏秋過核，天時就過好，哪會像今下恁會落雨啊！」（哪裡會這樣啊，以前過了夏天和秋天，天氣就會轉好，哪有像現在這麼會下雨啊！）

「恁仔落冬雨个情況，有幾多年咧啊？」（這樣下冬雨的情況，有多少年了？）我再問叔婆。

「就係這恁多年樣開始，愛偃等農民樣仔生活啊？」（就是近來這些年才開始的，要我們農民怎麼生活啊？）

這一年，二〇一五年。入冬前，秋雨綿綿。從九月底的颱風外圍環流，延續到十月下旬的午後陣雨，雨一天一天接力著下，擔憂已成絕望，面對異常氣候，農民莫可奈何。

2 務農初體驗

我務農的第一種農作物，就是老瑞叔婆口中的小蘿蔔。

過去美濃人雖然家家戶戶種蘿蔔，但是通常都是種在菸田或紅豆旁的水利地和畸零地，主因是蘿蔔價格低、肉質細嫩不利長途運輸，所以小蘿蔔一直以來都沒有商品化，進而成為消費市場上的農產品。不過，自從台灣加入世界貿易組織，美濃菸葉產業急速沒落之後，少數農民嘗試大面積耕種，開放給外地遊客自行採收，小蘿蔔才開始受到注意。

小蘿蔔的來歷，沒有人說得清楚。老一輩人都說，這小蘿蔔是日本人引進美濃的，在本地至少種了一百年以上。

雖然體型比一般白蘿蔔小，不過皮薄肉嫩，料理時不用削皮也不宜久煮，無論蒸、煮、炒、燉，都非常方便，廣受家庭主婦喜愛，還曾因為白皙的外表，在二〇〇六年被美濃區農會命名為「白玉蘿蔔」，並以此名號闖蕩江湖聲名大噪。

二〇一〇年十月，當時老大樂樂八、九個月大。我跟朱老大商量，決定跟公婆租一塊田地來種蘿蔔。一來種蘿蔔的人力需求低，我一邊耕種一邊帶孩子，既可以培養孩子接近土地的習慣，也能親身實作成為一塊田地的管理者；二來，如果有收成，我可以嘗試自產自銷，建立消費者與生產者之間的對話平台，或許還能踏出我們家小農之路的第一步。反正不成功也不會成仁，就當作到健身中心運動就好了！

十月三十一日，朱老大和我種下白玉蘿蔔的種籽。第十天，十一月九日，種籽都已裂開還冒出一對心型子葉，提供幼株養分，這也宣示蘿蔔的光合作用就此開始。我沒有特定的宗教信仰，可是我深受大自然力量感動，就像滿園蘿蔔同時發芽冒葉的那一刻，聖靈充滿蘿蔔園。

我種蘿蔔的消息，很快地傳遍整個夥房，大家都在竊竊私語，「聽講个定仔嫂个大薪白，種吔三分个細蘿蔔耶！」（聽說那定仔嫂的大媳婦，種了三分地的小蘿蔔耶！）

每個人你一言我一語，在鄰里間引起一陣陣小騷動。

「个種唔出水啊。」（那種不出名堂啊。）

「今仔後生人，緬到做農恁簡單咩！」（現在的年輕人，以為務農很簡單啊！）

「好好个頭路毋摭，賺衰過多～」（好好工作不做，到頭來什麼都搞不成～）

的確，毫無經驗又帶著孩子下田，在專業農民的眼裡，我就是手腳不靈光的那種人。光仔伯姆騎車看到我，好心地停下來問：「汝做得無？日頭恁烈，汝無矖慣習个人，頭腦怕會昏昏喔！」（妳做得來嗎？太陽很大，妳沒有做習慣的人，頭腦會被曬昏喔！）

阿姆看我每天帶著孩子，又帶著鐮刀、鋤頭，總是嘆氣，「哀哉！毋好摵這有个無个，甲細人仔帶好就好欸啊！」（哎呀！不要搞這些有的沒的，把小孩子顧好就好了啊！）

阿爸大多時候沒跟我說話，他總是對孩子說：「樂樂乖乖大，甲媽媽講，毋好種蘿蔔！」（樂樂乖乖長大，跟媽媽說，不要種蘿蔔了！）

我們家從來沒有種過這麼大面積的蘿蔔，阿姆一開始擔心我吃不了苦種不出來，沒想到這一年秋陽高照雨水少，蘿蔔大出，到收成的時候，她反而擔心著這三分地至少一萬斤的蘿蔔，到底要賣給誰。

從來沒有賣過農產品的我，寄電子郵件給台北的同事朋友，告知大家我的近況和白玉蘿蔔盛產的事，沒想到回應熱烈，紛紛揪團合買，每筆訂單幾乎都是五十斤起跳，一天至少都要出貨兩、三百斤。

這下子又換我傷腦筋了。眼下能採收的人力，只有我跟婆婆，我又被孩子綁住，戰力受限，可是白玉蘿蔔過了六十天就會開始老化，不在期限內採收完，整園的蘿蔔都會變成老婆婆……

還好農村的老戰將們都還在。阿爸的三姐（讓娣姑）和六姐（六妹姑），一聽到娘家田裡缺人手，主動跑來家裡幫忙。阿姆和兩位姑姑負責下田採收，我專責在家裡聯絡出貨和打包，忙了一個星期，第一批訂單全數出完，扣掉運費入帳將近兩萬。

看到這筆收入，大家都傻眼了，沒有人想得到，這毫不起眼的蘿蔔，也能讓農家有錢賺。

除了透過宅配賣蘿蔔之外，我們也開放拔蘿蔔體驗。回想起來，我們運氣很好，這一期白玉蘿蔔的收成期，恰恰遇到耶誕節和元旦新年假期，因此許多周遭都市如高雄市、台南市的家長或老師，紛紛向我們預約要帶孩子來田裡拔蘿蔔。

我記得這兩個假期，是我產後最忙的階段。每天早上，我帶著一把鐮刀和十幾個塑膠桶去田裡接待遊客，等大家拔好再一一幫忙去葉包裝。在秤斤論兩過程中，我常多送幾條蘿蔔給客人，也順便講解如何料理或白玉蘿蔔的起源。跟之前在田裡只有我跟樂樂的冷清比較起來，這段時間，蘿蔔園非常熱鬧，連到中午該回家吃飯都沒有時間。

阿姆在田裡勞動，習慣了一個人工作，也習慣被太陽曬被雨水淋，更習慣流了一身汗濕了又乾乾了又濕但還是做不完的生活。突然之間，她看到一批批來自都市的人們，紛紛湧入蘿蔔園，一會兒笑笑鬧鬧、一會兒趕忙拍照，有時候還會主動跑來問她：「這種蘿蔔好可愛，跟我們一般市場買的不一樣耶！是怎麼種的啊？」對她來說，這一年是極其震撼的經驗。

同時間，這些為了拔蘿蔔體驗走進美濃的朋友，也遇到了我們的農友和鄰居，還會主動跟這些農家買地瓜、買南瓜，這可讓夥房的人大開眼界。漸漸地，田裡不只有遊客，還出現了許多親戚鄰居，紛紛也來詢問產量多少、如何賣、收入多少之類的問題，其中農民更關心的是：「為什麼會有一堆人願意千里迢迢跑來田裡拔蘿蔔？」

說到底這一年，我的確準備不足、欠缺經驗。三分地的白玉蘿蔔，宅配賣出和開放體驗的

拔蘿蔔體驗活動，是都市人認識農村的介面，也是冬季裡作的火車頭。

美濃白玉蘿蔔「土中生白玉」，皮白肉嫩廣受喜愛。

蘿蔔共四千斤，不到總產量的一半，但至少扣掉資材、土地和人力成本，我和樂樂母子兩人忙了兩個月，竟然賺了兩萬多塊。雖然這筆收入遠低於我平日的薪水，可是卻證明了種白玉蘿蔔可以賺錢這件事情。我和樂樂的名字，自此也開始在地方上廣為流傳。

過去村人見我通常會說：「喔！汝就係嫁到上坑朱屋个記者喔？」（喔！妳就是嫁到上坑朱家的那個記者喔！）但是從此之後，大多數的人會對我說：「喔！汝就係帶細人仔種蘿蔔个記者喔！」（喔！妳就是帶著小孩種蘿蔔的那個記者喔！）

元旦假期過後，田裡還有五千多斤的蘿蔔，我們決定開放給村子裡的人免費拔，可別浪費了老天賞賜的禮物。

3 跟農民共患難

嚐過豐收賺錢的甜頭，隔年，二〇一一年，我毫不考慮續種白玉蘿蔔，公婆和家人們都非常支持。

為了吸引更多朋友願意親自到蘿蔔園裡走走，這一年，我特別規劃了「人腳有肥」專案。肥，在客家話、福佬話的使用中，都是「養分」、「滋養」之意，人腳有肥，是客家話的俗諺，有兩個含義。第一，植物是田裡的主角，農夫勤勞耕作，常鬆土、多下田、用心觀察植物生長的各種表現，才能防患未然。第二種的解釋很有深意，客家話的「肥」與「皮」同音，提醒做人不能過於現實，交友不論身分背景，只要願意來家中作客者，都是人腳有「皮」，也能帶「肥」為主人興家旺族。然而不管哪一種解釋，我認為這都彰顯農業生產與生活的核心價值，「透過人與人之間的分享，創造最大的正面力量」。

我帶著無比的期待，在十月二十三日種下這一年的白玉蘿蔔。起初老天爺很賞臉，白天陽光普照、入夜氣溫驟降，日夜溫差大，隔天清晨露水鋪滿田地和新苗，這是最適合白玉蘿蔔生長的氣候形態。

但是兩個星期後，從十一月七日起，竟然破天荒連續下了六天的雨，這可把所有農民都嚇壞了，美濃到處瀰漫著充滿無奈的集體恐慌，農會當時甚至已經發出農民可以申請天然災害救助的通知。更慘的是，十一月十六日，第二波連續降雨再次出現，又是下了一星期。

公婆也很納悶，他們從來沒有見過美濃的冬天下這麼多雨，怪異的是，氣溫並沒有因為一次次的下雨而降下來，天氣依然炎熱。高溫加高濕，對蘿蔔非常不利。

鄰田的老農民，種的是紅豆，看著自己被雨打趴在地上的植株，也對著我苦笑。他說：「厓个紅豆有死無生，厓看汝个蘿蔔，也可能生不出來欸喔！」（我的紅豆必死無疑，我看妳的蘿蔔，也可能長不出來了！）

那段下雨的日子，讓人生不如死，我滿腦子都是蘿蔔歉收的畫面，都在想該怎麼跟「人腳有肥」的參與者交代。我每天穿著雨衣到田裡走動，檢查排水情況是否良好，檢視土壤是不是因為下雨而過於紮實導致蘿蔔難以生長。

終於，十一月二十一日起，就沒有再下雨，不過，包含我的所有農民，並沒有因此鬆口氣。一般來說，雨後正是病蟲害的好發時期，農民會依照田間狀況，進行農藥或生物防治，以預防或降低病蟲害造成的損失。但是，對我們的蘿蔔田而言，這個時間點非常尷尬，我們預計收成的時間是十二月初，如果十一月底使用農藥，簡直就是良心被狗吃。所以，我們只有一個選擇，「順其自然」。

十一月二十五日一早，我帶著鋤頭、鐮刀、手套和矮凳到蘿蔔園報到。我在畦邊一邊拔草，一邊清理已經萎縮的蘿蔔苗。每拔起一根蘿蔔，心就往下沉一層。每根小蘿蔔全身都布滿新傷舊痕，而且蘿蔔葉有七、八成，都已經枯黃萎凋，更糟的是，葉上盡是活蹦亂跳的黃條葉蚤。一看到這樣的景象，我隨手再拿起蘿蔔根部仔細檢查，果然，一條條黃條葉蚤的幼蟲，正開心地啃食著蘿蔔頭的根部，這也說明了為什麼蘿蔔皮上會出現那麼多的疤痕。

我呆坐在矮凳上，用手指在沾滿泥巴的雨鞋上畫圈圈，時而低頭看那一根根體無完膚的蘿蔔，時而遙望遠山山嵐，腦中空白一片。那欲哭無淚的心情，我永遠忘不了。

終究，我還是得接受蘿蔔園徹底毀了的事實！兩天之內，我一一通知五十個參加專案並且已經匯款給我的參與者，告知包含退款的各種選項，結果竟然沒有任何一個人要退款，每個人都願意延後採收、延後到貨，甚至有人還特別貼心，表示如果重種之後還是歉收的話，那麼款項再延到隔年繼續參加活動都沒有關係！

我何其有幸，才下田打滾第二年，就擁有這些挺到底的力量。我跟朱老大說：「無論如何，要再找塊地重新種下。」

十一月二十九日早上，我帶著阿爸、樂樂祖孫倆，到新田區整地播種。田地約莫兩分大，狀況非常好，一直以來都是粗放的方式耕種，從來沒有被施用過除草劑。地主阿番叔婆一看到我們就對著我說：「這田坵交分汝等欸，好好對待伊啊，希望人客做得有蘿蔔好拔！」（這田地交給你們了，好好對待它啊，希望客人以後有蘿蔔可以拔！）

4 消費者力量

經歷過大豐收和嚴重歉收，家裡對於種白玉蘿蔔產生了極大的信心，這信心不是來自於生產者本身，而是老人家們看到了過去他們從未體驗過的消費者力量。

我的阿爸、阿姆一輩子務農，過去收成的稻穀是自己吃和繳公糧，而番茄、木瓜、荔枝等經濟作物，全部都是送到果菜拍賣市場或行口，可以賣多少錢，不是自己決定，吃到的人喜不喜歡？心裡有沒有感動？農民一概不知道。可是，到蘿蔔園來拔蘿蔔的家長，會親口跟阿爸、阿姆說「謝謝你們不用除草劑」，或是「謝謝你們種健康好吃的蘿蔔給我們」，甚至有些人還握著公婆的雙手對著老人家說：「還好你們不用除草劑，我才敢帶小孩來你們這裡拔蘿蔔！」

務農的價值莫過於此！務農的尊嚴不在價格，而是感謝、信任與被尊重。白玉蘿蔔帶給美濃和我們家一個美好的禮物，它把消費者和都市的朋友，吸引到農村來，直接建立生產端與消

記者媽媽當起新手農夫，未滿周歲的樂樂也陪媽媽一起下田。

採收白玉蘿蔔的成就感很高，非常適合全家一起體驗。

費端的互動，讓我的家人體驗到，就算歉收，就算農民總是一個人在田裡工作，只要心裡知道有人在等、在期待，務農的這條路上便不再孤單。

消費真的可以改變世界、改變生產者的耕作模式、改變人類對待自然環境的態度。我心知肚明，如果沒有經歷歉收事件，沒有體驗到信任的力量有多深刻，我跟朱老大可能到現在都還在猶豫，要不要繼續走農業這條路？

雖然直到現在，對於務農我心裡還是有陰影，擔心老天爺會一次把我們的努力全都收回去。可是我不害怕，因為在大自然面前，人類本來就是很渺小。

一進入立冬，就到了美濃收成白玉蘿蔔的階段。這些年，大自然在我心裡，埋下了一顆小小的種籽。我突然明白，關於農業，不只是跟老天爺討口飯吃，其實也是在練習接受大自然的種種變化。用如常來面對無常，或許是一種更深層的積極態度。

農村學 白玉蘿蔔身世之謎

美濃的冬季裡作，大約在每年的中秋節前後起跑。在眾多作物項目中，小蘿蔔生長期只需要一個半月就能收成，由於收成的時間比其他農產品早，小蘿蔔在菸業退場後這十多年來，已經成為美濃冬季裡作的火車頭。

屬於「板葉品種」、體型較為細長的蘿蔔，在美濃人口中一直是「小蘿蔔」，一直到二

○○六年，美濃區農會為了在菸葉產業沒落後，尋求新的農業轉型，選定以小蘿蔔為主打農產品舉辦活動，並從傳統廳堂找到靈感，為小蘿蔔取一個屬於美濃的名字——「白玉蘿蔔」。

像是我們朱家夥房的正廳底下，還奉祀著傳統的「土地龍神」，象徵對土地的尊敬，一個家族的氣脈也是聚集在此。龍神神位的對聯上寫著：「土中生白玉、地內出黃金」，意思是土地龍神會護佑這片土地，讓辛苦耕種的農民可以獲得如黃金與白玉般的收成。農會認為，透過土地龍神的對聯，可以延伸農村的價值，每年一期作的稻穀是黃金，而入秋之後種植的小蘿蔔，就是白玉蘿蔔。

蘿蔔因為價格低廉、體驗採收的時候成就感高、回家料理簡單方便，非常適合全家一起下田體驗，所以短短幾年之間，就在台灣南部掀起一陣到美濃拔蘿蔔的旋風。二○一一年，美濃農會進一步推出蘿蔔股東會，跟農民契作蘿蔔田，由農民管理田地，到了四十五天至五十天蘿蔔收成之日，再讓遊客依認股的股數下田體驗拔蘿蔔。

農村小詞典

【黃條葉蚤】為鞘翅目其中一種小型甲蟲，因身體有黑色光澤，兩翅鞘上各有一條金黃色紋路而得名，閩南語稱為「跳仔」，客家話叫做「龜仔」。是十字花科蔬菜最常見的害蟲，嚴重時常導致廢耕而血本無歸。

【行口】即一般統稱的中盤商，可以直接大量跟農民購買再轉手賣出，也能在果菜拍賣市場上競價拍賣再供人挑貨，取貨管道多元有彈性，原則是當天進貨馬上轉手不進倉儲系統，所有利潤都是產生在轉手之間。

小雪

第20章　跟昨天說謝謝

清晨，陽光初探，露水未乾，慢慢地跟昨天說再見。

若冬雨沒有下太多，美濃農民開始收成蘿蔔的時間，通常集中在立冬到小雪的這段日子。跟許多農鄉比較起來，美濃是個豐饒、熱鬧，甚至吵雜的農村，尤其是一靠近白玉蘿蔔收成的季節，田裡不只是農民忙碌的身影，從各地而來的遊客，更是熱切地往蘿蔔田聚集。

老的、小的、男男女女們，只要是第一次拔蘿蔔的人，都會一邊拔一邊笑著說，「怎麼拔蘿蔔這麼輕鬆啊？那個我們小時候唱的歌，不是唱『拔蘿蔔、拔蘿蔔，嘿喲嘿喲拔不動，老太太，快快來，快來幫我們拔蘿蔔』嗎？蘿蔔怎麼這麼好拔啊？」

不過，在二〇一一年之前，體驗拔蘿蔔的遊客，還沒有大量出現。

那時候的農地上，清一色都是中壯年或老年農民，不種菸的人，有些是種小番茄、辣椒、茄子等茄科，也有一些是種胡瓜、小黃瓜，其中有一群種敏豆的農民很特別，他們是美濃蔬菜產銷班的第十班，一直以來，擁有極高的紀律和強烈的務農自信。

第一次接觸到他們，是二〇〇七年的小雪。

1 農藥行老闆

在農村跑田野工作，農民是調查者最重要的受訪對象，其次，就是農藥行老闆。農民的重要性不言可喻，而農藥行老闆，通常具有農民身分，也像農民的老師，只要遇到施肥、用藥的問題，農民最常找的，就是農藥行老闆。

我在美濃認識的第一個農藥行老闆是劉秀仁。他是農民，也是美濃蔬菜產銷班第十班班長，大家都叫他「劉班長」。由於劉秀仁也是有十多年經驗的農藥肥料行老闆，並曾在民國九十四年，獲得農委會的優良農藥行評鑑。所以想知道農村裡使用農藥、化學肥料的實際情況，找他準沒錯。

第一次拜訪劉班長，在二〇〇七年的十一月下旬，那是一個夜涼如水的晚上。我搖下車窗，沿著美濃水圳的第一幹線，緩緩地聽著水聲前行。遠遠的，一面大招牌「植物醫生」映入眼簾，我的車，就停在這招牌底下。

走進農藥行，劉秀仁臉上浮起一個大大的笑容迎面而來，他示意我自己先找張椅子坐下。「李小姐，來來來，歡迎、歡迎、歡迎。把這裡當家裡，來我這裡的農民都是這樣。妳先坐一下，我來煮開水。我們喝茶慢慢聊！」

劉秀仁性子急，走進廚房提著一壺熱水走出來，還不等我問，茶也還沒泡好，他快人快語說著：「現在如果價錢好，農民會用比較快速的化學肥料去施肥，灑得越多，作物長得越快，

背著小樂做田野調查，訪問客家電視台記者曾宏智。他不只跑新聞，也幫房東管理田地、種稻種蘿蔔。

就能採收快一些搶得好價錢，可是農民不知道，這是錯誤的方法。因為作物的成長過程，你叫它拚命吃東西，灑太多、負荷量太多，作物受不了會萎凋，土壤也被酸化了。」

每年的九月到隔年二月，是劉班長家種敏豆的時間，十一月中開始，正是產量的高峰期。我問他：「那你自己開農藥行，會不會希望農民多用一些？」

「人性！人性是貪心的，我曾經掙扎。不過我很快就想通了，賺一時不如賺一輩子，協助農民把土地養好，務農才會變成賺錢的事業，農民如果不賺錢，我們農藥行怎麼可能長久？」劉秀仁回得直接。

我又問：「我知道很多農民很有趣。看到鄰田灑藥，也跟著想灑藥，看到農友施肥，也怕自己施的肥不夠。農民有這種心態，那你要怎麼跟農民溝通呢？」

「是啊！說得再多也沒用，只能做給他看，讓農民看到我們田裡的生長和收成，就等於是給他一個最有力的答案。」

我又問劉班長：「我聽不少農民說，就算最後收成賺了錢，還是要去農藥行結清帳款，算一算到頭來務農像是做運動，幾乎等於白做一場。為什麼會這樣呢？」

「農民啊！很多都是無知，又自以為懂。很奇怪喔！農改場專家講的話都不相信，卻常常道聽塗說，聽這個人說什麼農藥好，就跑去買，聽那個人說什麼肥料好，又跑去買，越買越多就乾脆先用記的，到最後再一次結清啊！」劉秀仁一邊搖頭一邊說。

平常經過農藥行，我都會特意往裡頭看，看久了，也看出一些門道。如果把農藥行當作劇場，地上一大包一大包的肥料堆積如山，兩、三面擺放各種款式農藥的大型櫥櫃，一張超大號的樹頭桌和五、六張木椅，還有一套項目齊全的泡茶用品，這些是舞台道具。農藥行老闆，是舞台上的最大卡司。

泡茶的時候，老闆會坐在主位，一邊為農民斟茶，一邊為農民解說相關病蟲害問題，在特殊的「醫病關係」下，農民對農藥行老闆依賴至深、言聽計從。不過，願意跟農民詳細解說，甚至勸農民少用一點農藥肥料的，只有劉秀仁。他跟農民強調，「少用農藥、少用肥料，至少要符合政府規定。這樣才能通過檢查，務農成本也不會太高。」

2 想留下些什麼

二〇一四年年中，我聽朱老大說，劉班長身體不好，健康情況惡化得很快。這一年的八月二十五日，我到劉班長家裡探望，看到他從原本的精神奕奕變成眼前的骨瘦如柴、氣若游絲，我心痛難當。可是他看著我，還奮力跟我寒暄著，「李小姐，不好意思，還讓妳來看我。」

我問他：「劉班長，可以說話嗎？」

他回道：「沒關係，不過我現在只能慢慢說。」

我停了一下，忍住眼淚，冷靜地問他：「劉班長，我好久沒看到你了，很想多跟你說一些話，好嗎？」

「我也很想跟妳多說一點，希望我可以留下一些什麼。」

我問：「劉班長，你可以跟我說，你為什麼要回農村耕種？要開農藥行嗎？」

劉班長笑了笑回我：「我從小不怕吃苦，只怕被人看不起。所以，我什麼都願意嘗試。我養過泰國蝦、幫農民代耕，後來也種毛豆和香蕉，到了快四十歲才開始種敏豆，卻發現農民知識不足農藥濫用的問題。連我自己一開始都是這樣啊！」

說到這裡，劉班長跟太太要了一杯水，深深地吸了幾口氣氣後，繼續又說：「我很記得，以前還沒有組織產銷班、也還沒有開農藥行，敏豆園裡都是紅蜘蛛，每天都去買農藥噴，怎麼噴都不會死，噴到我們都不敢採收。我跟我太太講，『這不是辦法，乾脆我們自己來開農藥行。』」

一九九八年，劉秀仁的農藥行開張，這一年，他也推動成立美濃蔬菜產銷班第十班。從那個時候開始，劉秀仁做了十七年的班長。他家的客廳，是開班會的地方，他的太太，是為班員煮點心的大廚，只要是班會開銷，他毫不手軟一切自掏腰包。

不只照顧班員，劉班長也照顧班員的田。他常到班員的敏豆園現場指導，有時候，也會陪同農業部門相關人員，到班員田裡採樣或交換意見。總之，劉班長顧的，不是只有自家的農事，他包山包海也要想盡辦法顧好每個班員的敏豆園。

敏豆是連續採收型的作物，也就是說，一株敏豆的成長與繁殖（開花結果）是同時並行，如果一旦成長的部分需要用藥，可是又遇到剛好要採收，那這個時候的病蟲害防治就必須很小

劉班長站在敏豆園的綠色隧道內，說明白頭翁啄食敏豆的困擾。

美濃種植「原種田」時間最久的農民秀德伯與作者。

心，也因此劉班長對班員的要求也就特別嚴格。

然而要讓農民謹守分際並不容易，所以只要是非農藥防治法或是可以降低藥量的方式，劉班長總是第一個帶頭試驗。二○一二年起，他試驗的主題，是樟腦丸對瓜果實蠅的防治成效。

躺在病床上的劉班長，努力的說著，「把一顆顆樟腦丸放進塑膠袋裡，用牙籤戳洞，然後再把塑膠袋掛在敏豆園裡，有掛樟腦丸袋子的，跟沒有掛樟腦丸袋子的，真的差很多，只要是沒有掛的園子，敏豆都被叮得滿頭包！如果這種方法可以繼續試驗並且確定效果，一定可以大幅降低用藥的劑量和頻率，同時農藥殘留當然可以降到最低。」

用樟腦丸來對付瓜果食蠅，是劉秀仁自己想到的方法，試驗到第三年，成效越來越明顯，跟著做的班員也越來越多。他最常跟班員說：「你來啊！來啊！來我的田裡看啊！」

除了農藥之外，土壤肥分與草的關係，也是劉秀仁在近幾年推廣的務農理念。他一再跟農民強調，「讓地發草，讓地長草！採收期結束後，讓土地長草，越高越好，因為草會吸收土壤裡面的酸性，在整地之後，回歸土壤，草會轉換成有機質。絕對不要趕盡殺絕，草是自然的肥料，可以幫助土壤恢復地力。」

農村長期使用除草劑，土壤硬化情況越來越嚴重，生產成本也會因此提高，劉班長也因而領悟到，「人要善用肥料和農藥，而不是過度依賴肥料與農藥，甚至讓肥料、農藥牽著鼻子走！錢不用賺太多，夠用就好，你看看我，現在躺在這邊，有用嗎？沒有用！」

那一天要離開劉班長家時，我想到這應該是我們兩人這輩子的最後一面了。我問他：「劉班長，還有什麼我沒有問到而你想說的話嗎？」

他反倒安慰我：「李小姐，不要難過，人生就是這樣。我很高興認識妳，妳很高興認識我，該再見的時候，開開心心說再見，以後有緣自然會再遇到。」

聽劉班長這樣說，我已經說不出話了。

他繼續淡淡的說著：「李小姐，妳要記得我們農民的辛苦啊！敏豆養活我的一家人、照顧我們第十班班員、打拚出美濃農業的地位，這輩子務農可以做到這樣，我的人生很值得、很精彩，沒有交白卷！真的，我覺得身為一個農民，真的很驕傲！」

在菸田田調，受訪對象是菸葉達人朱正富。

3 受訪者

世間一切人事物，在某個當下、某一陣花香、某一場小雨裡、某一處山陵或田野、某一段輕輕哼唱的歌謠之中，撲向我們這種人——記者，或是喜歡觀察、記錄並透過表達和社會發生關聯的人。

我們這種人，很像一張充滿微小孔隙的薄紗。

有些時光遠離了、有些味道餘韻還在、有些雨絲沾濕了臉頰、某處風景只剩幾張停格的印象、某些哼唱去頭去尾還有一些旋律。薄紗上還是會留下，我們寫得出來、想得出來的事實、現象或記憶。

受訪者和採訪者的關係，就是這樣。

沒有受訪者，採訪者的意義全然不存在。採訪者看似客觀、看似第三人，甚至努力維持冷靜觀察，可是心裡的波動，落在薄紗上的字字句句，終究離不開受訪著的一眸一笑或一滴淚、一段人生的經歷。

一年過了又一年，小雪年年來報到。只要看到美濃田野裡的敏豆園，我總是會一再想起劉班長，想起他的直率爽朗，也想起他對土地和農民的責任感。

在夜裡，涼風不止，露重霧濃，深深地跟昨天說謝謝。

農村學　伊娜的哭聲

一個看似無關的回憶，也跟劉班長的身影一樣，深深地烙印在我的心裡，時不時會跑出來跟我打招呼。二〇〇九年年中，我開始拍攝高屏溪流域的紀錄片《縱古流今高屏溪》，沒想到這一年九月，我們遇到了高屏溪有紀錄以來最嚴重的災害——八八風災。

也是小雪，風災後第三個月，我和夥伴採訪的區域，漸漸由旗山溪、荖濃溪往東南移動到隘寮溪。十一月二十日這一天，我第一次踏進屏東霧台鄉，沿著台二十四線深入阿禮部落，要走魯凱族人口中的「山羊走的路」。

沿著土石滑落的山壁、陡峭崎嶇的道路，採訪車緊緊跟著族人拿克魯的吉普車往前行進。行經的陡坡、峭壁、一百六十度的大轉彎，還有土石不斷從高處落下的聲音，真的讓人心驚膽跳。難怪部落族人在出發前，半開玩笑地恐嚇我說：「李小姐，現在這條路，只有山羊和猴子能走。我看妳挺著大肚子，還是不要進部落比較安全！」

一個多小時後，拿克魯的家，終於慢慢出現在眼前的山腰上。才剛下車，陣陣啜泣聲傳來，我放輕腳步走向拿克魯問：「伊娜（魯凱族語，母親、媽媽之意）為什麼哭？」

拿克魯說：「今天是颱風後，伊娜第一次回到家，她剛剛在吉普車上就開始哭了，一直說山倒了、家不見了！」

我沒有說話，聽著伊娜的哭聲，心跳如擊鼓。遠眺破碎的霧頭山，低俯混濁的隘寮北溪，可以想見霧台鄉在颱風那天，是如何在一夜之間被扯裂……

沒多久，伊娜步出房門。她擦乾臉上的淚水，逕自拿起掃把輕掃落葉。我看著身材嬌小的伊娜，聽到來自山上的寒風，一陣一陣吹來，好像山神的哭聲也呼應著伊娜的悲傷。

我不會說族語和日語，伊娜不會說國語。不過伊娜走到我面前，用她厚實黝黑的雙手握起我的手，說了幾句族語。

拿克魯看著我跟我說：「伊娜是跟妳說，妳肚子裡的孩子，出生後一定會跟我們魯凱勇士一樣勇敢。等一下採訪完之後，下山要小心，不要擔心我們。」

我跟拿克魯說：「你幫我跟伊娜說，我們會小心，我想跟她謝謝，謝謝你們魯凱族人幫我們守護這片山林。」

伊娜聽完拿克魯的轉告，給了我一個什麼都不怕的微笑。

下山時，回頭望著車子後方，濃霧與夜色漸漸遠離。風呼呼咻咻地吹著，我心裡還停留著伊娜的悲傷。

關於族人生活文化的傳承、關於山林保育與人為開發的互動和平衡，還有許多關於生命、環境的種種問題，我都還沒有找到答案。不過我很清楚，失去了山林，族人的生活無以為繼，而欠缺原住民的文化與智慧，我們的山林也將無法復育。

大雪
第21章　大薪臼*

*大薪臼，客語「長媳」之意。

在南部，只有冷氣團發威的時候，才能在冬深的高山上看到雪。大雪的台北，經常下雨，而新竹的九降風正強，可是在美濃，正是陽光普照、舒服宜人的天氣。對農民來說，未來一年的日子好不好過，就看這一季的這一把了！記憶中那冬天該有的寒風斜雨，就當是鄉愁便罷。

1 田裡都是人

美濃冬季裡作的盛況，在大雪後進入高峰期。蘿蔔田裡，遊人如織；番茄園裡，綠葉、青枝爬上架頂。原本一片青綠的綠色隧道，在一夜之間，叮咚叮咚地冒出一個個橙色、紅色、黃色的小果蕃茄。田園好熱鬧，人們在笑，果子和蘿蔔頭在打嘴鼓。

每年十二月的星期假日，是我們家固定開放遊客農事體驗的日子。三分大的蘿蔔園，每天開放一百五十人到兩百人下田拔蘿蔔。這個時候，農家的任務不簡單，收費、秤重、解說、維護安全、協助搬運蘿蔔上車，樣樣工作不能馬虎，只要一個關卡卡住，蘿蔔園便呈現失序狀態。總是這樣開始的。早上八點時間一到，一堆人擠在報到處，搶著付錢急著下田。如果我一不小心，收了插隊客人的費用先放行，眼尖的客人會立刻提出糾正，很難逃過一劫。

等報到結束，遊客個個如願開拔，我才有機會坐下來休息喝口茶，欣賞平日難得的風景。穿著緊身褲搭配時尚球鞋的大姊姊、頭戴棒球帽的年輕爸爸、披著典雅絲巾的阿嬤、身上散發淡淡古龍水香氣的歐吉桑，還有撐著洋傘忙著給孩子喝水的媽媽……一個個全身花花綠綠的大人們，炒熱了平常恬靜的農村。

孩子們跟大人截然不同。他們是初生之犢，也像脫繮野馬，天不怕地不怕衝著下田，差一點兒就要高喊「殺～殺～殺～」了。田裡的各個角落，陸續傳出他們的笑聲、哭聲、尖叫聲。同時間，各家的爸爸、媽媽、阿公、阿嬤，沒一個人閒著，有人深怕孩子跌倒，有人是自己看到毛毛蟲就大叫。陣陣叫聲、吼聲或驚嚇聲，迴盪在平原之上和藍天之下的廣大空間中，餘音繚繞不退。

2 台北人

二〇一〇年冬天，白玉蘿蔔引領我進入真槍實彈的農民生活，從此，美濃的秋冬裡作時期，也成為我一年裡固定的農忙期。後車廂的嬰兒車旁，有我的一頂斗笠、一雙雨鞋、兩把鐮刀、一把鋤頭和一把豬八戒用的大耙子，我是認真要學習務農的。

為了讓排水順暢，第一年我學會用鋤頭開出一條條畦溝通往排水圳的本領；第二年，種下半個月的蘿蔔田，不幸慘遭五、六場大雨摧殘，田區發生黃條葉蚤的蟲害，蘿蔔根部嚴重腐壞，可我還是拚了命的另闢新田，再種一次；第三年，我把蘿蔔農事交給公婆，讓老人家在每年年底，還有個賺年終獎金的機會；沒想到到了第四年，我跟阿爸意見不合，家庭關係跟田事分工的現實問題，擦出兩人的爭執火花。

那是二〇一三年十二月初的某天一大清早，晨霧迷濛，隔個三、四公尺，就得靠說話的聲音分辨彼此相對位置。

我跟阿爸兩個人，為了開放蘿蔔園給遊客體驗，先到田裡進行前置作業：報到處的長桌和圓板凳要就定位、農場旗幟和說明看板要插好固定、各式桶子和籃子三十多個也要一一準備好。我們分工合作，沒多說什麼。直到兩人手邊工作都已完成，只剩旗幟固定的位置還沒有定案。

阿爸問我：「汝這樂樂農場个旗仔愛仰仔插？插哪跡仔？」（妳這樂樂農場的旗子要怎麼插？插哪裡？）

我回他：「个就插到田脣好欸！」（那就插在田埂好了！）

阿爸說：「恁仔會礙到人客行路，汝再想看哪！」（這樣會妨礙客人走路，妳再想看看！）

我匆忙回阿爸：「哀哉，𠊎哪有時間處理呀？等下添人客會緊打電話來問路，到時節會嶄然無閒哇，汝處理就好欸啊！」（哎呀，我哪有時間處理啊？等一下客人會一直打電話來問路，到時候很忙，你決定就好。）

阿爸帶著明顯不高興的口氣說：「汝仰恁仔講話？」（妳怎麼這樣說話？）

我沒回他，先接起剛響鈴聲的手機。

電話掛斷後，阿爸突然提高音量：「汝假使做到恁瘶，个下二擺就毋好種欸！」（妳如果做得很累，那以後就不要種了！）

我愣了一下，望向濃霧裡人聲傳來的方向，「阿爸，我瘶毋瘶甲屋家愛毋愛種，係兩件事情，汝要想想看，仰仔屋家種蘿蔔，瘶仔淨係偃等兩个人？」（阿爸，我累不累跟家裡要不要種，是兩回事，你要想想，為什麼家裡種蘿蔔，累的只有我們兩個？）

阿爸又提高聲調說：「假使汝毋想種就毋好種！汝等台北人，就係講毋通！」（如果妳不想種就不要種了！你們台北人，就是講不通！）（對許多美濃人來說，住台中以北的都是北部人，統稱「台北人」）

我非常不識相地回嘴：「阿爸，偃等屋家係有大人儕个呢，種个收入毋係分偃，是汝要管理這大家庭个。有佇屋家歇个人，就愛做事，大家為這大家庭愛合作樣著。」（阿爸，我們家是有長輩的，種的收入不是給我，是你要管理這個大家庭用的。有在家裡住的人，就要做事，大家共同為大家庭合作才對。）

「要仰仔處理係偃个事情，毋使汝管恁多哇！」（要怎麼處理是我的事情，不用妳管那麼多哇！）阿爸很不高興。

我想我是跟老天借膽了，當下乾脆一次說清楚。「偃等屋家毋做事个人，閒閒騎車仔像街

蘿蔔園開放採收的日子，外地來的遊客、親子們湧進田裡好熱鬧。

第四部
冬

長滿哪仔緊走，肯做、願意做个人，就像阿姆恁仔好駛个牛駛到死咩？」（我們家不做事的人，閒閒騎著摩托車像是街長到處趴趴走，肯做、願意做的人，就像媽媽這樣像牛一樣做不停嗎？）

滿臉脹紅的阿爸已經是用吼的了。「毋好講欸，無麼个好講，仰會有像汝恁仔个人？管到別人个去。」（不要講了，沒有什麼好說的了，怎麼會有妳這樣的人？管到別人那裡去。）

我也吼著：「阿爸，為到種蘿蔔，佢無辦法好好照顧細人仔，樂樂分人照顧還分狗咬到，佢還毋係相同乖乖下田做事？佢看到有人無上班又毋做事，心肝肚落毋得！」（阿爸，為了種蘿蔔，我沒辦法好好照顧小孩，樂樂請人照顧還被狗咬傷。我還不是一樣乖乖地下田做事？我看到有人不上班又不做事，心裡無法接受。）

已經到臨界點的阿爸說：「佢一向無求人。汝按仔講，个就毋好種、毋好種了！」（我一向不求人。妳這樣說，那就不要種了、不要種了！）

3 農家傳承

事件發生後，我的腦袋不斷重演田裡的那場爭論。我在想，平日生活中，大家是不是累積了一些不滿或誤解？放下台北生活的重心，投入南方農村的我，為什麼會有強烈的恐慌和無力感？原本開開心心迎娶長媳的婆家，是不是後來也有夢碎了一地的失落？我忍不住找朱老大討論，他竟然回我：「妳是長媳，跟我媽媽比較，跟附近的叔婆伯姆比起來，妳日子非常好過了！

妳知不知道啊？」

當下，我是把粗話吞下肚，可還是忍不住。「我爸媽從小培養我，不是讓你們拿來跟忍耐成習的老人家比！你自己考慮看看，要不要離婚？」

我一直以為，我是個熱情友善，樂於溝通的人，沒想到我在朱家人眼中，竟然是一個連我自己都不認識的人，很會講話（意即說話不饒人）又個性急（意即壞脾氣）。朱老大是個傳統男人，時常提醒我，我是家裡的長媳，行為要得體，可是事實很殘酷，在鑲嵌進入朱家版圖的過程中，小媳婦和大家庭，大家日子都不好過。別說得體，失禮的大小事倒是司空見慣。

我的婆家，是一個落腳美濃龍肚兩百七十多年，以水稻為主、養豬為輔，後來逐漸轉型耕種木瓜、荔枝、番茄等經濟作物，曾經連續兩代單傳，家規嚴謹而且男尊女卑，每到掃墓期間都會有三百多人回祖厝共同祭祀的大家族。

阿爸在未滿一歲時失去父親，上有護子（弟）心切的母親和六位姐姐（名字分別是順娣、來娣、讓娣、菊娣、五妹、六妹），身邊有一位能者多勞的妻子，所有田產由祖父直接繼承給他。在外人眼中，我們家是大地主，而阿爸，就是這個大家庭裡唯一的血脈傳承者與田地守護者。

可是，朱家跟大部分農家一樣，公婆這一輩的老農，再怎麼奮鬥最後都徒勞無功。我們家人丁單薄，是美濃少數沒有種菸的大家庭，以種稻為主，而台灣的稻米產業急速沒落，早期收成的稻穀，最後下場是送到農會去換比稻穀還便宜的肥料。（即於民國三十五至六十一年間實施的米肥不等價「肥料換穀」政策，見三〇〇頁）

提到過去種稻的事，阿爸、阿姆總是只說：「偓等屋家係有田，抑毋過係祖先留下來个，做毋得賣愛留下來耕種。雖然偓等無錢，只要有窮苦人來討食，汝等阿嬤一定會分伊一升米。」（我們家是有田，不過是祖先留下來的，不能賣要留下來耕種。雖然我們沒有錢，只要有窮苦人來要飯吃，你們的祖母一定會給他一升米。）

跟稻作比較，阿爸更常提到家裡的泰國蝦苗事業。他會說：「偓頭擺對台南水產所歸來，就自家試驗自家繁殖，正式分偓畜成功，全台灣第一尾泰國蝦苗，就係偓畜出來个。」（我以前從台南水產試驗所離職回家後，就自己試驗自己繁殖，真的讓我繁殖成功了，全台灣第一條泰國蝦苗，就是我繁殖出來的。）

可惜最後阿爸沒賺到錢，還慘賠一大筆。據當年曾經跟阿爸買蝦苗的養殖業者說：「汝家官喔！全美濃最冤枉个人。明明有機會賺到錢，撒分財團摵到，技術分人拿去用，又倒轉來甲汝家官搶生意。」（妳公公喔！全美濃最冤枉的人。明明有機會賺大錢，卻被財團害到，技術被人拿去用，又還回過頭來搶妳公公的生意。）

產業沒落的腳步，財團推出的低價策略，一次次踩在農家的身上。比較慘的家族，賣地賣到只剩下住家的那一塊，幾乎沒有退路。好一點的家族，是拿農地向農會貸款支撐家計，拿上坵田來貸，再用下坵田來還，是最常見的還款策略。看起來農家有田有錢，其實是越借越多。

過去種稻、種菸的田，現在賺的都是老人家上健身房的錢，以前養豬的豬舍，現下已成堆積廢棄農機具的倉庫。總之，舊農業的時代過去了，新的農業遲遲沒有來。

4 新的我自己

公公跟我的爭執，不只是公公強勢、媳婦難教，放在整體大環境的變化裡，就是農家傳承這一條路上，必然發生的生存考驗與掙扎拚搏。無論在田裡還是在家裡，都是如此。

常聽老人家說，「下田不要怕腳髒」，我時時記住。可是我卻忘了，「家在田裡，家事也是田事的延伸。」

過去的我，是一個一九七〇年代初期在新竹出生，父母親都是社會底層的弱勢者，青春期正好遇上台灣經濟起飛，明星高中畢業後隻身北上求學、工作，在台北打滾十七年，完全靠一己之力生活並回新竹置產照顧父母的獨立女性。

我曾經守著立法院，做了一年助理又跑了兩年新聞，可是，這在農村算什麼？我曾經參與總統府跨年表演的籌備，也拿了阿扁總統送的紀念高粱酒，呵呵，這在農村更不算什麼。無論藍或綠執政，我都有一堆朋友、同學，不是在當官、擔任幕僚，就是做立委或市議員，老天早知道，這些對農作物一點幫助都沒有，對新來嫂的鄉野求生課也不會加分。

說來也是現實考量，對於朱老大以外的朱家人，我全然是一個陌生人。如果我想要延續家族的發展，讓孩子繼續留在農村並擁有大家庭的生活經驗，就得先放下過去在台北大都會養成的思考、判斷和表達習慣。

新的我，在田地裡長著，會長芽、生葉，會開花、結果。前提是，要先學會看懂大自然、聽懂老人家的話，還有修行者說的「去我執」。

現在，遇到男尊女卑的場面，我依然敏感但絕不硬著來；與公婆說話，也盡量避免直接反駁；面對家務事或田裡的勞務分配，不能因為追求效率、性別公平而堅持己見；最重要的，出錢出力不要計較，多多累積好媳婦積分，才會得人疼。

我自己的媽媽，得知我的轉變，心情矛盾。開心，也傷心。她開心女兒長大了，傷心女兒失去了原本的樣子。

5 在祖先的土地上落地生根

很多跟我有類似養成過程的女性，其實不太有機會靠近農家核心，或是就算靠近也不會隻身走進。最常見的是在都市工作、置產，放假有空回婆家或老家走走，接著吃個中飯再回到都市。農村發生什麼事？農家人心裡想什麼？老人家身體狀況是否安好？跟大部分出外謀生的青壯年這一輩，關係不大。

而我，離不開也不想離開，該怎麼讓孩子們在共同參與的過程中，建立平等、尊重、主動的生活習慣，是我更為關注的重點。這段路，就像是慣行農法走向友善農法那樣的艱辛而漫長，可是內心充滿希望。

阿爸性格內向。他愛看報紙、雜誌，喜歡寫書法，也練就一手自創的好字，介於楷書與行書之間，是他的風格。雖然有時候，他會被當道的談話性節目搞得七葷八素，不過做人正直是非分明。還有，他自尊心極高，樂於貢獻，不受人餽贈或幫助。就在我書寫節氣的時候，他寫了一幅江南農謠的書法作品掛在我的書房，「雨水甘蔗節節長，春分橄欖兩頭黃，穀雨青梅口中香，小滿枇杷已發黃……小雪龍眼荔枝配成雙。」我漸漸理解，有些情感，明說就沒了。

因血緣成一家人，是命定，因婚姻為一家人，真的是善緣孽緣一念間！其實就在我們翁媳爭執的前一天，也是只有我跟阿爸在蘿蔔田工作，我拔蘿蔔，他去蘿蔔葉，我們的工作成果，是一堆堆整理好的蘿蔔頭小山丘。

阿爸一邊削葉一邊說往事。講他母親的全能事蹟，也提到朱家過去的豐功偉業，還有西元一九二五年時，朱家每一房都派人組團回中國原鄉認親修墳。偶爾，他會穿插說著一些不肖子弟如何糟蹋長輩的故事。一整個半天，他說得口沫橫飛，我聽得津津有味。

看著眼前的這個老人，我先生的父親，他傳遞許多關於這片土地、這個家族的歷史，當時我心裡就想著，以後我也要把這些大小事，一一說給我的孩子聽。

農村學

肥料換穀

二戰結束後，南遷台灣的中華民國政府，為了確保軍公教人員的糧食所需，透過中央信託局進口肥料，並在民國三十五年起，推行「肥料換穀」制度，以原本價格較高的稻穀，換取價格較低的肥料。對政府來說，這不只可以保護公營的肥料產業，利用壟斷肥料生產和配銷，來控制農村的稻米產量、勞動人力，更可以在稻穀和肥料的差價中創造國家收入。

在米肥不等價的交換過程中，民國三十八年的米肥交換比是一．五公斤肥料對一公斤稻穀，民國三十九年到民國四十九年，是一公斤肥料對一公斤稻穀，民國五十六年的比例，是一公斤的肥料對〇．八五公斤的稻穀。

以民國四十九年的國際價格為例，每噸硫酸錏肥料是四十一美元，每噸稻穀是一百四十五美元，二者的價格是一：三．五。可是政府把肥料、稻穀比設定為一：一，反而變成一公噸肥料就能換取三．五噸稻穀。根據農復會（中國農村復興聯合委員會）統計，民國五十四年台灣的硫酸錏售價，是已開發國家日本的一．六三倍，美國的一．五五倍，西德的一．五四倍；是開發中國家印度的一．一七倍，南韓的一．五八倍，菲律賓的一．二倍。

以上種種數據顯示，在「肥料換穀」制度下，台灣農民比各國農民，支付更高的肥料費用，可是卻又被同時壓抑穀價，這的確是導致民國五十年代末期，台灣農業衰退的重要原因之一。

「肥料換穀」制度，奠定了台灣「以農業培養工業」的發展基礎，增產的農村、過低的糧價，導致農村有越來越多的人力，從農業部門奔向工業部門，台灣也大步邁向工業蓬勃經濟起飛的六十年代。可是，農工產業的失衡、城鄉發展的落差，卻也創造了一個個凋敝的農村。雖然民國六十二年一月，「肥料換穀」制度廢止，可是農村後退的腳步，到現在都還沒有停下來。

阿爸種的玉荷包大豐收。

冬至

第22章 PM2.5至

只要不下雨，冬季裡作就能長得頭好壯壯。然而，經歷了這些年的冬雨，現在農民一看到雨雲密布，心裡就七上八下。我記得二〇一五年的冬至，陸續有兩道冷鋒撲向台灣，農民期待了好久的乾冷空氣就要到來，大家臉上都出現一種「哇！寒流終於來了」的開心表情。

這個時候，不只農民放心，田裡的白玉蘿蔔，好像也從垂死之際復活，還有園子裡的小果番茄，正歡呼著，作物們等著氣溫下降，好好一展撲鼻香氣與甜度表現。

冬季裡作大多是旱作，討厭下雨、不要太熱，光是每天清晨的濃霧，就能把農地上的小鬼頭們餵得又飽又舒坦。

1 灰濛濛的美濃

冬至，是一年之中白晝最短夜晚最長的一天。這個時節的台灣，常常會遇到寒流來襲。冷氣團浩浩蕩蕩從北方南下，東北季風在此時，最為劇烈，總是把大國內地的霧霾或污染，毫不打折吹送到南方小島上。

美濃近幾年冬至前後的濃霧，出現了些微不明顯，但是又很令人憂心的現象。過去平原上的濃霧，是作物的水分補充，也是冬季最美的風景，可是這些年，時常出現過了中午霧氣都還沒有完全蒸散的現象，如果此時再仔細對照冷鋒過境的時間點，結果會讓人嚇出一身冷汗，原來鋒面通過不只氣溫下降，還帶來了北方的空污，再加上冷高壓大軍壓境，導致境內的空氣污染如如不動，完全無法擴散。

記得二〇〇六年我剛進入美濃進行長期的採訪調查時，一位台北老友就曾對我說：「我不喜歡美濃，一年只有兩季。夏天好熱，冬天天空又都是灰灰的，好像怎麼擦都擦不掉。」真的就有如她所說，現在一入冬，眼光望向遠方，試圖看美濃山系或大武山系時，稜線總是似有若無。

只要是這段時間，北方有強烈冷氣團光臨台灣，各大媒體就會引用環保署的數據，提醒國人盡量少外出、避免激烈運動。我的採訪本上寫著，「二〇一五年十二月十五日，環保署表示，這波霾害是今年來霾害影響程度最廣的一次。」連續三天，整個台灣的西半邊，無邊無際灰濛濛，PM2.5細懸浮微粒嚴重超標，最慘的時候，全台灣七十六個測站的每小時濃度，有六十六個測站濃度都達「紫爆」程度。

大氣不分城鄉，更無視行政邊界的虛線，它越海跨山而來，有洞就鑽，甚至鑽進動物肺部的最深處，穿透肺泡直接進入血管隨著血液循環全身。

蘿蔔園的日出薄霧，如果到中午還沒有散，就有可能是空污。

當然美濃也沒有在這波空污潮中缺席。如果日正當中，美濃上空還漂浮著濃濃霧氣，大家都要小心了，因為這是PM2.5和PM10這些一級致癌物的污氣。我問高雄市環保局一位科長，「為什麼我們美濃的空氣常常比市區還差？」

他給我一個無奈的笑容，「起北風，是中國的空污南下壟罩台灣，美濃跟大家都一樣跑不掉。另外一個原因是，美濃位於中央山脈和玉山山脈最南支脈交會處的南邊，是一處東北高西南低的畚箕地形，如果南風或西南方一吹，會讓本土的空氣污染散不出去。」

總之，無論是南風還是北風，美濃都有事。

所以常常很多時候，我都忍不住會跟南下美濃的朋友說：「農村空氣並不新鮮，有時候比都市更慘，像美濃，會被北方來的PM2.5包圍，也會被西南方國產的PM10懸浮微粒所影響。」

2 作物也不好過

空氣影響人。人會過敏，皮膚會癢，呼吸道疾病會被誘發，也會提高死亡風險或癌症機率。像是我跟老二小樂，就對這些不良空氣較為敏感，就算沒有感冒或發炎，一到空污嚴重的時候，我們兩個就是咳不停，尤其有時候，會咳到一種心臟都快要跳出來的程度，這讓我很憤怒。

另外讓我生氣的，是田裡的作物也受到空氣污染的影響。空污中的酸性物質，會讓植物變得不健康。像酸雨，就是二氧化硫、氮氧化物及氯化氫在大氣中作用而成的稀硫酸、稀硝酸及稀鹽酸，一般酸鹼度大約是在三．八至五．六之間。

還有一堆被統稱為酸霧，就是含有硫酸、硝酸、磷酸、鹽酸等微滴的煙霧，來自各種工業製程所排放的強酸微滴，也會對植物造成影響。而臭氧、二氧化硫和乙烯，更會加速或惡化植物因為陰雨天、露水霧重而造成的露菌病。

二〇一五年年底，我就親眼看到酸霧和酸雨對作物的傷害。那天，我從北部娘家剛回到美濃，想說先到蘿蔔園巡田拍照，一到園子邊，差點被嚇到跌坐地上。一開始還以為鬼打牆，無論怎麼翻找都看不到任何一根蘿蔔，我甚至以為自己走錯路，後來睜大眼睛一再確認水圳、電線桿和排水孔的相對位置，這才發現，短短四、五天不見，園子裡那些應該正要快樂長大的蘿蔔，全都逃不過酸雨和酸霧的侵襲，整片蘿蔔園就這樣消失了。

重點是，不是只有我們家的蘿蔔園如此，幾乎整個美濃平原白玉蘿蔔的退場，不用「落荒而逃」根本無法足以形容。一夜之間，蘿蔔無影無蹤，就像是外星人來過一樣。

3 農藥也空污

還有一種農民早已經習慣的空氣污染，那就是冬季裡作密集耕種與管理下的農藥使用。

對許多農家來說，一年之中的收入，取決於冬季裡作的產量與價格，因此每個農民都有只許成功的壓力。種紅豆、種蘿蔔的人，大部分是老農，紅豆、蘿蔔收成賺的錢，有些是要幫助兒女負擔下一代的學費，有些是要給自己存下未來長期照顧的老本；種番茄、種敏豆的，大部分是中壯年或年輕農民，敢衝敢冒險敢投資，可是也要拚老命不能失敗，一旦收成不佳或價格差，不要說家裡來年的生活費成問題，連投入的成本都賺不回來。

所以，如果農民不夠了解作物的生理現象，又欠缺對農藥使用的正確觀念，就會被收成不好的恐懼牽著走。一旦出現害怕、心生緊張，再加上經驗不足、態度有所偏差，在農藥行或其他農友的慫恿下，過度使用農藥是必然發生的結果。

越努力耕種，不見得對環境有利，有時候反而會對植物和生態有害。第一線的受害者，絕對是生活在農村的我們。

在美濃市區，有一所小兒科是我們朱家的家庭醫師。每逢這個季節，我或是小樂又會開始過敏。他跟我說：「我只能幫你開一些止咳的藥，可是如果過敏原沒有消失，一樣不會好。」

我問他：「那怎麼辦？」

「沒辦法啊！如果是農藥引起的，戴口罩會好很多，可是如果是PM2.5，那可能只能避免外出，多喝溫開水來減輕不適了。」醫生也很無奈。

我又問：「確定這不是感冒嗎？」

他篤定地回答：「不是，農村空氣一點都不好，有空氣污染，也有農忙時期的農藥污染。很多病人都跟你們一樣。」

二〇一五年，這一天是十二月二十日下午，台南市區有一場「反污染我在乎」大遊行，我是活動支持者，也是採訪的記者。

由於PM 2.5是世界衛生組織公布的一級致癌物，包括發電廠、焚化爐、煉油廠、石化廠、半導體廠，以及燃油交通工具都會產生，可是中央和各地方政府，卻都沒有具體改善PM 2.5空氣污染的政策。再加上台南、高雄、屏東、嘉義等南部縣市，常年空氣污染嚴重，PM 2.5年平均已超過標準二倍，民眾罹癌率節節攀升。

所以環保團體趕在大選前舉辦這場遊行，為的就是要要求政府單位和各政黨候選人，都有責任要提出禁止污染停止產業擴張的立場。

遊行現場的行動劇，上演著暗黑勢力吞噬環境的劇碼，跟著爸爸媽媽參加遊行的孩子們，正瞪大眼睛觀看黑白力量對峙，緊張心情溢於言表。

空氣污染，不是都市特有，也並非工業區專屬產品，我們住在農村，空氣不新鮮，我們的農作物，時時受到威脅，還有農藥揮發在農村的空氣之中，對居民產生的影響，都還沒有具體的科學研究成果和政策規劃。

遊行後的第二天，村莊在濃霧中醒來。路燈還亮著，在霧氣中暈開帶有柔焦美感的橘黃色塊，原本橫亙在眼前的龍山，不僅稜線消失，連整片山都被塗成厚厚的灰白色。這樣的霧景，已經越來越難辨別是美景還是污染？只好等到太陽高掛天空後，才有辦法知道這場霧到底是以水分為主，還是懸浮微粒比較多？

小寒

第23章　南京東路的女孩

每年新曆年後迎來的第一個節氣，就是「小寒」。雖然早上起床，還是要穿上長袖或是衛生衣，可是只要一下田，就非得回到短袖模式不可，不然，熱到中暑也是很有可能。

二〇一〇年的元旦，朱老大的番茄園青春洋溢。除了阿姆、阿輝叔婆和我們夫妻倆之外，還來了三個年輕人，黃龍泉、姚量議和陳寧。他們早早一個多月前就跟我約好來田裡幫忙拔草。

這一天，阿姆的工作是將番茄苗夾在棚架上，阿輝叔婆負責用鋤頭鏟草，朱老大全面檢查調整所有棚架，離預產期只剩半個月的我，只要把茶水點心準備好即可。另外，我也準備了三雙棉質厚手套和三把鐮刀，一一交給這三個年輕人。

其實，田跟家很像。走進他人的田裡，如同到朋友家拜訪，尤其第一次難免生疏，不過透過身體的勞動，很快可以拉近人和田的距離。

龍泉是內向純樸的年輕人，有莊稼人的氣質，拔草的時候，會讓人感覺到四周很安靜；量議活潑反應很快，不懂就問，一聽到回答馬上舉一反三，不過拔草的速度就慢多了；我第一次看到陳寧，她一身粉紅上衣，修長的身形在園子裡很顯眼，我猜這樣的搭配，或許有驅鳥功效。

雖然是都市長大的孩子，可是陳寧拿起鐮刀，絲毫沒有畏懼感。

記得朱老大說過一句客家俗諺，「千年草籽、萬年魚卵」。意思是，草的種籽無所不在，可以躲在土裡很久很久很久很久，一旦遇到適合生長的環境條件，自然而然就長出來了。也因此我們這一天的目標，訂在「只是拔草」而非「把草拔乾淨」。

中場休息時，阿輝叔婆一邊喝水一邊問我：「偓看這三个後生人，毋係異會拔草，汝等仰仔算錢分伊等啊？」（我看這三個年輕人，除草不是很熟練，你們是怎麼算錢給他們的啊？）

「叔婆，毋使分伊等錢，伊等後生人想愛了解農業，拜託偓等，偓樣分伊等來拔草欸啦！」（叔婆，不用給他們錢，他們年輕人想要了解農業，拜託我們，我才讓他們可以來拔草！）

叔婆吃驚地問：「啊？仰會有恁好个事情？哪有來做事無領錢欸啊？」（啊？怎麼會有這種好事情？哪有來做事不用領錢的啊？）

「哈哈，就係有，還分汝看到欸哩！」（哈哈，就是有，還給妳看到了啊！）

叔婆、阿姆這一代老農，不怕吃苦、經驗老道，田裡的所有大小事，幾乎都難不倒他們。在他們的世界裡，農業就是靠雙手雙腳打拚，那些跟外地人交流或讓都市人體驗的這些，只是花拳繡腿，絕非務農的長久之計。

1 此雨綿綿無絕期

元旦之前的上班日，一向是我們密集採收橙蜜香小番茄的階段，因為一般公司行號特別喜歡在開春之際，送禮給業務往來的客戶或朋友。可是，自從我們種番茄以來，有好幾年的元旦前後，都連續降下冬雨，尤其是南方雲系的影響，那雨一下簡直就是此恨綿綿無絕期，如果又遇到冷氣團南下，一走進番茄園，心情絕對是冷到谷底。

這些年種番茄，常常遇到這樣的情況，朱老大一下班，總是先趕到田裡探視災情。我帶著孩子晚餐吃到一半，他一身濕漉漉走進家門，頭髮已塌、面無表情。

我拿條毛巾給朱老大，順口問了一聲：「番茄，好嗎？有沒有裂果？」

他沒有回我，只用鼻子哼了一聲：「嗯。」

我再問：「園子裡好嗎？排水順暢嗎？」

「還可以。」他一邊擦頭一邊把話揉在嘴裡似的。

我接過他擦好的毛巾繼續問：「園子裡那邊，有淹水嗎？」

他轉身走進洗手間，簡單回一句：「應該沒有吧！」

我火大了，拉高音量說：「下雨下成這樣，怎麼辦？你要跟我講狀況啊！」

他火氣也不小，隔著門大聲說：「又不是我叫老天爺下雨的，我能怎麼辦？」

我說：「誰都不能怎麼樣，但是至少你要跟我說清楚，我才能跟訂番茄的朋友解釋啊？大家都在等我回電話。」

他走出洗手間對著我說：「那妳先跟大家講，要再等一等，番茄都裂果了！」

「那我要跟大家講等到什麼時候嗎？」我很無奈。

他滿臉愁容，「我也不知道，誰知道老天爺要下到什麼時候？只要下雨就不能採收。」

「可是這些朋友都匯錢過來了耶！」

「我知道啊，我又不能叫老天不要下雨、拜託番茄不要裂果！」朱老大雙手一攤。

「那現在到底怎麼辦？不是錢的問題，退款很簡單，可是這些都是客人要送禮的。過了新年，送禮就沒意思了！」

「你一直逼我，我也沒有辦法。天要下雨、娘要嫁人，誰有辦法。趕快去回電話啦！」

「你說的那麼簡單！光是元旦前的這批貨，我就有三十多通電話要打，每通電話都要從頭解釋一遍。」想到要回電話我就手軟。

到了最近兩年，我們夫妻已經不再吵架。有時候清晨聽著雨聲，會希望是聽錯或做夢，更希望那其實是電扇旋轉的聲音，就算最後結果不是想像，我也已經可以接受，務農就是人生的縮影，不是努力就一定有收穫。無論多擔心多著急，我都不再為難自己，也不為難身邊的人。

天色微亮，我們夫妻倆一邊聽雨聲一邊聊天。像是孩子們最近特別愛賴床，或是他過年後想啟動雜糧復耕，聊著聊著，又扯到光仔伯姆送的一隻番鴨和昌哥嬸嬸送的大公雞，還有我想在香蕉園養一批除草雞的偉大計畫……

才說沒多久，朱老大起身穿上外套，說要去田裡看看。我說：「只要排水好就好了，去看也沒有用？天還沒有全亮，現在去危險。」

沒想到他竟然回我：「我想去看看，搞不好雨下到我們園子那邊，就沒有下了？妳說有沒有這個可能？」

一聽他說出這樣的話，在安靜無聲的冬雨早晨裡，我忍不住大笑。

我說：「好好好，你去看看，看看老天爺是不是真的對我們特別好？最好是全台灣都在下雨，只有我們的番茄園出太陽。」

2 在都市等待

天在下雨，小農的心，揪著下不來，在都市那一頭等著我們出貨的消費者，日子也不好過。只要天氣不穩定，我的手機、電子信箱、社群網站的訊息，每天至少傳來十幾通問候。

「我們台北下雨下得很大，美濃也下大雨嗎？」

「蘿蔔園有淹水嗎？小蘿蔔頭應該會平安長大吧！」

「問一下喔！下雨會不會讓番茄變比較不甜？」

「我好擔心喔！看到高雄市區下雨，就忍不住想到你們的番茄園。」

有人寄來兩個蘿蔔玩偶，有人送我們一對晴天娃娃。

也有人傳來訊息，不只安慰我們，還寫下「這些天下大雨，番茄一定裂果，相信你們出貨一定大塞車，我的沒關係，你可以先出別人的訂單。」

這，就是消費者和小農透過直接購買建立的關係。

小農生產有好有壞，缺點是產量少、面積小，天災影響直接而巨大，可是優點就是消費者跟生產者，是站在同一條線上，大家分享生產資訊、田地現況、料理撇步、保存方法、農村裡的種種趣聞。說到底，小農生產就是一種生活方式的選擇，對生產者、對消費者來說，都是如此。

更重要的是，土地的歸屬，超越了「所有權」的限制，因為園子裡的收成，是農民和消費者共同「擁有」的食物，一旦消費者明確意識到「田裡的收成就是我的食物」時，法律上的「所有」，會變成人與人之間約定的「擁有」，也創造了更深刻的分享意涵，而耕種過程中的天候因素、環境變化，也同步成為消費者的關注對象。

就在這一刻，農地上的事，成為大家的事！整天獨自在田裡工作的農民，不再只是一個人，他很清楚，有人在等候他以及他的收成，更有人關心他以及他的田園。而在都市那一頭癡癡等待的消費者，也因為向農民直購而踩出第一步，進而將眼光放遠，開始關心農民的耕作方式、農作物產地的環境健康，以及近十多年來氣候變遷的劇烈異常。

我們有一個從第一年一試就成老主顧的消費者朋友，至今我和她還沒有見過面。我只知道她人在台北的南京東路上班，是個熱愛閱讀的女子。在網路上，我時常看到她貼路人甲或路人

三個年輕人自願來蕃茄園幫忙拔草，了解農業。

天氣影響作物與小農，也牽動以直購支持小農的消費者。

乙閱讀到入神的相片，看得出來她對文字有一股無法言喻的迷戀。她將生產者和消費者之間的關係，定義為「都市與農忙的情感路線」。

後來看她在網路上寫的文章，我才知道，原來二〇一一年初下雨時，我曾寫了封信給她，「前天晚上美濃又下雨，昨天早上天還沒全光，婆婆、我、朱老大衝到田裡去搶救番茄大作戰，雖然也是還有點心酸，可是越來越加強我的鬥志了，我覺得，『務農，還真是他媽的，真好！』別擔心，我們越來越懂得如何因應這種老天爺的考驗了！總之，就是接受祂！喜愛祂！然後在下雨的時候，趕快到田裡去跟祂討一些番茄速速擦乾趕快出貨去！」

結果她竟然回我寫著：「在這個看似辛酸的後面，其實是我們滿溢的愛。對於土地，對於番茄，對於農人，對於愛用者。在為難的時刻，也請記得喔，都是愛。」

這份愛，很有力量，我從農以來的靈魂皺褶，就被這樣的一段話熨得柔軟而平坦。我永遠記得，有一個消費者是這樣對待我們，而她在台北靜靜地等著我們寄番茄給她和她的朋友們。

我想，如果城市可以理解農村，如果農村可以擁抱城市，那麼，城鄉差距就不是高鐵而縮短的，因為你我他之間，就是那麼地直接透過食物的分享，而感受到溫暖、親近與美好。從此之後，我也用對待她的方式，去想像每一個支持我們的消費者。

有一句話是這麼說的：「因為愛，所以我存在。」

容我補充：「因為愛，所以我們互相分享與依賴。」

3 同悲同喜同一條船上

每年一入秋，南京東路上的女孩，總是第一個搶頭香來報到，號召一堆朋友買兩批蘿蔔，接著一夥人再繼續買兩批蕃茄，買完蕃茄又問下一次有什麼。如果那年夏天運氣好，遇到荔枝有收成，她買完荔枝就又開始等待下一季秋天即將到來的白玉蘿蔔。

她總是讓我心裡暖和著。如果跟朱老大又鬥嘴了，我也會想起她，想到她的等待與相信，整個人的氣力又上來了。甚至有時候覺得孤單，我也會寄信給她寫些體己話。我們都笑彼此：「好像三十多年前青少年之間流行的筆友關係啊！」我們之間，有一個被施了魔法的約定。

二〇一六年一月，我還在公共電視南部新聞中心跑即時新聞，每天累得跟條狗似的。某一晚剛下完雨，下班步出辦公室大樓，我看到眼前景象，一時怔住。

雨後的高雄市街道車水馬龍，輪胎滑過溼答答的路面，發出一陣陣特殊的摩擦聲。柏油路上的小水坑，映照出路邊的招牌和交通號誌，卻怎麼都照不清楚每張迅速移動的臉龐，這讓我想起過去生活將近二十年的台北。那座城市的每一年冬天，總是濕濕冷冷的。人，就算身邊有人，也說不上什麼話，就算不孤單，也容易寂寞。每個人的胸口熱熱的，但是不容易靠在一起，有時候兩顆心或許稍微碰到一點點，溫度還是燃燒不上來。

我們的消費者朋友，九成以上都是住在都市的人。對我來說，離開城市走進農村，再次看到相似的情景，心境已經大不相同。我想像著我的朋友之中，可能有人剛步出大樓準備要搭捷運回家、有人走在溫州街上沿著老房子的圍牆逗貓玩、有人或許坐在公車上用食指劃開玻璃窗上的水氣、有人騎著摩托車迎著寒風細雨在等紅綠燈時從嘴巴吐出一陣陣熱氣……當然，一定也有人跟我一樣，只是靜靜地站在都市馬路的霓虹燈下，看著雨夜風景享受悠悠長長的思念。

我深深相信，這些情感的轉化，是在農地上醞釀出來的，也是一群分享食物的人，一口一口吃出來的。不管我們每個人各自在何方，食物，就是如此輕易地把我們牽得越來越靠近。

食物，是情感，是我們之間的生活。而食物從哪裡來呢？農地、生產者，和大自然的賦予。這個季節，正是隆冬之際，田裡的番茄、蘿蔔、玉米、南瓜、五穀雜糧，先後陸續進入盛產。人，也跟著季節流轉，吃到好吃、健康的食物。

農產品在農村裡、在田地上，不在╳好、╳市多、╳聯的陳列架上。消費者跟生產者同悲同喜，一起生活在這座如船的島嶼上，雙方的命運緊緊相繫。

農業不只是農民的事。如果只是農民的事，那麼長期處在弱勢的人，絕對不會種出安全的食物，更不會在乎生產環境是否平衡永續？自然創造資源餵養人類，人類透過食物保護生態。大自然是所有生命體的家園，在大自然裡耕種、撈捕、畜牧、養殖的人，就是維護家園的第一線工作者，這就是消費者和生產者的關係。

我很感謝那位每天在南京東路來回移動的女孩，和後來越來越多挺到底的消費者，讓我摸索出我之所以生活在農村的信心。我衷心期盼，可以有更多農民與我一樣幸運，也能感受到來自消費者的支持信念，而我的阿姆和阿輝叔婆，也能更為認同我們一直努力的這些小事。

農村學　農業的收視率

雖然很多人常說，公共電視的價值，不能以收視率來決定，可是身為小小記者的我，還是忍不住會關心，「收視率有多少？」

對我來說，每一則報導的收視率，就是這個社會對我的集體回應。收視率好，我會覺得更有信心，收視率差，我會想辦法理解原因並試著調整。總之，社會的回應是我工作尊嚴的來源之一，也是記者這行的價值。這是收視率對一個記者的意義。

只要遇到剛認識的新農友，我也會用這種看待新聞的角度，來想像農人耕種的心情。

我會問：「阿伯，你知道那些吃到你種的敏豆的人，他們有什麼樣的心情嗎？」

阿伯回：「我的敏豆都送到果菜市場了，我不知道是誰買我的敏豆。」

我再問：「那你怎麼知道你的敏豆好不好吃？」

阿伯說：「不會差啦！反正價格不要太差就好了。」

我又問另一個年輕女農，「阿姨，請問妳知道吃到妳的荔枝的人，他們覺得荔枝好吃嗎？」

「哈哈！我哪裡知道啊！我的荔枝都送到行口去了。」

「那妳怎麼知道妳的荔枝好不好吃？買的人喜歡嗎？」

「我也不知道。唉！不賠錢就好了！」

對農民來說，社會回應是什麼呢？是「好累、好辛苦」、是「沒讀過書的鄉下人」，還是「沒出息的行業」？

我想像著，如果一個農民，可以親眼看到消費者吃下農產品之後，豎起的一根大拇指、揚起一抹滿意的微笑，甚至直接說出的一聲謝謝，這農民自然會在心裡長出尊嚴與價值！

擁有社會肯定與自尊的農民，在面臨農藥、肥料與除草劑的時候，一定會有不同的選擇，在對抗環境污染、農地崩解、聚落破敗的時候，也勢必會出現更積極的態度。

這就是我想說的，「農」是食物安全的基礎，是生態環境的前哨站，讓農村重建價值、讓農民找回尊嚴，就能創造屬於農業的收視率。

大寒

第24章　又見春耕

來到了「大寒」，一年最寒冷的時節，二十四節氣的最後一個節氣。

雖然台灣南部的冬天，腳步一向走得緩慢，不過到了大寒，如果不冷也說不過去。氣溫，通常是從小寒之後就開始一路往下掉，假如遇到下雨、起風，體感溫度又會下修四、五度。

我怕冬天下雨，更怕下雨的時候，還要去田裡工作。不要說穿著厚衣外套，身手很難靈活起來，慘的是，寒風咻啊咻啊的，從北方越過小丘、沿著茶頂山和龍山之間的狹長平原往南邊吹來，更讓人全身發抖。那種預期很冷的恐懼感，總是讓冷變得更冷。

有時候，北風穿梭入竹林後，風的呼嘯加上竹子與竹子之間的碰撞聲，心裡更覺得蕭瑟。

1 跟老天爺搶飯吃

大寒之前，平原上的白玉蘿蔔、紅豆和一些旱作，大多都已經結束收成，還在繼續採收的，通常只剩下橙蜜香小番茄和一些敏豆。二〇一五年的小寒到大寒，美濃下了整整半個月的雨，只要走進番茄園，看到的不只是雨景和濕意，而是整片園子的毀滅。

成熟的番茄，顆顆裂果，沒有一顆倖免；灰黴病和細菌性斑點病，害得葉子和枝幹也跟著枯黃；鳥兒紛紛返巢，連鳴叫都懶；雨水一顆顆有如眼淚，不止地落在葉面和棚布上，滴滴答答停不下來；園子裡只剩風聲和雨聲。偶爾，一旁的阿姆嘆息著：「唉！天做事，由不得人！」

平常這個時間點，我們都是早上在園子裡採收番茄，下午趕回家包裝宅配出貨，雖然非常忙碌，可是心裡踏實，因為我們知道，每採收一顆都是番茄園給我們的回報。可是在這種雨天下田，心裡特別不是滋味，每摘一顆小番茄，都是開口笑的裂果，也都是要丟棄的報廢物，番茄狀似笑臉，農民苦在心裡說了也沒用。

更讓人心酸的是，如果裂果太多，我們自己忙不過來，還要花錢請人清理果園。一家子拚命做，為的就是寄望天晴後，可以讓番茄植株繼續平安長大，但誰都不敢保證，功效到底有多好；可是如果不清除，百分之百沒機會，平常可以採收到三月的番茄，勢必一月就會說再見。

所以，不做不行啊！就算老天爺真的要沒收我們的生產，我們至少也要伸長雙手搶一些回來啊！

阿姆可忙了。每次看她做農事，我總覺得她像藝術家在跳舞。她左眼左手顧左邊的植株，右眼右手顧右邊的植株，同時間雙手雙眼並用，不停地由下到上又從上而下依序摘裂果。她發現我盯著她看，問：「汝看麼个啊？共快做啊！我看雨緊來緊大欸，手腳要夠遽一息。」（妳看什麼啊？快點做啊！我看雨越來越大了，手腳要加快一點。）

我的眼鏡被雨水打濕，視線變差，鏡架上的鼻墊，被順著頭髮滑下的雨滴不斷往下推。我雖然跟阿姆一樣手腳忙碌，可是卻狼狽不堪，一點都沒像她那樣優雅。

阿姆語帶關心地問我：「哎喲！汝做得無？仰毋不戴手落仔諾？」（唉喲！妳可以嗎？怎麼不戴手套呢？）

我回：「厓血氣蔪然足个人，就算係寒天，厓也毋會手冷腳冷。个汝諾？」（我一向血氣充足，就算是冬天，我也從來不會手腳冰冷。那妳呢？）

「厓也毋會冷，就係手指息巴必必。」（我也不會冷，就是手指有一點裂開。）

「个會痛無？」（那會痛嗎？）我問阿姆。

她笑著回我：「慣習欸啦！無麼个感覺。厓毋驚手指必，淨驚頭麼豆必淨淨！」（習慣了啦！沒什麼感覺。我不怕手指裂開，就只怕番茄裂果啊！）

2 水稻又登場

走近阿姆，我才發現，她一身上下的防寒防雨裝備，少得可憐。破損斗笠一頂戴在頭上、透明塑膠布一片綁在脖子前方、老舊雨褲一件，還有鞋底幾乎磨平的雨鞋一雙。

我伸手給阿姆看，「阿姆，汝看，厓个手也蔪然粗呢，厓毋驚做苦事。」（阿姆，妳看，我的手也很粗呢，我不怕勞動的事。）

她一看有點驚訝，「汝个手樣恁粗啊？汝這拿細筆个人，手甲偓等拿大筆个人相同！」（妳的手怎麼這麼粗啊？妳這拿筆的人，手怎麼跟我們拿鋤頭的人一樣！）

「今淨讀書無效哇！做農个人，毋單只愛做事，也愛讀書啊！跈等汝等做農，偓等樣有飯好食。」（現在只讀書沒有用了啊！務農的人，不只要勞動，也要讀書啊！跟著你們務農，我們才有飯吃。）我笑著說。

聽到我的回答，阿姆突然提到這一年一期作的春耕，「偓想到一件事情，這兩日偓等愛蒔秧仔。下寮个兩分田，要種自己屋家食个二〇五，其他个田坵，大體係種三十號。」（我想到一件事情。這兩天我們要種下秧苗。下寮那邊的兩分地，要種自己家裡吃的台梗二號，其他的田，大概都是種台東三十號。）

美濃農民耕種的稻米品種，主要選擇有二，老品種的台梗二號和新品種的香米高雄一四七。我們家一向種台梗二號，主要是因為自家吃了很多年，再加上它也是政府推廣的良質米品種。可是今年的台梗二號，竟然只種兩分地，其他六分地都種台東三十號，以不喜歡改變習慣的農民來說，這有點反常。

我好奇問阿姆：「仰仔今年一下仔愛改種三十號諾？」（怎麼今年突然要種台東三十號？）

她說：「無辦法啊！今年細蘿蔔睹到落雨，紅豆抑相同壞淨淨，大家作小冬提早結束，春耕也跈等提前。結果，一下子恁多農民搶等買秧仔，偓等屋家淨買到𧊅擺種兩分地个二〇五，好得還有三十號好買，無其他田坵愛種麼个，偓也毋知啊！」（沒有辦法啊！今年白玉蘿蔔遇

農曆年還未到，許多農民等不及，早早種下秧苗。

春耕提前，秧苗場稻秧長大的速度趕不上農民搶秧。

到下雨，紅豆田也被淋得慘兮兮，大家的裡作提早結束，春耕就跟著提前了。結果，短時間這麼多農民搶著買秧苗，我們家只買到足夠種兩分地的台稉二號，還好還有台東三十號可以買，不然其他田地要種什麼品種？我也不知道。）

我說：「莫怪偓看這兩日，阿爸都嶄然早開貨車出去，原來係愛搶秧仔？」（難怪我看這兩天，爸爸都很早開貨車出去，原來是要搶秧苗？）

阿姆提高分貝：「係啊！汝爸嶄然好命喔！每年淨這時節，會過早䟘起來做事，假使毋早兜仔去搶，麼个秧仔都買無喔！」（對啊！妳公公很好命喔！每年只有這個時候，會早點起來做事，如果再不早點去搶，什麼秧苗都買不到啊！）

「往擺毋係就先注文？汝等今年無先打電話去訂喔？」（以往不都是先預訂的嗎？你們今年沒有打電話去訂嗎？）我問阿姆。

「有喔！仰會無注文啊？抑毋過有注文也無效，無早一息去載秧仔，麼个都拿毋到，全部搶核咧啊！（有喔！怎麼沒有預訂啊？可是訂了也沒用。不早點去載秧苗，我們什麼都拿不到，全部都被搶光了啊！）婆婆恢復手上的動作，一邊摘番茄裂果一邊說。

3 年年有今日

我想像著公婆兩個人，在秧苗場跟其他農民競相搶一盤盤的秧苗趕著搬上貨車的情景，就覺得有些滑稽，又有更多的無奈。明明稻作就是農村中最沒有賺頭的農作物了，這群老農民們，還是一年一年這樣幹活，甚至一遇冬雨這種天候變化，就得拚得你死我活。

我特地找一天早早到秧苗場，就是想親眼看看，這些老稻農們，恢復青春活力的樣子。

在秧苗場，我遇到一個也跟公婆一樣搶載稻秧的老阿伯。他跟我說：「𠊎个紅豆生狗屎毛咧，落雨落到壞淨淨，今𠊎毋種禾仔，愛𠊎種麼个啊？大家搶等來載秧仔，𠊎動作慢一息，个要拖到麼个時期才做得蒔禾仔啊？」（我種的紅豆發霉了，下雨使得紅豆壞光光了，現在我不種稻，要我種什麼啊？大家搶著載秧苗，我如果動作慢一點，那要拖到什麼時候才能插秧？）

住在龍山山尾，一個八十歲的阿公，手腳比較慢，也只有搶到台東三十號。不過，他倒是一臉氣定神閒。「好得有買到三十號喔！這田坵，就甲大自然个四季相同，麼个時期要做麼个事情，定班咧。這十過年以來，我發現最好个方法，就是一期蒔禾仔保養泥肉、二期轉作休耕領補助、三期種紅豆。雖然錢賺無幾多，還係息把做得分𠊎等老人家賺一息錢啊！」（幸好有買到三十號的喔！這田坵，就跟大自然的四季一樣，什麼時期做什麼事情，是安排好的。這十多年來，我發現最好的做法，就是一期種稻保養土壤、二期申請休耕補助、三期種紅豆。雖然賺的錢不多，還可以幫我們老人家賺點零用錢。）

我問他：「阿公，汝八十零歲咧呢，仰還恁煞猛啊？」（阿公，你八十多歲了，怎麼還這麼努力啊？）

「个算麼个啊？𠊎等還後生。𠊎等田坵毋知幾多百歲咧喔！」（這算什麼啊？我還很年輕。

我的田地不知道有好幾百歲了！）

「哈哈，汝恁仔講也著喔！」（哈哈，你這樣說也對喔！）

「倠嶄然好彩，一生人耕種，種菸仔有賺到錢，今種禾仔、紅豆，也做得存錢，這田坵畜倠一生人、畜倠个家庭一代一代人啊！」（我很好運氣，一輩子耕種，種菸葉有賺到錢，現在種水稻、紅豆，也可以存錢。這田地養我一輩子、養我的家庭一代一代人啊！）

「阿公，聽汝恁仔講，嶄然像汝个一生人，也種到這田坵裡背欸！」（阿公，聽你這樣講，也很像你的一輩子，也種到這田地裡了！）

「係喔，汝恁仔講，嶄然正確。」（是喔，你這樣講，非常正確。）

回頭看看秧苗場老闆忙得不可開交，他對著後面排隊的農民大喊：「秧仔赴毋掣大啊！毋銉擺耶，後背个人無秧仔咧！」（稻秧來不及長大啊！不夠了，後面排隊的人沒有秧苗了！）

只要是濕濕冷冷，我總容易想起，以前住在台北市那近二十年的日子。什麼節氣要種什麼，一點都不重要，走在街上，車輛往來、行人熙攘，百貨公司的週年慶，才是帶動都市人們的重要節氣！而現在生活在農村，才得以慢慢體會到，大自然是如何引領生活的節奏與旋律。

大寒，這最冷的時節一到，表示溫度會探底後慢慢回升，下一個節氣立春，即將跟著隆冬的風雨而來。冬雨啟動春耕，美濃農民的搶秧大戰，混亂地揭開了春天的序曲。

就像樂樂說的那樣，桃花就要開了，新葉子偷偷冒出芽來，池水變溫暖了。

農村的春天，就要來了。

農村學

只背一半憫農詩

「鋤禾日當午，汗滴禾下土。誰知盤中飧，粒粒皆辛苦。」

這首憫農詩，從小就背得滾瓜爛熟了。可是直到長大以後，才知道，我們背誦的憫農詩，只把話說了一半。

完整的「憫農詩」，是唐朝詩人李紳（西元七七二－八四六年）所作，共有兩首。

第一首是：「春種一粒粟，秋收萬顆子。四海無閑田，農夫猶餓死。」

意思是農民在春天播下一顆種子，經過了辛苦的種植照顧，到了秋天，農民就可以收穫萬顆稻穀，雖然在四海之內，沒有一片田地是空閒下來的，可是卻有農民餓死。

這首詩反映的，是當時殘酷的社會現實，農民辛勤耕作，糧食豐收，但因為受到重重壓榨剝削，最後卻吃不到自己種的米而活活餓死。「秋收萬顆子」與「農夫猶餓死」的強烈對比，讓人深刻體會社會的不公不義。

第二首，才是我們常常閱讀到的：「鋤禾日當午，汗滴禾下土。誰知盤中飧，粒粒皆辛苦。」

烈日當空的正午，農民在田裡工作，一滴滴的汗珠落在種植禾苗的土地上。可是，有誰會想到？人們吃到的每一粒米，都是農民用汗水辛辛苦苦換來的收穫呢？這首詩，放在第一首詩的社會觀察之後，主要是要向世人提出珍惜食物的叮嚀。

連續下雨長達半個月，成熟的番茄裂果落一地，農民苦在心裡。

經過了一千多年，時光機走到了現代農業的社會，情況有什麼不一樣嗎？全世界，每天有人餓死，餓死的都是窮人（買不起食物的人），因為全球有四分之三的窮人，都是住在農村。

台灣很幸運，在農村少有餓死的人，可是我們忙著發展製造業、投資服務業、創造更多元的金融業，卻忘記農業的本質與重要性。失去了農業，我們更難回到自然的懷抱！

農的十六行詩

沒有開始 沒有結束
只有在水圳邊勞動的老婦人
只有在鄉野間戲水的小孩兒

生活就是每一天

無關乎愛恨 哪來的情仇
只有在田中央點水的紅蜻蜓
只有在穎花旁築巢的小水雞

日子總是有苦甜

不是起點 也看不到盡頭
只有在天際線振翅的白鷺鷥
只有在高灘地彎腰的甜根子

山徑往下接水路

別說四季 無所謂二十四節
只有在月光裡發亮的紅番茄
只有在日頭下微笑的小蘿蔔

收成終究盼望天

推薦文

用最有溫度的文字，將農村現場帶給我們

文／馮小非 上下游新聞市集創辦人

記者與編輯之間，是很微妙的戰友關係。慧宜與我，正是這樣的伙伴。

稿件是一種是有溫度的東西，就像農作物一樣，在編輯手上繼續延展，向讀者那裡生長過去。慧宜的稿子總是生命力旺盛，即使站在很遙遠的我，作為編輯，無法不被打動，雖然我盡量不，但她的文字總是把我帶進現場，從被黴菌吃掉雙手表皮的野蓮農友，想開發而討厭賞鳥人士的里長，颱風後划船進入豆田，屢次大水毀了明年的豆種，慧宜總是把每個現場帶給編輯，用最火熱的狀態。

說火熱真的不為過，為了把她看見的現場寫下來、傳出去，慧宜分秒逼著自己，多快一分鐘也好，作為媽媽的她也總是為了寫好稿而壓縮家庭時間到最後一分鐘，交稿那一刻，慧宜會同時丟下「我一定要去接小樂，有問題路上打給我」，然後一邊開車一邊盯著編輯台何時上稿，何時推文，那些珍貴的、農家託付的訊息，何時能夠送到大眾眼前，快一秒都好。

沒有人能像她那樣深入農村現場，因為她就在那裡。沒辦法不看見。但她並不以這些素材來成就自己，她總是認為自己要為所熱愛、生活、付出與給予的農村做點事情，當個好記者，

讓最多的人看見他寫的新聞，就是她所能做的。作為她的同事，我也深深被鼓舞，知道我們做的事情都與具體的世界緊密相連。

但是，一直要那麼的深入現場，一直在看見，連睡覺時身邊也躺著農業人士，完全不能離開現場，真的是很辛苦。能夠一直這麼火熱的留在農村，又能專業的做好記者的工作，颱風趕稿完，立刻去補種自家被淹壞的蘿蔔苗，當記者的同時也不能忘記家裡有小孩要顧，慧宜真的好像農村婦女，善用時間、自律多工，令人佩服。

如果每個農村都有一位像慧宜這樣的記者，世界就不一樣了。

農村，你好嗎？

寫在農村的 24 則鄉野求生筆記

作　　者　李慧宜
美術設計　呂德芬
插　　畫　田文社
執行編輯　吳佩芬
行銷企劃　林芳如
行銷統籌　駱漢琦
業務發行　邱紹溢
業務統籌　郭其彬
副總編輯　蔣慧仙
總 編 輯　李亞南

特別感謝
客語審定 吳中杰・高雄師範大學客家文化研究所副教授
本書獲高雄市政府文化局獎助

發 行 人　蘇拾平
出版 果力文化 漫遊者事業股份有限公司
地址 台北市松山區復興北路三三一號四樓
電話 886-2-27152022
傳真 886-2-27152021
讀者服務信箱 service@azothbooks.com
果力 Facebook http://www.facebook.com/revealbooks
漫遊者 Facebook http://www.facebook.com/azothbooks.read
劃撥帳號 50022001
戶名 漫遊者文化事業股份有限公司
發　　行　大雁文化事業股份有限公司
地址 台北市松山區復興北路三三三號十一樓之四

初版一刷　2016 年 12 月
定　　價　台幣 450 元
ISBN　978-986-92994-7-3

國家圖書館出版品預行編目 (CIP) 資料

農村，你好嗎？寫在農村的 24 則鄉野求生筆記 / 李慧宜著 . -- 初版 . -- 臺北市 : 果力文化出版 : 大雁文化發行 , 2016.12
336　面 ; 15x21　公分
ISBN 978-986-92994-7-3(平裝)
1. 農村 2. 生活型態
545.5　　105021259